500 STRICKMUSTER

XENOS Verlagsgesellschaft m.b.H.

ISBN 3-8212-0196-7

Copyright 1984 Lyric Books Limited, London, England

Copyright 1984 der deutschen Ausgabe:
Xenos Verlagsgesellschaft m.b.H.
Am Hehsel 42
2000 Hamburg 63

Übersetzung aus dem Englischen:
Sandra Lauer

Satz:
Lyric Books Limited, London, England

Gedruckt in Deutschland

Alle Rechte vorbehalten:
Auszugsweiser Nachdruck in jedweder Form nur mit Genehmigung
der Xenos Verlagsgesellschaft m.b.H.

INHALT

Einführung 4

Abkürzungen 16

Muster mit rechten und linken Maschen 18

Plastische und bunte Muster 31

Lochmusterflächen 49

Lochmusterstreifen 62

Rippenmuster 68

Zopfmuster 74

Randborten 95

Garne und Nadeln

Stricknadeln

Für das Arbeiten von gestrickten Flächen werden Stricknadeln in Paaren verwendet. Sie sind an einem Ende für die Maschenbildung zugespitzt und haben am anderen Ende einen Knopf, der die Maschen auf der Nadel hält. Sie können aus Plastik, Holz, Stahl oder einer Legierung sein und sind in Stärken von 2mm bis 17 mm erhältlich. Die Nadelstärken werden in metrischen Größen angegeben. Man kann Stricknadeln auch in mehreren Längen kaufen. Wählen Sie für Ihre Strickarbeit eine Nadellänge, die die erforderliche Maschenzahl mühelos aufnimmt.

Es empfiehlt sich, Nadeln in mehreren Stärken zur Hand zu haben, damit die Maschenproben gestrickt und miteinander verglichen werden können. Nadeln, die sich verbogen haben, sind wegzuwerfen. Die Nadeln müssen ausreichend zugespitzt sein, da stumpfe Spitzen die Schnelligkeit verringern und das Stricken erschweren.

Rundstricknadeln und Nadeln mit zwei Spitzen werden dazu verwendet, schlauchartige Strickstücke oder runde Flächen zu arbeiten. Viele der traditionellen Seemannspullover werden in Runden gestrickt. Nadeln mit zwei Spitzen kann man in Sätzen von fünf Nadeln kaufen. Rundstricknadeln bestehen aus zwei Nadeln, die durch ein biegsames Plastikstück miteinander verbunden sind. Die Plastikstücke können von unterschiedlicher Länge sein. Kurze Rundstricknadeln werden für das Stricken von Ärmeln, Halsborten etc. verwendet, während die längeren Nadeln für größere Strickarbeiten wie Pullover und Röcke benutzt werden.

Zopfmusternadeln sind kurze Nadeln, auf die die Maschen eines Zopfes vor oder hinter das Hauptstrickteil gelegt werden.

Nadelstärkenprüfer sind mit Löchern versehen, die mit den Nadelstärken übereinstimmen. Sie sind mit den Größen gekennzeichnet, so daß Sie die Stärke Ihrer Nadeln mühelos überprüfen können.

Maschenraffer sehen wie große Sicherheitsnadeln aus, auf die man die Maschen legt, während sie nicht gestrickt werden, wie z.B. beim Halsausschnitt, wenn die Maschen nach dem Zusammennähen des Vorder- und Rückenteils wieder aufgenommen und gestrickt werden. Eine andere Möglichkeit besteht darin, einen andersfarbigen Faden in eine stumpfe Nähnadel einzufädeln und ihn durch die Maschen zu ziehen, während sie sich noch auf der Nadel befinden. Dann wird die Nadel aus den Maschen herausgezogen, und die beiden Enden des andersfarbigen Fadens werden miteinander verknüpft.

Eine Wollnähnadel wird zum Zusammennähen von fertigen Strickteilen verwendet. Sie ist eine Nadel mit einer stumpfen Spitze und einem großen Öhr, in das sich der Faden leicht einfädeln läßt. Sie kann durch die gestrickten Maschen gezogen werden, ohne den Faden zu teilen oder zu zerfransen. Spitze Nähnadeln dürfen für das Zusammennähen von Strickteilen nicht verwendet werden. Eine Sticknadel ohne Spitze ist ebenfalls geeignet.

Ein Reihenzähler dient zum Zählen der gestrickten Reihen. Er besteht aus einem Zylinder mit einer Nummernscheibe, der auf die Nadel geschoben wird. Die Scheibe wird nach jeder gestrickten Reihe gedreht.

Ein Metermaß ist für das Prüfen der Maschenproben und das Messen der fertigen Strickstücke unerläßlich. Damit ein genaues Resultat erzielt wird, muß das Strickstück auf einem festen Untergrund geglättet werden (ohne es zu strecken), bevor es gemessen wird.

Eine Häkelnadel ist für das Aufheben von gefallenen Maschen nützlich.

Strickgarne

Unter dem Ausdruck Garn versteht man gesponnene Fasersträhnen, die zu einem fortlaufenden Faden der gewünschten Stärke gedreht werden. Die Garne können tierischen Ursprungs (Wolle, Angora, Mohair, Seide, Alpaka), pflanzlichen Ursprungs (Baumwolle, Leinen) oder chemischen Ursprungs (Nylon, Akrylfaser, Reyon) sein. Die Strickgarne können aus einer Kombination der verschiedenen Fasern hergestellt werden.

Die einzelnen Fasersträhnen werden als 'Drähte' bezeichnet. Eine bestimmte Anzahl von Drähten wird gedreht, um das Garn zu bilden. Die Eigenschaften eines Garns sind je nach der Faserkombination und der Art, in der das Garn gesponnen wird, unterschiedlich. Wolle und andere natürliche Fasern werden häufig mit synthetischen Fasern kombiniert, damit ein Garn produziert werden kann, das wirtschaftlich und strapazierfähig ist. Wolle kann auch chemisch behandelt werden, damit sie waschmaschinenfest ist. Bei der Drehung des Garns bestehen ebenfalls Unterschiede. Ein stark gedrehtes Garn ist fest und glatt und läßt sich zu einem strapazierfähigen Gewebe stricken. Ein leicht gedrehtes Garn fühlt sich weicher an, wenn es gestrickt wird.

Der Garnkauf

Garne werden allgemein in Knäueln von einem bestimmten Gewicht verkauft. Einige Garne, insbesondere sehr dicke Garne, können auch in Strängen verkauft werden, die in ein Knäuel gewickelt werden müssen, bevor man mit dem Stricken beginnen kann.

Die Garnhersteller (Spinnereien) umwickeln jedes Knäuel mit einer Banderole, auf der viele nützliche Informationen stehen. Auf der Banderole wird das Gewicht des Garns und seine Zusammensetzung angegeben. Die Wasch- und Bügelanweisungen sowie die idealen Nadelstärken, die für das Garn zu verwenden sind, werden ebenfalls aufgeführt. Weiterhin stehen auf der Banderole die Farbtonnummer und die Partienummer. Es ist wichtig, daß für eine Strickarbeit Garn von der gleichen Partie benutzt wird, da zwischen verschiedenen Partien geringe Farbunterschiede bestehen. Die Farbunterschiede fallen nicht unbedingt auf, wenn man zwei Knäuel nebeneinander hält, sie machen sich jedoch an dem fertigen Strickstück bemerkbar.

Die Banderole sollte stets aufbewahrt werden. Man heftet sie am besten an die Maschenprobe (siehe Seite 9) und legt sie zusammen mit den Garnresten, Ersatzknöpfen und sonstigen Besatzartikeln fort. Auf diese Weise ist es möglich, die Waschanweisungen zu prüfen, und man hat stets das Material für Ausbesserungen zur Hand.

So werden die Nadeln gehalten 1

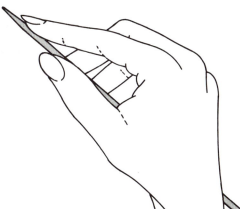

Die rechte Nadel wird zwischen dem Daumen und Zeigefinger gehalten und unter der Hand durchgeführt. Die übrigen Finger werden an der Nadel angelehnt.

So werden die Nadeln gehalten 2

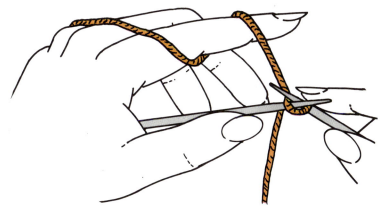

Die linke Nadel wird etwas über der rechten Nadel gehalten. Der Daumen und Mittelfinger werden dazu verwendet, die Nadelspitze zu kontrollieren. Der Ringfinger und der kleine Finger werden an der Nadel angelehnt. Der Zeigefinger wird abgespreizt.

So wird der Faden gehalten

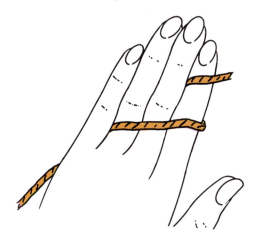

Der Faden wird in der linken Hand gehalten und läuft von unten zwischen dem kleinen Finger und dem Ringfinger durch. Danach wird er über den Ring-, Mittel- und Zeigefinger geführt und einmal um den Zeigefinger geschlagen. Mit dem Zeigefinger wird der Faden um die Nadelspitze gelegt. Sie können die Spannung des Fadens weiter kontrollieren, indem Sie ihn mit dem angewinkelten kleinen Finger greifen. Dadurch erhalten Sie ein gleichmäßiges Resultat beim Stricken.

Maschenanschlag

Es gibt zwei 'beste Methoden' des Maschenanschlags, die jeweils für verschiedene Zwecke verwendet werden. Der Kreuzanschlag wird benutzt, wenn ein elastischer Rand erforderlich ist, oder wenn die Reihen direkt nach dem Aufnehmen der Maschen glatt oder kraus rechts gestrickt werden. Die zweite Methode besteht aus dem Aufstricken der Maschen. Hierbei ergibt sich ein sauberer, fester Rand. Das Aufstricken der Maschen empfiehlt sich besonders bei Rippenmustern und sonstigen festen Strickmustern.

Beim Aufstricken der Maschen beginnt man mit einem Laufknoten.

a) Den Faden um zwei Finger schlagen und noch einmal hinter den ersten Faden legen.
b) Mit einer Stricknadel den hinteren Faden durch den vorderen ziehen, um eine Schlinge zu bilden.
c) Das Fadenende festziehen.

Kreuzanschlag

Laufknoten

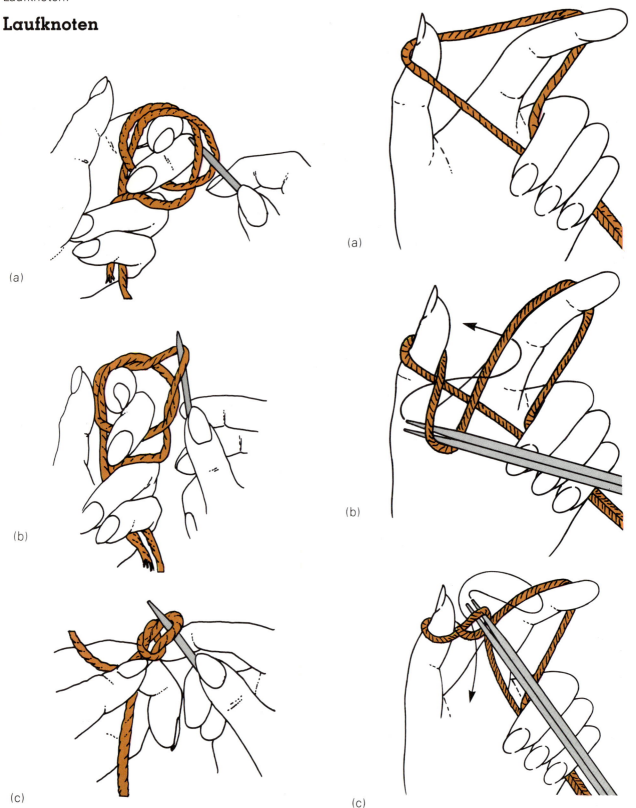

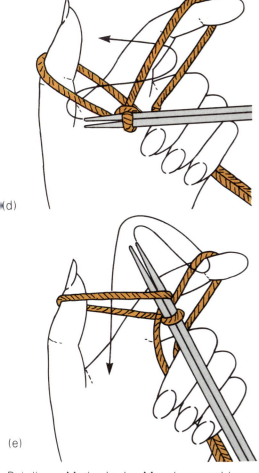

Bei dieser Methode des Maschenanschlags nimmt man bei normalen Wollstärken zwei Stricknadeln in die rechte Hand, damit die Anschlagreihe elastisch wird.

(a) Messen Sie vom Knäuel ein Fadenende ab, das mindestens dreimal so lang wie die vorgesehene Anschlagbreite ist. Mit dem Fadenende eine Schlinge um den Daumen und Zeigefinger der linken Hand spannen. Der über dem Zeigefinger liegende Faden kommt vom Knäuel, der um den Daumen geführte ist das Fadenende.

(b) Die Nadeln in die rechte Hand nehmen, von hinten in die Schlinge einstechen und nach unten ziehen.

(c) Durch die dabei entstandene Schlinge den Faden des Zeigefingers führen und das Fadenende anziehen. Die erste Anschlagmasche liegt auf den Nadeln.

(d) Das Fadenende um den Daumen legen und den Faden vom Knäuel um den Zeigefinger führen. Die Nadeln von unten nach oben durch die Daumenschlinge stechen.

(e) Den vom Zeigefinger kommenden Faden durch die Daumenschlinge ziehen. Dann den Daumen aus der Schlinge nehmen und gleichzeitig das Fadenende anziehen.

Die Schritte (d) und (e) wiederholen, bis die gewünschte Maschenzahl erreicht ist. Dann **eine** Stricknadel aus der Anschlagmaschenreihe ziehen.

Aufstricken der Maschen

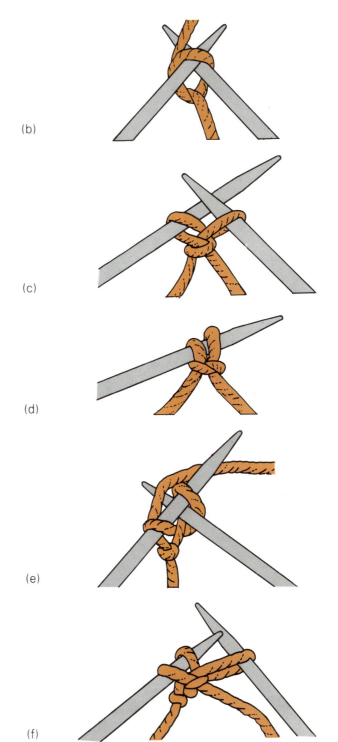

Bei dieser Methode des Maschenanschlags nimmt man eine Nadel in die linke Hand und die andere Nadel in die rechte Hand.

(a) Einen Laufknoten machen und auf die linke Nadel legen.

(b) Die rechte Nadel von vorn in den Knoten einstechen und den Faden über die rechte Nadel legen.

(c) Eine Schlinge durchziehen.

(d) Diese Schlinge auf die linke Nadel legen.

(e) Die rechte Nadel zwischen den beiden Maschen auf der linken Nadel einstechen. Den Faden um die rechte Nadelspitze schlagen.

(f) Eine Schlinge durchziehen und diese auf die linke Nadel legen.

Die Schritte (e) und (f) wiederholen, bis die gewünschte Maschenzahl erreicht ist.

Die Grundmaschen

Rechte Maschen | Linke Maschen

 (a)

 (a)

 (b)

 (b)

 (c)

 (c)

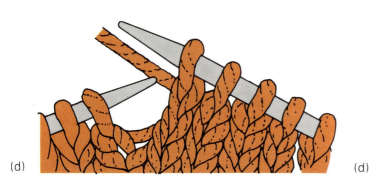 (d)

 (d)

a) Der Faden liegt hinter der Arbeit. Mit der rechten Nadel von links nach rechts vorn in die erste Masche auf der linken Nadel einstechen; b) den Faden um die rechte Nadel schlagen; c) eine Schlinge durchziehen; d) die abgestrickte Masche von der linken Nadel gleiten lassen. Diesen Vorgang wiederholen, bis alle Maschen von der linken auf die rechte Nadel übertragen worden sind.

a) Der Faden liegt vor der Arbeit. Mit der rechten Nadel von rechts nach links vorn in die erste Masche auf der linken Nadel einstechen; b) den Faden um die rechte Nadel schlagen; c) eine Schlinge nach hinten durchziehen; d) die abgestrickte Masche von der linken Nadel gleiten lassen. Diesen Vorgang wiederholen, bis alle Maschen von der linken auf die rechte Nadel übertragen worden sind.

Abketten

Die Maschen sind stets dem Muster entsprechend abzuketten. So werden z.B. bei einem glatt rechts gestrickten Muster die Maschen der rechten Reihe rechts abgekettet (siehe unten) und die Maschen der linken Reihe links abgekettet. Bei einem Rippenmuster oder bei einem plastischen Muster werden die Maschen so abgekettet, wie sie erscheinen.

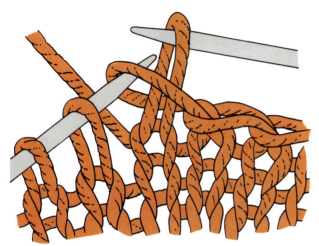

1) Rechte Maschen abketten

Die ersten zwei Maschen rechts stricken. * Mit der linken Nadel die erste Masche über die zweite Masche ziehen und von der Nadel fallen lassen. Die nächste Masche rechts stricken und ab * wiederholen.

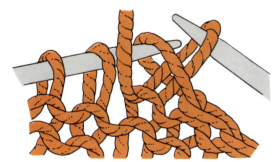

2) Linke Maschen abketten.

Die ersten zwei Maschen links stricken, dann * mit der linken Nadel die erste Masche über die zweite Masche ziehen und von der Nadel fallen lassen. Die nächste Masche links stricken und ab * wiederholen.

Sie können viel Zeit sparen, wenn Sie zum Abketten eine Häkelnadel verwenden, die die rechte Nadel ersetzt. Die ersten zwei Maschen auf die übliche Weise rechts bzw. links stricken. * Die zweite Masche durch die erste Masche ziehen, die nächste Masche rechts bzw. links stricken und ab * wiederholen. Diese Methode ist besonders zu empfehlen, wenn ein loser, elastischer Rand erforderlich ist, da die Masche gelockert werden kann, während sie auf der Häkelnadel liegt.

Maschenprobe

Für die erfolgreiche Fertigstellung eines gestrickten Kleidungsstückes ist die Maschenprobe von wesentlicher Bedeutung. Die Angaben, die im allgemeinen unter dieser Überschrift am Anfang eines Strickmusters zu finden sind, beziehen sich auf die Maschenzahl, die für eine bestimmte Fläche erforderlich ist. Eine häufige Angabe für die Maschenprobe wäre z.B.: 'Bei glattem Rechtsmuster und Nadeln Nr. 4 ergeben 22 M. in der Breite und 30 R. in der Höhe 10 cm im Quadrat.' Dieses bedeutet, daß eine Strickfläche anzufertigen ist, die aus der proportionalen Anzahl der in der Maschenprobe angegebenen Maschen bestehen muß, damit Sie unabhängig der von **Ihnen** verwendeten Nadelstärke die richtigen Maße für das zu arbeitende Kleidungsstück erhalten. Die in der Strickanleitung angegebene Nadelstärke ist die Stärke, die von den **meisten** Strickerinnen bei dieser Maschenprobe benutzt würde, jedoch ist es nicht die Nadelstärke, sondern die Maschenprobe, die ausschlaggebend ist.

Um sicher zu sein, daß Sie die richtige Spannung bei Ihrer Arbeit haben, müssen Sie vor Beginn des eigentlichen Strickens unbedingt eine Maschenprobe anfertigen. Das mag Ihnen zeitvergeudend und lästig erscheinen; Sie würden jedoch viel mehr Zeit verschwenden und sehr enttäuscht sein, wenn sich am Ende herausstellen sollte, daß das von Ihnen gestrickte Kleidungsstück nicht paßt.

Die in dem Abschnitt 'Maschenprobe' eines Strickmusters beschriebenen Angaben gelten entweder für glatt rechts gestrickte oder für gemusterte Modelle. Bei gemusterten Modellen ist es erforderlich, daß die Maschenzahl der Maschenprobe genau wie die Maschenzahl des Modells teilbar ist. Bei glatt rechts gestrickten Modellen kann eine beliebige Maschenzahl angeschlagen werden, jedoch sollte die Breite der Maschenprobe bei beiden Methoden mindestens 12 cm betragen. Arbeiten Sie die gemusterte bzw. glatt rechts gestrickte Probe gemäß den Angaben in der Maschenprobe, bis das Strickstück mindestens 10 cm in der Höhe beträgt. Den Faden abreißen und das Fadenende, das ca. 15 cm messen sollte, durch die Maschen fädeln. Dann die Stricknadel entfernen. Eine Stecknadel vertikal von oben ein paar Maschen vom Rand entfernt in die Strickfläche stechen, sorgfältig 10 cm messen und eine zweite Stecknadel einstechen. Die Maschen zählen. Wenn die Maschenzahl zwischen den Stecknadeln geringer als die in der Maschenprobe vorgeschriebene Maschenzahl ist (selbst um eine halbe Masche), wird Ihr Kleidungsstück zu groß. Dünnere Stricknadeln verwenden und eine zweite Maschenprobe stricken. Wenn Ihre Maschenprobe über 10 cm mehr Maschen als vorgeschrieben hat, wird das Kleidungsstück zu klein, und Sie müssen dickere Nadeln nehmen. Prüfen Sie ebenfalls, ob die Zahl der Reihen mit den Angaben in der Maschenprobe übereinstimmt.

Es ist besonders wichtig, daß Sie die richtigen Breitenmaße haben, bevor Sie mit dem Stricken beginnen. Die Längenmaße können im allgemeinen durch Korrigieren der Länge bis zum Armloch oder der Ärmellänge berichtet werden. Diese werden ohnehin häufig in Zentimetern und nicht in Reihen angegeben.

Zunahmen und Abnahmen

Es gibt mehrere Methoden der Zunahme und Abnahme, die zwei verschiedenen Zwecken dienen. Einmal werden sie dazu verwendet, um ein Strickstück zu formen, d.h. um es breiter oder schmaler zu machen. Der andere Zweck besteht darin, dekorative Effekte bei durchbrochenen und plastischen Mustern zu erzielen.

Zunahmen und Abnahmen zum Formen

Beim Stricken der verschiedenen Teile eines Kleidungsstückes wird bei symmetrischen Teilen (Rückenteil, Ärmel etc.) jeweils am Beginn und am Ende einer Reihe zu- bzw. abgenommen, damit eine ausgeglichene Form erzielt wird. Die Vorderteile von Strickjacken dagegen werden an den beiden Rändern unterschiedlich behandelt, da an dem einen Rand der Armausschnitt und an dem anderen Rand der Halsausschnitt gearbeitet werden muß.

Die Anleitungen in einem Strickmuster müssen sorgfältig befolgt werden, damit die Teile bei der Ausarbeitung richtig zusammenpassen. Im übrigen haben die Designer sich beim Entwurf der verschiedenen Modelle darum bemüht, für jedes Strickteil das beste Resultat zu erzielen.

Abnahme durch Abheben einer Masche

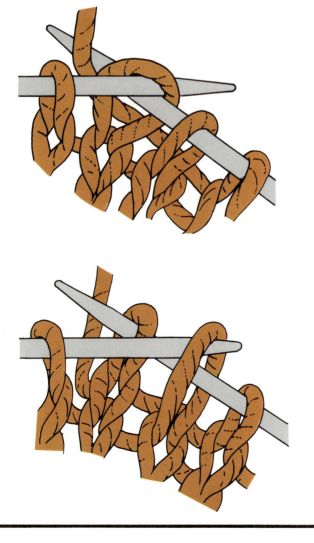

(a) Die nächste Masche auf die rechte Nadel heben, ohne sie zu stricken, und die folgende Masche rechts stricken.

(b) Die abgehobene Masche über die rechts gestrickte Masche ziehen und von der Nadel fallen lassen. Die Abkürzung hierfür ist **2 M. re. übz. zus.str.** (2 Maschen rechts überzogen zusammenstricken). Bei einer linken Reihe ist die Abkürzung **2 M. li. übz. zus.str.**

Zwei Maschen zusammenstricken

Bei dieser Methode des Abnehmens die rechte Nadel einfach in zwei Maschen anstatt eine Masche einstechen. Die beiden Maschen dann wie eine Masche rechts zusammenstricken. In einer linken Reihe die Nadel wie zum Linksstricken in die beiden Maschen einstechen, die dann wie eine Masche links zusammengestrickt werden. Die Abkürzung ist **2 M. re. zus.str.** bzw. **2 M. li. zus.str.**

Zunahme durch Umschlag

rechte Reihe

Bei Zunahme durch Umschlag in einer rechten Reihe den Faden vor die Arbeit und über die rechte Nadel legen, dann die nächste Masche rechts stricken. Hierbei entsteht ein sichtbares Loch, und diese Methode wird daher oft in durchbrochenen Mustern benutzt. In Strickmustern wird diese Art der Zunahme als **1 U.** abgekürzt.

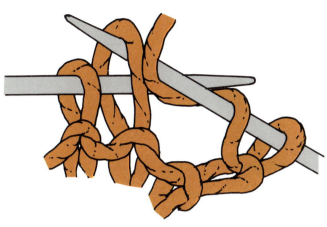

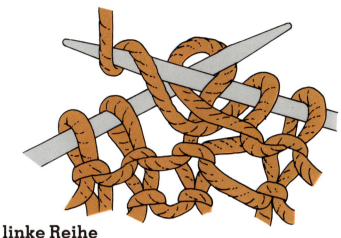

linke Reihe

In einer linken Reihe den Faden über die rechte Nadel hinter die Arbeit legen und unter der Nadel nach vorn führen, dann die nächste Masche links stricken.

linke Reihe

Bei einer linken Reihe ist die Methode ähnlich. Zwei Maschen links in die nächste Masche arbeiten, dabei einmal von vorn und einmal von hinten in die Masche einstechen, dann die Masche von der Nadel gleiten lassen.

1 Masche zunehmen

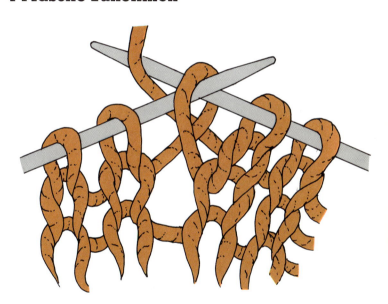

Vorn und hinten in eine Masche einstechen

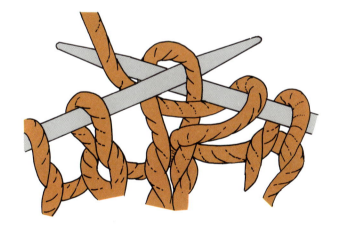

Den Querfaden zwischen der gerade gestrickten und der nächsten Masche fassen und auf die linke Nadel legen. Diese Schlinge dann rechts verschränkt bzw. links verschränkt abstricken. Die Abkürzung hierfür ist **1 M. zun.**

rechte Reihe

Zwei Maschen rechts in die nächste Masche arbeiten, dabei einmal von vorn und einmal von hinten in die Masche einstechen.

Schließen der Nähte und Ausarbeitung

Aufheben einer Masche

Wenn eine Masche von der Nadel fällt, ist es im allgemeinen einfach, sie sofort wieder aufzuheben, selbst wenn sie eine Reihe tiefer gefallen ist. Die Masche und den darüberliegenden waagerechten Faden einfach auf die rechte Nadel heben. Dann die linke Nadel in die Masche einstechen und den waagerechten Faden mit der rechten Nadel durch die Masche ziehen, um die Masche zu bilden, die sich dann wieder an dem richtigen Platz befindet.

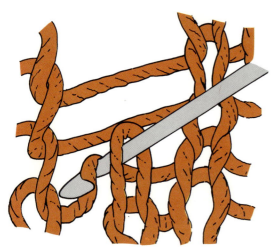

Wenn jedoch eine Masche unbemerkt von der Nadel gefallen ist, kann es leicht vorkommen, daß sich über mehrere Reihen nach unten eine Leiter bildet. In diesem Fall sticht man auf der Vorderseite oder der rechts gestrickten Seite mit einer Häkelnadel in die gefallene Masche ein und häkelt an jeweils einem waagerechten Faden eine Masche hoch, bis sie wieder auf die Stricknadel aufgenommen werden kann.
Wenn mehrere Maschen von der Nadel gefallen sind, müssen die anderen Maschen mit einer Sicherheitsnadel festgehalten werden, bis sie wieder aufgehoben werden.

Zusammennähen mit Maschenstich

Mit dem Maschenstich kann man zwei Strickteile unsichtbar zusammenfügen. Die Ränder werden nicht abgekettet. Die Strickteile können entweder zusammengefügt werden, während sie sich noch auf der Nadel befinden, oder nachdem die Nadeln herausgezogen worden sind.

Strickteile auf den Nadeln

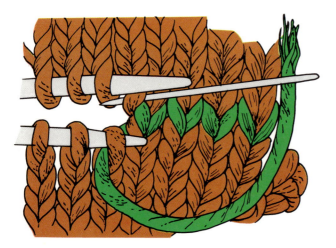

Einen Faden des Strickgarns in eine Wollnähnadel oder stumpfe Sticknadel einfädeln. Die beiden zusammenzufügenden Teile mit der rechten Seite nach oben aneinanderlegen und die Stricknadeln in der linken Hand halten. *Die Wollnähnadel wie beim Rechtsstricken in die erste Masche der vorderen Nadel einstechen und die Masche von der Stricknadel gleiten lassen. Die Nähnadel wie beim Linksstricken in die zweite Masche auf derselben Nadel einstechen und die Masche auf der Nadel lassen. Wie beim Linksstricken in die erste Masche auf der hinteren Nadel einstechen und die Masche von der Nadel gleiten lassen, dann wie beim Rechtsstricken in die zweite Masche auf derselben Nadel einstechen und die Masche auf der Nadel lassen. Ab * wiederholen. Den Faden so durchziehen, daß die gebildeten Maschen von der gleichen Größe wie die gestrickten Maschen sind. Zum Abschluß die losen Enden auf der Rückseite der Arbeit vernähen.

Strickteile bei herausgezogenen Nadeln.

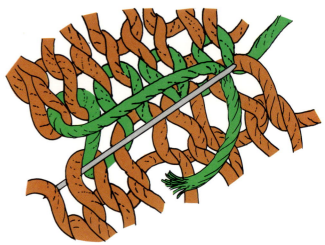

Die zusammenzufügenden Teile sorgfältig aneinanderlegen, so daß die Maschen des unteren Teils mit denen des oberen Teils übereinstimmen. Einen Faden des Strickgarns in eine Wollnähnadel oder stumpfe Sticknadel einfädeln. Am rechten Rand beginnen. Die Nadel von unten in die erste Masche des oberen Teils einstechen, von oben in die erste Masche des unteren Teils und von unten in die zweite Masche nach links einstechen. *Am oberen Teil die Nadel wieder von oben in die Masche einstechen, in die sie zuvor von unten eingestochen wurde, und in die zweite Masche nach links von unten einstechen. Am unteren Teil die Nadel von oben in die Masche einstechen, in die sie zuvor von unten eingestochen wurde, und von unten in die nächste Masche nach links einstechen. Ab * wiederholen.

Schließen der Nähte mit Steppstich

Einen Faden des Strickgarns in eine Wollnähnadel oder stumpfe Sticknadel einfädeln. Die zusammenzunähenden Teile mit der Vorderseite nach innen aneinanderlegen. Darauf achten, daß Reihen und Muster des einen Teils mit denen des anderen Teils übereinstimmen. Mit dem Steppstich die beiden Teile nahe am Rand zusammennähen.

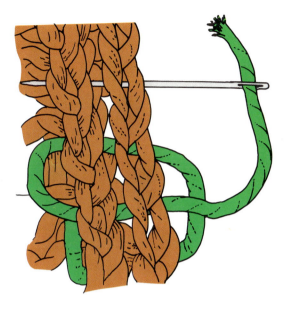

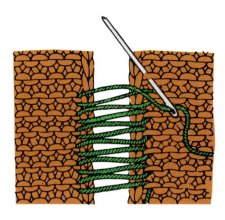

Diese Methode wird zum Zusammennähen von Teilen am häufigsten verwendet. Wenn Sie jedoch ein perfektes Kleidungsstück haben möchten, empfiehlt es sich, alle Nähte mit dem Matratzenstich zu schließen.

Wenn Sie Ihre Strickteile normalerweise auf eine andere Methode zusammennähen, wird es eine Weile dauern, bis Sie die Kunst des Matratzenstiches beherrschen. Die Übung macht jedoch den Meister, und die schönen Nähte, die Sie dabei erhalten, sind durchaus der Mühe wert. Ein Vorteil bei dem Matratzenstich liegt darin, daß man unterschiedlich geformte Ränder recht einfach zusammennähen kann; da Sie stets auf der Vorderseite Ihrer Strickteile arbeiten, können Sie Ihren Fortschritt verfolgen und die Naht sauberhalten.

Schließen der Nähte mit Matratzenstich

Die nachstehenden Abbildungen geben eine grafische Darstellung des Matratzenstiches, den wir für die meisten Nähte benutzen, da hiermit ein besonders sauberes und perfektes Resultat erzielt werden kann.

Der Matratzenstich kann entweder eine Masche vom Rand (Abb. a) oder eine halbe Masche vom Rand (Abb. b) gearbeitet werden, je nachdem, wie sauber der Rand und wie stark die Wolle ist. Wenn die glatt rechts gestrickte Seite die Vorderseite der Arbeit ist, werden zwei Reihen auf einmal gefaßt (siehe Abb. a und b); wenn die links gestrickte Seite als Vorderseite benutzt wird, wird nur eine Reihe auf einmal gefaßt (siehe Abb. c), doch wird Ihnen die Erfahrung zeigen, was erforderlich ist.

Wiederauffassen der Maschen am Rand

Nach Fertigstellen der Hauptstrickarbeit ist es oft erforderlich, einige Reihen hinzuzufügen, wenn z.B. eine Borte oder Leiste gearbeitet werden muß. Bisweilen werden diese Teile separat gestrickt, doch ist es schneller und sauberer, die Maschen am Rand wieder aufzufassen und direkt anzustricken.

Zum Wiederauffassen der Maschen an einem angeschlagenen oder abgeketteten Rand, wie z.B. beim Anstricken einer Borte oder eines Kragens, wird die Stricknadel in die erste Masche eingestochen. Den Faden um die Nadel schlagen und eine Schlinge durchziehen, um eine Masche zu bilden. Diesen Vorgang wiederholen, bis die gewünschte Maschenzahl erreicht ist.

Zum Wiederauffassen von Maschen an Seitenrändern, wie z.B. beim Arbeiten einer Knopfleiste an einer Strickjacke, wird die Nadelspitze zwischen der ersten und zweiten Reihe 1 Masche bzw. $\frac{1}{2}$ Masche vom Rand eingestochen. Den Faden um die Nadel schlagen und eine Schlinge durchziehen. Oft ist die Zahl der Maschen, die wieder aufgefaßt werden müssen, nicht die gleiche wie die Maschen- oder Reihenzahl am Rand. Es ist einfacher, die Maschen wieder aufzufassen, wenn Sie die Länge des Randes in halb teilen und diesen Vorgang wiederholen, bis Sie Achtel erhalten. Diese mit einer Stecknadel kennzeichnen. Die Zahl der aufzufassenden Maschen dann ebenfalls durch acht teilen und etwa diese Maschenzahl in jedem Abschnitt auffassen.

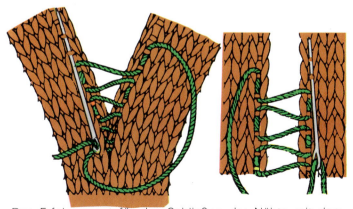

Das Erfolgsrezept für das Schließen der Nähte mit dem Matratzenstich liegt darin, den Saum elastisch zu halten, ohne ihn zu sehr zu dehnen. Am besten ist es, wenn man den Matratzenstich lose über 1 bis 2 cm arbeitet und dann den Faden sehr straff anzieht, so daß die Maschen fest zusammengehalten werden. Dann die Naht etwas dehnen, um sie elastisch zu machen, und den nächsten Abschnitt nähen.

Stricken von grafischen Mustern

Einsetzen einer neuen Farbe

Das Einsetzen eines neuen Strickfadens sollte, wo möglich, immer am Beginn einer Reihe erfolgen. Wenn in der Strickfläche eingesetzt wird, einfach den neuen Strickfaden aufheben und weiterstricken. Nach einigen Reihen das alte und neue Fadenende sauber auf der Rückseite der Arbeit vernähen.

Einstricken von grafischen Mustern

Große Farbmotive

Wenn große Farbmotive jeweils über eine große Fläche gestrickt werden, empfiehlt es sich, ein separates Knäuel für jeden Abschnitt zu verwenden.

Beim Stricken mit separaten Knäueln müssen die Fäden beim Farbwechsel überkreuzt werden, da sonst ein Loch zwischen den Farben entsteht. Wenn der Farbwechsel in einer senkrechten Linie stattfindet, müssen die Fäden sowohl in der Hinreihe als auch in der Rückreihe überkreuzt werden.

Beim Farbwechsel in einer schräglaufenden Linie sind die Fäden nur in jeder zweiten Reihe zu überkreuzen.

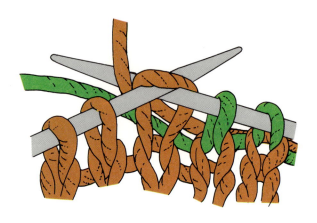

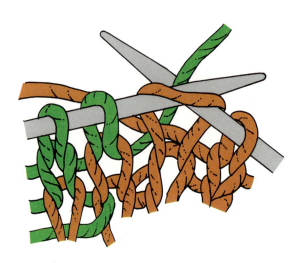

Diese Methode ist bei grafischen Mustern mit sich wiederholenden kleinen Motiven zu verwenden. Die zweite Farbe wird zusammen mit der ersten Farbe in der linken Hand gehalten. Den ersten Faden über den kleinen Finger, unter den Ring- und Mittelfinger und über den Zeigefinger legen. Den zweiten Faden von unten zwischen dem kleinen und Ringfinger über den Ring-, Mittel- und Zeigefinger führen und um den Zeigefinger schlagen. Mit diesen Fäden abwechselnd stricken. Damit die Fäden gut gleiten, die linke Hand leicht nach rückwärts bewegen. Der mitgeführte Faden liegt stets auf der Rückseite der Arbeit. Er darf nicht zu stramm gezogen werden, damit sich das Strickstück nicht zusammenzieht. Auf der Rückseite beim Stricken des oberen Fadens den unteren Faden mit dem linken Daumen nach unten halten. Beim Stricken des unteren Fadens mit der Nadel hinter dem oberen Faden die folgende Masche links stricken. Längere Spannfäden wie folgt befestigen: Auf der Rückseite der Arbeit bei ca. jeder dritten Masche den Spannfaden zwischen dem Strickfaden und der Arbeit einlegen.

(a) Wenn die Farbe schräg nach rechts läuft, sind die Fäden in der rechten Reihe zu kreuzen. Die erste Farbe vor die zweite Farbe legen und fallenlassen, dann die zweite Farbe aufheben und damit weiterstricken. In der linken Reihe verläuft die schräge Linie so, daß die Fäden sich automatisch kreuzen.

Es ist möglich, jede zweite Masche eines 'Fairisle'-Musters auf diese Weise zu arbeiten. Hierbei ergibt sich ein sauberes Bild auf der Rückseite der Arbeit, jedoch verändert sich die Form der Maschen und des Strickstücks. Diese Methode nur dann verwenden, wenn sie speziell in der Strickanleitung empfohlen wird.

(b) Wenn die Farbe schräg nach links läuft, müssen die Fäden in der linken Reihe gekreuzt werden. In der rechten Reihe verläuft die schräge Linie so, daß die Fäden sich automatisch kreuzen.

Aufsticken mit Maschenstich

Bunte Motive können mit dem Maschenstich so auf ein Strickstück aufgestickt werden, daß sie wie gestrickt aussehen. Diese Methode ist sehr nützlich und vielseitig. Wenn ein Muster einen sehr dünnen Streifen oder weit auseinanderliegende bunte Motive aufweist, ist es oft einfacher, diese nach dem Stricken aufzusticken als sie einzustricken.

Bei einer genauen Nachbildung der Maschen muß für die Stickerei der gleiche Garntyp wie für das Stricken verwendet werden. Wenn auffallendere dekorative Effekte erzielt werden sollen, kann jedes geeignete Stick- oder Strickgarn benutzt werden.

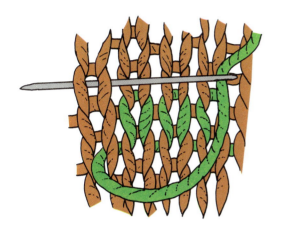 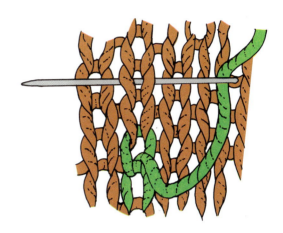

(a) Beim Aufsticken einer waagerechten Linie von rechts nach links arbeiten. Den Faden unsichtbar auf der Rückseite vernähen. In der Mitte einer Masche mit der Nadel von unten nach oben durchstechen. Die Nadel unter der darüberliegenden Masche von rechts nach links durchführen und von oben nach unten in der Mitte der **gleichen** Masche durchstechen.

(b) Beim Aufsticken einer senkrechten Linie von unten nach oben arbeiten. In der Mitte der Masche mit der Nadel von unten nach oben durchstechen, die Nadel unter der darüberliegenden Masche von rechts nach links durchführen und wieder von oben nach unten in der Mitte der **gleichen** Masche durchstechen.

Strickanleitungen und Abkürzungen

Strickmuster werden in ihrer eigenen Sprache geschrieben. Für viele der Ausdrücke, die in den Strickanleitungen häufig wiederholt werden, gibt es Abkürzungen. Obgleich die in den verschiedenen Publikationen verwendeten Abkürzungen nicht genau miteinander übereinstimmen, bereitet es einer erfahrenen Strickerin keine Schwierigkeiten, einer Anleitung zu folgen.

Lesen Sie eine Anleitung immer erst ganz durch, bevor Sie mit dem Stricken beginnen. Selbst wenn Sie keine Erfahrung haben, erhalten Sie eine Vorstellung darüber, wie sich das Muster aufbaut und was zu erwarten ist. Wenn Sie einmal ein oder zwei Modelle gestrickt haben, werden Sie verstehen, wie eine Anleitung zu lesen ist.

Maschenzahl

Eine bestimmte Maschenzahl ist erforderlich, um ein vollständiges Muster wie einen Zopf, ein Zickzackmuster oder ein Blattmotiv zu bilden. Die Maschen auf der Nadel müssen durch diese Zahl teilbar sein. Die entsprechende Angabe befindet sich am Anfang einer Strickanleitung. Zum Beispiel: Maschenzahl teilbar durch 4; Maschenzahl teilbar durch 8 + 1 M. Bisweilen wird in einer Anleitung auch die Zahl der Reihen angegeben, die erforderlich ist, um ein vollständiges Muster zu bilden.

Sternchen und Klammern

Diese werden dazu verwendet, die Wiederholung einer bestimmten Maschenfolge anzuzeigen. Zum Beispiel: *3 M. re., 1 M. li., ab * wdh. Dieses bedeutet, daß 3 Maschen rechts und 1 Masche links bis zum Ende der Reihe gestrickt werden. Eine Anleitung in Klammern wird so oft wie erforderlich wiederholt. Zum Beispiel: [3 M. re., 1 M. li.] 4x. Dieses bedeutet, daß die Maschen in den Klammern insgesamt viermal gearbeitet werden.

Gerade hochstricken

Diese Anleitung bedeutet, daß Sie die auf der Nadel befindlichen Maschen bis zu einer bestimmten Höhe bzw. eine bestimmte Anzahl von Reihen weiterstricken, ohne zu- oder abzunehmen.

Abkürzungen

Nachstehend werden die in einer Strickanleitung üblichen Abkürzungen genau erklärt. Auf der gegenüberliegenden Seite befinden sich einige Sonderabkürzungen, die im allgemeinen in Zopfmustern und in anderen sehr plastischen Mustern vorkommen.

Abn. = Abnahme/abnehmen Diese Abkürzung wird verwendet, wenn ein Strickstück schmaler werden soll. 1, 2 oder selbst 3 Maschen können auf einmal abgenommen werden. Wenn jedoch eine größere Abnahme erforderlich ist, müssen im allgemeinen einige Maschen 'abgekettet' werden (siehe Seite 9). Die üblichen Methoden zur Abnahme von Maschen werden auf Seite 10 beschrieben.

Zun. = Zunahme/zunehmen Diese Abkürzung wird verwendet, wenn ein Strickstück breiter werden soll. 1 oder 2 Maschen können an einer Stelle zugenommen werden. Wenn jedoch eine größere Zunahme erforderlich ist, müssen im allgemeinen einige Maschen 'angeschlagen' werden (siehe Seite 10). Die üblichen Methoden für die Zunahme von Maschen werden ebenfalls auf Seite 10 beschrieben.

Re. M. = rechte Masche, Li. M. = linke Masche Diese Abkürzungen geben an, wie die Maschen in einem Muster gestrickt werden müssen. Beispiel: 1 M. re., 3 M. li., 1 M. re. Dieses bedeutet, daß Sie 1 Masche rechts, dann 3 Maschen links und wieder 1 Masche rechts stricken.

Ubz. zus.str. = überzogen zusammenstricken Diese Methode wird häufig zum Abnehmen von Maschen verwendet. Beispiel 1: 9 M. re., 2 M. re. übz. zus.str., 2 M. re. Dieses bedeutet, daß Sie 9 Maschen rechts stricken, 1 Masche abheben, 1 Masche rechts stricken und die abgehobene Masche (mit der linken Nadelspitze) darüberziehen und von der Nadel fallen lassen, dann die letzten 2 Maschen rechts stricken. Beispiel 2: 4 M. re., 3 M. re. übz. zus.str., 2 M. li. Dieses bedeutet, daß Sie 4 M. rechts stricken, 1 Masche abheben, 2 Maschen rechts zusammenstricken und die abgehobene Masche darüberziehen, dann die letzten 2 Maschen links stricken.

Wdh. = wiederholen

Abh. = abheben Beispiel: 1 M. abh., 1 M. re. Dieses bedeutet, daß Sie die nächste Masche auf die rechte Nadel gleiten lassen, ohne sie zu stricken, dann die nächste Masche rechts stricken.

M. = Masche/Maschen

Glatt re. = glatt rechts Diese Abkürzung bedeutet, daß die Hinreihen mit rechten Maschen und die Rückreihen mit linken Maschen gestrickt werden. Hierbei ergibt sich ein Maschenbild, das auf der Vorderseite glatt und auf der Rückseite rauh erscheint. Um das Zusammennähen von Strickstücken zu erleichtern, die Masche am Anfang und Ende jeder Reihe stets so stricken, daß sie als rechte Masche erscheint. Einige Strickerinnen heben die erste Masche einer rechten Reihe ab oder stricken die erste Masche einer linken Reihe rechts. Wenn Sie eine Naht mit dem Matratzenstich schließen (siehe Seite 13), stets die Randmaschen so stricken, daß sie als rechte Maschen erscheinen.

Zus.str. = zusammenstricken Im allgemeinen zum Abnehmen von Maschen verwendet. Beispiel: 2 M. re. zus.str.

U = Umschlag Einen Umschlag braucht man für Zunahmen oder für Lochmuster. Der Faden wird von vorne nach hinten über die rechte Nadel geschlagen, bevor die nächste Masche gearbeitet wird. Der Umschlag wird in der nächsten Reihe abgestrickt und erscheint als neue Masche.

Abk. = abketten/Abketten; abn. = Abnahme/abnehmen; abstr. = abstricken; abw. = abwechselnd; Anf. = Anfang; Anschl. = Anschlag; anschl. = anschlagen; gestr. = gestrickt; glatt li. = glatt links; glatt re. = glatt rechts; li. = linke/links; li. verschr. = links verschränkt; M. = Masche/Maschen; M.zahl = Maschenzahl; re. = rechte/rechts; re.

verschr. = rechts verschränkt; R. = Reihe; Rücks. = Rückseite; str. = stricken; U = Umschlag; übz. zus.str. = überzogen zusammenstricken; Vorders. = Vorderseite; wdh. = wiederholen; zun. = Zunahme/zunehmen; zus.str. = zusammenstricken.

1 M. zun. = den Querfaden zwischen der gerade gestr. und der nächsten M. fassen

und abstr.

1 Noppe = 3 M. re. in die nächste M. str., dabei 1x von vorn, 1x von hinten und 1x von vorn in die M. einstechen, wenden, 3 M. re., wenden, 3 M. li., wenden, 3 M. re., wenden, 3 M. re. übz. zus.str. (Noppe fertig).

1 M. 1 R. tiefer einstechen = die Nadel in die M. 1 R. unter der nächsten M.

Abkürzungen

einstechen und in der üblichen Weise abstr., dabei die darüberliegende M. von der Nadel gleiten lassen.

2 M. re. zus. abh. = die Nadel in die nächsten 2 M. auf der li. Nadel einstechen, als ob sie re. zus.gestr. würden, dann beide M. auf die rechte Nadel gleiten lassen, ohne sie zu str.

1 M. re. verschr. = die re. Nadel von der Seite, also von re. nach li. in die M. auf der li. Nadel einstechen und re. abstr., die li. Nadel aus der M. nehmen.

1 M. li. verschr. = den Faden vor die re. Nadel legen, nun das hintere M.glied von li. re. fassen, den Faden von unten nach oben um die re. Nadel schlingen und nach hinten durch die M. ziehen, die li. Nadel aus der M. ziehen.

2 M. hinten oder vorn kreuzen = 1 M.re. hinten bzw. vorn in die zweite M. auf der li. Nadel str., dann die erste M. re. str. und beide M. zugleich von der Nadel gleiten lassen.

2 M. nach li. kreuzen = die nächste M. auf eine Zopfmusternadel nach vorn legen, 1 M. re. von der li. Nadel abstr., dann 1 M. re. von der Zopfmusternadel abstr.

2 M. nach re. kreuzen = die nächste M. auf eine Zopfmusternadel nach hinten legen, 1 M. re. von der li. Nadel abstr., dann 1 M. re. von der Zopfmusternadel abstr.

2 li. M. kreuzen = 1 M. li. in die zweite M. auf der li. Nadel str., dann die erste M. li. str. und beide M. zugleich von der Nadel gleiten lassen.

2 M. drehen = die nächste M. auf eine Zopfmusternadel nach hinten legen, 1 M. li. verschr. von der li. Nadel abstr., dann 1 M. li. verschr. von der Zopfmusternadel abstr.

2 M. nach li. drehen = die nächste M. auf eine Zopfmusternadel nach vorn legen, 1 M. li. von der li. Nadel abstr., dann 1 M. re. verschr. von der Zopfmusternadel abstr.

2 M. nach re. drehen = die nächste M. auf eine Zopfmusternadel nach hinten legen, 1 M. re. verschr. von der li. Nadel abstr., dann 1 M. li. von der Zopfmusternadel abstr.

2 M. vorn drehen = die nächste M. auf eine Zopfmusternadel nach vorn legen, 1 M. li. von der li. Nadel abstr., dann 1 M. re. von der Zopfmusternadel abstr.

2 M. hinten drehen = die nächste M. auf eine Zopfmusternadel nach hinten legen, 1 M. re. von der li. Nadel abstr., dann 1 M. li. von der Zopfmusternadel abstr.

3 M. kreuzen = 1 M. re. in die dritte M. auf der li. Nadel str., die erste M. auf der li. Nadel re. str. und von der Nadel gleiten lassen, dann die zweite M. re. str. und zus. mit der dritten M. von der Nadel gleiten lassen.

3 M. hinten kreuzen = die nächste M. auf eine Zopfmusternadel nach hinten legen, 2 M. re. von der li. Nadel abstr., dann 1 M. re. von der Zopfmusternadel abstr.

3 M. vorn kreuzen = die nächsten 2 M. auf eine Zopfmusternadel nach vorn legen, 1 M. re. von der li. Nadel abstr., dann 2 M. re. von der Zopfmusternadel abstr.

3 M. nach li. kreuzen = die nächste M. auf eine Zopfmusternadel nach vorn legen, 2 M. re. von der li. Nadel abstr., dann 1 M. re. von der Zopfmusternadel abstr.

3 M. nach re. kreuzen = die nächsten 2 M. auf eine Zopfmusternadel nach

hinten legen, 1 M. re. von der li. Nadel abstr., dann 2 M. re. von der Zopfmusternadel abstr.

3 M. hinten drehen = die nächste M. auf eine Zopfmusternadel nach hinten legen, 2 M. re. von der li. Nadel abstr., dann 1 M. li. von der Zopfmusternadel abstr.

3 M. vorn drehen = die nächsten 2 M. auf eine Zopfmusternadel nach vorn legen, 1 M. li. von der li. Nadel abstr., dann 2 M. re. von der Zopfmusternadel abstr.

3 M. nach li. drehen = die nächste M. auf eine Zopfmusternadel nach vorn legen, [1 M. re. verschr., 1 M. li.] von der li. Nadel abstr., dann 1 M. re. verschr. von der Zopfmusternadel abstr.

3 M. nach re. drehen = die nächsten 2 M. auf eine Zopfmusternadel nach hinten legen, 1 M. re. verschr. von der li. Nadel abstr., dann [1 M. li., 1 M. re. verschr.] von der Zopfmusternadel abstr.

4 M. hinten oder vorn kreuzen = die nächsten 2 M. auf eine Zopfmusternadel nach hinten bzw. nach vorn legen, 2 M. re. von der li. Nadel abstr., dann 2 M. re. von der Zopfmusternadel abstr.

4 M. nach li. kreuzen = die nächste M. auf eine Zopfmusternadel nach vorn legen, 3 M. re. von der li. Nadel abstr., dann 1 M. re. von der Zopfmusternadel abstr.

4 M. nach re. kreuzen = die nächsten 3 M. auf eine Zopfmusternadel nach hinten legen, 1 M. re. von der li. Nadel abstr., dann 3 M. re. von der Zopfmusternadel abstr.

4 M. hinten drehen = die nächsten 2 M. auf eine Zopfmusternadel nach hinten legen, 2 M. re. von der li. Nadel abstr., dann 2 M. li. von der Zopfmusternadel abstr.

4 M. vorn drehen = die nächsten 2 M. auf eine Zopfmusternadel nach vorn legen, 2 M. li. von der li. Nadel abstr., dann 2 M. re. von der Zopfmusternadel abstr.

4 M. nach li. drehen = die nächsten 2 M. auf eine Zopfmusternadel nach vorn legen, 1 M. re., 1 M. li. von der li. Nadel abstr., dann 2 M. re. von der Zopfmusternadel abstr.

4 M. nach re. drehen = die nächsten 2 M. auf eine Zopfmusternadel nach hinten legen, 2 M. re. von der li. Nadel abstr., dann 1 M. li., 1 M. re. von der Zopfmusternadel abstr.

5 M. kreuzen = die nächsten 3 M. auf eine Zopfmusternadel nach hinten legen, 2 M. re. von der li. Nadel abstr., dann 3 M. re. von der Zopfmusternadel abstr.

5 M. hinten oder vorn kreuzen = die nächsten 3 M. auf eine Zopfmusternadel nach hinten bzw. vorn legen, 2 M. re. von der li. Nadel abstr., die li. M. von der Zopfmusternadel zurück auf die li. Nadel gleiten lassen und li. str., dann 2 M. re. von der Zopfmusternadel abstr.

5 M. nach li. kreuzen = die nächsten 4 M. auf eine Zopfmusternadel nach vorn legen, 1 M. li. von der li. Nadel abstr., dann 4 M. re. von der Zopfmusternadel abstr.

5 M. nach re. kreuzen = die nächste M. auf eine Zopfmusternadel nach hinten legen, 4 M. re. von der li. Nadel abstr., dann 1 M. li. von der Zopfmusternadel abstr.

5 M. hinten drehen = die nächsten 2 M. auf eine Zopfmusternadel nach hinten legen, 3 M. re. von der li. Nadel abstr., dann 2 M. li. von der Zopfmusternadel abstr.

5 M. vorn drehen = die nächsten 3 M. auf eine Zopfmusternadel nach vorn legen,

2 M. li. von der li. Nadel abstr., dann 3 M. re. von der Zopfmusternadel abstr.

5 M. nach li. drehen = die nächsten 2 M. auf eine Zopfmusternadel nach vorn legen, 2 M. re., 1 M. li. von der li. Nadel abstr., dann 2 M. re. von der Zopfmusternadel abstr.

5 M. nach re. drehen = die nächsten 3 M. auf eine Zopfmusternadel nach hinten legen, 2 M. re. von der li. Nadel abstr., dann 1 M. li., 2 M. re. von der Zopfmusternadel abstr.

5 M. vorn nach li. drehen = die nächsten 2 M. auf eine Zopfmusternadel nach vorn legen, 3 M. li. von der li. Nadel abstr., dann 2 M. re. von der Zopfmusternadel abstr.

5 M. hinten nach re. drehen = die nächsten 3 M. auf eine Zopfmusternadel nach hinten legen, 2 M. re. von der li. Nadel abstr., dann 3 M. li. von der Zopfmusternadel abstr.

6 M. kreuzen = die nächsten 4 M. auf eine Zopfmusternadel nach vorn legen, 2 M. re. von der li. Nadel abstr., die 2 li. M. von der Zopfmusternadel zurück auf die li. Nadel gleiten lassen. Die Zopfmusternadel mit den restlichen 2 M. nach hinten legen, 2 M. li. von der li. Nadel abstr., dann 2 M. re. von der Zopfmusternadel abstr.

6 M. hinten oder vorn kreuzen = die nächsten 3 M. auf eine Zopfmusternadel nach hinten bzw. vorn legen, 3 M. re. von der li. Nadel abstr., dann 3 M. re. von der Zopfmusternadel abstr.

6 M. hinten drehen = die nächsten 3 M. auf eine Zopfmusternadel nach hinten legen, 3 M. re. von der li. Nadel abstr., dann 3 M. li. von der Zopfmusternadel abstr.

6 M. vorn drehen = die nächsten 3 M. auf eine Zopfmusternadel nach vorn legen, 3 M. li. von der li. Nadel abstr., dann 3 M. re. von der Zopfmusternadel abstr.

6 M. nach li. drehen = die nächsten 2 M. auf eine Zopfmusternadel nach vorn legen, 2 M. re., 2 M. li. von der li. Nadel abstr., dann 2 M. re. von der Zopfmusternadel abstr.

6 M. nach re. drehen = die nächsten 4 M. auf eine Zopfmusternadel nach hinten legen, 2 M. re. von der li. Nadel abstr., dann 2 M. li., 2 M. re. von der Zopfmusternadel abstr.

7 M. vorn oder hinten kreuzen = die nächsten 4 M. auf eine Zopfmusternadel nach vorn bzw. hinten legen, 3 M. re. von der li. Nadel abstr., die li. M. von der Zopfmusternadel zurück auf die li. Nadel gleiten lassen und li. str., dann 3 M. re. von der Zopfmusternadel abstr.

8 M. hinten oder vorn kreuzen = die nächsten 4 M. auf eine Zopfmusternadel nach hinten bzw. vorn legen, 4 M. re. von der li. Nadel abstr., dann 4 M. re. von der Zopfmusternadel abstr.

9 M. hinten kreuzen = die nächsten 4 M. auf eine Zopfmusternadel nach hinten legen, 5 M. re. von der li. Nadel abstr., dann 4 M. re. von der Zopfmusternadel abstr.

9 M. vorn kreuzen = die nächsten 5 M. auf eine Zopfmusternadel nach vorn legen, 4 M. re. von der li. Nadel abstr., dann 5 M. re. von der Zopfmusternadel abstr.

12 M. hinten oder vorn kreuzen = die nächsten 6 M. auf eine Zopfmusternadel nach hinten bzw. vorn legen, 6 M. re. von der li. Nadel abstr., dann 6 M. re. von der Zopfmusternadel abstr.

Muster mit rechten und linken Maschen

Dreiecke im Trikotmuster

M.zahl teilbar durch 5.
1. Reihe (Vorders.): Re. str.
2. Reihe: *1 M. re., 4 M. li., ab * wdh.
3. Reihe: *3 M. re., 2 M. li., ab * wdh.
4. Reihe: *3 M. re., 2 M. li., ab * wdh.
5. Reihe: *1 M. re., 4 M. li., ab * wdh.
6. Reihe: Re. str.
7. Reihe: Ab 1. Reihe wdh.

Tupfenmuster

M.zahl teilbar durch 4 + 3 M.
1. Reihe (Vorders.): 1 M. re., *1 M. li., 3 M. re., ab * wdh. Enden mit 1 M. li., 1 M. re.
2. Reihe: Li. str.
3. Reihe: *3 M. re., 1 M. li., ab * wdh. Enden mit 3 M. re.
4. Reihe: Li. str.
5. Reihe: Ab 1. Reihe wdh.

Kleines Waffelmuster

M.zahl teilbar durch 4 + 2 M.
1. Reihe: 2 M. re., *2 M. li., 2 M. re., ab * wdh.
2. Reihe: 2 M. li., *2 M. re., 2 M. li., ab * wdh.
3. Reihe: Wie 2. Reihe.
4. Reihe: Wie 1. Reihe.
5. Reihe: Ab 1. Reihe wdh.

Doppeltes Perlmuster

M.zahl teilbar durch 2 + 1 M.
1. Reihe: 1 M. re., *1 M. li., 1 M. re., ab * wdh.
2. Reihe: 1 M. li., *1 M. re., 1 M. li., ab * wdh.
3. Reihe: Wie 2. Reihe.
4. Reihe: Wie 1. Reihe.
5. Reihe: Ab 1. Reihe wdh.

Perlmuster I

M.zahl teilbar durch 2 + 1 M.
1. Reihe: 1 M. re., *1 M. li., 1 M. re., ab * wdh.
1. Reihe wdh.

Perlmuster II

Wie Perlmuster I gearbeitet.
2 R. in Farbe A, 2 R. in Farbe B, 2 R. in A und 2 R. in C. Stets wdh.

Schrägrippen

M.zahl teilbar durch 5 + 2 M.
1., 3., 5., 7. und 9. Reihe (Vorders.): Re. str.
2. Reihe: *2 M. li., 3 M. re., ab * wdh. Enden mit 2 M. li.
4. Reihe: 1 M. re., *2 M. li., 3 M. re., ab * wdh. Enden mit 1 M. li.
6. Reihe: 2 M. re., *2 M. li., 3 M. re., ab * wdh.
8. Reihe: *3 M. re., 2 M. li., ab * wdh. Enden mit 2 M. re.
10. Reihe: 1 M. li., *3 M. re., 2 M. li., ab * wdh. Enden mit 1 M. re.
11. Reihe: Ab 1. Reihe wdh.

Krause Rippen

Krause Rippen mit abwechselnden rechten und linken Maschen sind in beliebiger Maschenzahl attraktiv. Nachstehend zeigen wir Rippen mit 2 bzw. 4 M.

Rippen mit 2 Maschen I

M.zahl teilbar durch 4 + 2 M.
1. Reihe: 2 M. re., *2 M. li., 2 M. re., ab * wdh.
1. Reihe wdh.

Rippen mit 2 Maschen II

Wie Rippen mit 2 Maschen I gearbeitet. Je 1 R. in den Farben A, B und C gearbeitet. Stets wdh.

Rippen mit 4 Maschen

M.zahl teilbar durch 8 + 4 M.
1. Reihe: 4 M. re., *4 M. li., 4 M. re., ab * wdh.
1. Reihe wdh.

Pikeemuster

M.zahl teilbar durch 2 + 1 M.
1. Reihe (Vorders.): Re. str.
2. Reihe: Li. str.
3. Reihe: 1 M. re., *1 M. li., 1 M. re., ab * wdh.
4. Reihe: Li. str.
5. Reihe: Ab 1. Reihe wdh.

Doppeltes Pikeemuster

M. zahl teilbar durch 6 + 4 M.
1. und 3. Reihe (Vorders.): Re. str.
2. Reihe: 4 M. li., *2 M. re., 4 M. li., ab * wdh.
4. Reihe: 1 M. li., *2 M. re., 4 M. li., ab * wdh. Enden mit 2 M. re., 1 M. li.
5. Reihe: Ab 1. Reihe wdh.

Karostich

M.zahl teilbar durch 4 + 2 M.
1. und 3. Reihe: 2 M. re., *2 M. li., 2 M. re., ab * wdh.
2. und 4. Reihe: 2 M. li., *2 M. re., 2 M. li., ab * wdh.
5. und 7. Reihe: Wie 2. Reihe.
6. und 8. Reihe: Wie 1. Reihe.
9. Reihe: Ab 1. Reihe wdh.

Doppeltes Webmuster

M.zahl teilbar durch 4 + 3 M.
1., 3., 5. und 7. Reihe (Vorders.): Re. str.
2. und 4. Reihe: *3 M. re., 1 M. li., ab * wdh. Enden mit 3 M. re.
6. und 8. Reihe: 1 M. re., *1 M. li., 3 M. re., ab * wdh. Enden mit 1 M. li., 1 M. re.
9. Reihe: Ab 1. Reihe wdh.

Wellenmuster

M.zahl teilbar durch 6 + 5 M.
1. Reihe (Vorders.): 5 M. re., *1 M. li., 5 M. re., ab * wdh.
2. Reihe: 1 M. re., *3 M. li., 3 M. re., ab * wdh. Enden mit 3 M. li., 1 M. re.
3. Reihe: 2 M. li., *1 M. re., 2 M. li., ab * wdh.
4. Reihe: 1 M. li., *3 M. re., 3 M. li., ab * wdh. Enden mit 3 M. re., 1 M. li.
5. Reihe: 2 M. re., *1 M. li., 5 M. re., ab * wdh. Enden mit 1 M. li., 2 M. re.
6. Reihe: Li. str.
7. Reihe: Ab 1. Reihe wdh.

Leitermuster

M.zahl teilbar durch 8 + 5 M.
1. und 3. Reihe (Vorders.): 5 M. re., *3 M. li., 5 M. re., ab * wdh.
2. und 4. Reihe: 5 M. li., *3 M. re., 5 M. li., ab * wdh.
5. und 7. Reihe: 1 M. re., *3 M. li., 5 M. re., ab * wdh. Enden mit 3 M. li., 1 M. re.
6. und 8. Reihe: 1 M. li., 3 M. re., 5 M. li., ab * wdh. Enden mit 3 M. re., 1 M. li.
9. Reihe: Ab 1. Reihe wdh.

Leitermuster mit Tupfen

M.zahl teilbar durch 8 + 5 M.
1. und 3. Reihe (Vorders.): 2 M. re., 1 M. li., 2 M. re., *3 M. li., 2 M. re., 1 M. li., 2 M. re., ab * wdh.
2. und 4. Reihe: [1 M. li., 1 M. re.] 2x, 1 M. li., *3 M. re., [1 M. li., 1 M. re.] 2x, 1 M. li., ab * wdh.
5. und 7. Reihe: 1 M. re., *3 M. li., 2 M. re., 1 M. li., 2 M. re., ab * wdh. Enden mit 3 M. li., 1 M. re.
6. und 8. Reihe: 1 M. li., 3 M. re., 1 M. li., *[1 M. re., 1 M. li.] 2x, 3 M. re., 1 M. li., ab * wdh.
9. Reihe: Ab 1. Reihe wdh.

Muster mit rechten und linken Maschen

Unterbrochenes Rippenmuster

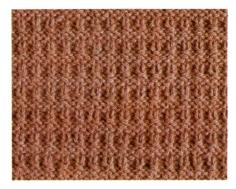

M.zahl teilbar durch 2 + 1 M.
1. Reihe (Vorders.): 1 M. li., *1 M. re., 1 M. li., ab * wdh.
2. Reihe: 1 M. re., *1 M. li., 1 M. re., ab * wdh.
3. Reihe: Li. str.
4. Reihe: Re. str.
5. Reihe: Ab 1. Reihe wdh.

Webmuster

M.zahl teilbar durch 4 + 3 M.
1. und 3. Reihe (Vorders.): Re. str.
2. Reihe: *3 M. re., 1 M. li., ab * wdh. Enden mit 3 M. re.
4. Reihe: 1 M. re., *1 M. li., 3 M. re., ab * wdh. Enden mit 1 M. li., 1 M. re.
5. Reihe: Ab 1. Reihe wdh.

Intarsienmuster

M.zahl teilbar durch 2 + 1 M.
1. und 2. Reihe: Re. str.
3. Reihe (Vorders.): 1 M. li., *1 M. re., 1 M. li., ab * wdh.
4. Reihe: 1 M. re., *1 M. li., 1 M. re., ab * wdh.
5. Reihe: Ab 1. Reihe wdh.

Doppeltes Intarsienmuster

M.zahl teilbar durch 2 + 1 M.
1., 2., 5. und 6. Reihe: Re. str.
3. Reihe (Vorders.): 1 M. li., *1 M. re., 1 M. li., ab * wdh.
4. und 7. Reihe: 1 M. re., *1 M. li., 1 M. re., ab * wdh.
8. Reihe: 1 M. li., *1 M. re., 1 M. li., ab * wdh.
9. Reihe: Ab 1. Reihe wdh.

Gittermuster

M.zahl teilbar durch 6 + 1 M.
1. Reihe (Vorders.): 3 M. re., *1 M. li., 5 M. re., ab * wdh. Enden mit 1 M. li., 3 M. re.
2. und 6. Reihe: 2 M. li., *1 M. re., 1 M. li., 1 M. re., 3 M. li., ab * wdh. Enden mit 1 M. re., 1 M. li., 1 M. re., 2 M. li.
3. und 5. Reihe: 1 M. re., *1 M. li., 3 M. re., 1 M. li., 1 M. re., ab * wdh.
4. Reihe: 1 M. re., *5 M. li., 1 M. re., ab * wdh.
7. Reihe: Ab 1. Reihe wdh.

Abwechselnde Dreiecke

M.zahl teilbar durch 5.
1. Reihe (Vorders.): *1 M. li., 4 M. re., ab * wdh.
2. und 3. Reihe: *3 M. li., 2 M. re., ab * wdh.
4. Reihe: *1 M. li., 4 M. re., ab * wdh.
5. und 8. Reihe: *4 M. re., 1 M. li., ab * wdh.
6. und 7. Reihe: *2 M. re., 3 M. li., ab * wdh.
9. Reihe: Ab 1. Reihe wdh.

Treppenmuster

M.zahl teilbar durch 8 + 2 M.
1. und 3. Reihe (Vorders.): *4 M. re., 4 M. li., ab * wdh. Enden mit 2 M. re.
2., 4., 13. und 15. Reihe: 2 M. li., *4 M. re., 4 M. li., ab * wdh.
5. und 7. Reihe: 2 M. re., *4 M. li., 4 M. re., ab * wdh.
6. und 8. Reihe: *4 M. li., 4 M. re., ab * wdh. Enden mit 2 M. li.
9. und 11. Reihe: *4 M. li., 4 M. re., ab * wdh. Enden mit 2 M. li.
10. und 12. Reihe: 2 M. re., *4 M. li., 4 M. re., ab * wdh.
14. und 16. Reihe: *4 M. re., 4 M. li., ab * wdh. Enden mit 2 M. re.
17. Reihe: Ab 1. Reihe wdh.

Schräge Karos

M.zahl teilbar durch 5.
1. Reihe (Vorders.): *1 M. li., 4 M. re., ab * wdh.
2. und 3. Reihe: *3 M. li., 2 M. re., ab * wdh.
4. Reihe: *1 M. li., 4 M. re., ab * wdh.
5. und 8. Reihe: *1 M. re., 4 M. li., ab * wdh.
6. und 7. Reihe: *3 M. re., 2 M. li., ab * wdh.
9. Reihe: Ab 1. Reihe wdh.

Geripptes Treppenmuster

M.zahl teilbar durch 8.

1. und alle ungeraden Reihen (Vorders.): Re. str.

2. und 4. Reihe: *4 M. re., 4 M. li., ab * wdh.

6. und 8. Reihe: 2 M. re., *4 M. li., 4 M. re., ab * wdh. Enden mit 4 M. li., 2 M. re.

10. und 12. Reihe: *4 M. li., 4 M. re., ab * wdh.

14. und 16. Reihe: 2 M. li., *4 M. re., 4 M. li., ab * wdh. Enden mit 4 M. re., 2 M. li.

17. Reihe: Ab 1. Reihe wdh.

Leiter mit Linksmaschen

M.zahl teilbar durch 4 + 2 M.

1., 2., 5. und 6. Reihe: Re. str.

3. Reihe (Vorders.): 2 M. li., *2 M. re., 2 M. li., ab * wdh.

4. und 7. Reihe: 2 M. re., *2 M. li., 2 M. re., ab * wdh.

8. Reihe: 2 M. li., *2 M. re., 2 M. li., ab * wdh.

9. Reihe: Ab 1. Reihe wdh.

Kachelmuster

M. li., 3 M. re., ab * wdh.

1., 3. und 5. Reihe (Vorders.): 4 M. re., *2 M. li., 4 M. re., ab * wdh.

2., 4., 6. und 7. Reihe: 4 M. li., *2 M. re., 4 M. li., ab * wdh.

8. Reihe: 4 M. re., *2 M. li., 4 M. re., ab * wdh.

9. Reihe: Ab 1. Reihe wdh.

Perlrhomben

M.zahl teilbar durch 10 + 7 M.

1. und 9. Reihe (Vorders.): *[3 M. re., 1 M. li.] 2x, 1 M. re., 1 M. li., ab * wdh. Enden mit 3 M. re., 1 M. li., 3 M. re.

2. und 10. Reihe: *[3 M. li., 1 M. re.] 2x, 1 M. li., 1 M. re., ab * wdh. Enden mit 3 M. li., 1 M. re., 3 M. li.

3. und 7. Reihe: 2 M. re., 1 M. li., 1 M. re., 1 M. li., *[3 M. re., 1 M. li.] 2x, 1 M. re., 1 M. li., ab * wdh. Enden mit 2 M. li.

4. und 8. Reihe: 2 M. li., 1 M. re., 1 M. li., 1 M. re., *[3 M. li., 1 M. re.] 2x, 1 M. li., 1 M. re., ab * wdh. Enden mit 2 M. li.

5. Reihe: [1 M. re., 1 M. li.] 3x, *[2 M. re., 1 M. li.] 2x, [1 M. re., 1 M. li.] 2x, ab * wdh. Enden mit 1 M. re.

6. Reihe: [1 M. li., 1 M. re.] 3x, *[2 M. li., 1 M. re.] 2x, [1 M. li., 1 M. re.] 2x, ab * wdh. Enden mit 1 M. li.

11. Reihe: 3 M. re., 1 M. li., *2 M. re., [1 M. li., 1 M. re.] 2x, 1 M. li., 2 M. re., 1 M. li., ab * wdh. Enden mit 3 M. re.

12. Reihe: 3 M. li., 1 M. re., *2 M. li., [1 M. re., 1 M. li.] 2x, 1 M. re., 2 M. li., 1 M. re., ab * wdh. Enden mit 3 M. li.

13. Reihe: Ab 1. Reihe wdh.

Perlstreifen

M.zahl teilbar durch 8 + 7 M.

1. und 9. Reihe (Rücks.): 3 M. re., *1 M. li., 3 M. re., ab * wdh.

2. und 10. Reihe: 3 M. li., *1 M. re., 3 M. li., ab * wdh.

3. und 7. Reihe: 2 M. re., 1 M. li., 1 M. re., *[1 M. li., 2 M. re.] 2x, 1 M. li., 1 M. re., ab * wdh. Enden mit 1 M. li., 2 M. re.

4. und 8. Reihe: 2 M. li., 1 M. re., 1 M. li., *[1 M. re., 2 M. li.] 2x, 1 M. re., 1 M. li., ab * wdh. Enden mit 1 M. re., 2 M. li.

5. Reihe: 1 M. re., *1 M. li., 1 M. re., ab * wdh.

6. Reihe: 1 M. li., *1 M. re., 1 M. li., ab * wdh.

11. Reihe: Ab 1. Reihe wdh.

Flechtmuster

M.zahl teilbar durch 4 + 2 M.

1. und 5. Reihe (Vorders.): Re. str.

2. und 6. Reihe: Li. str.

3. und 8. Reihe: 2 M. re., *2 M. li., 2 M. re., ab * wdh.

4. und 7. Reihe: 2 M. li., *2 M. re., 2 M. li., ab * wdh.

9. Reihe: Ab 1. Reihe wdh.

Diagonalrippen

M.zahl teilbar durch 4.

1. und 2. Reihe: *2 M. re., 2 M. li., ab * wdh.

3. und 8. Reihe (Vorders.): 1 M. re., *2 M. li., 2 M. re., ab * wdh. Enden mit 2 M. li., 1 M. re.

4. und 7. Reihe: 1 M. li., *2 M. re., 2 M. li., ab * wdh. Enden mit 2 M. re., 1 M. li.

5. und 6. Reihe: *2 M. li., 2 M. re., ab * wdh.

9. Reihe: Ab 1. Reihe wdh.

Muster mit rechten und linken Maschen

Ungewöhnliches Karomuster

M.zahl teilbar durch 8.
1. Reihe (Vorders.): Re. str.
2. Reihe: *4 M. re., 4 M. li., ab * wdh.
3. Reihe: 1 M. li., *4 M. re., 4 M. li., ab * wdh. Enden mit 4 M. re., 3 M. li.
4. Reihe: 2 M. re., *4 M. li., 4 M. re., ab * wdh. Enden mit 4 M. li., 2 M. re.
5. Reihe: 3 M. li., *4 M. re., 4 M. li., ab * wdh. Enden mit 4 M. re., 1 M. li.
6. Reihe: *4 M. li., 4 M. re., ab * wdh.
7. Reihe: Re. str.
8., 9., 10. und 11. Reihe: *4 M. re., 4 M. li., ab * wdh.
12. Reihe: Li. str.
13. Reihe: Wie 6. Reihe.
14. Reihe: 1 M. re., *4 M. li., 4 M. re., ab * wdh. Enden mit 4 M. li., 3 M. re.
15. Reihe: 2 M. li., *4 M. re., 4 M. li., ab * wdh. Enden mit 4 M. re., 2 M. li.
16. Reihe: 3 M. re., *4 M. li., 4 M. re., ab * wdh. Enden mit 4 M. li., 1 M. re.
17. Reihe: Wie 2. Reihe.
18. Reihe: Li. str.
19., 20. 21. und 22. Reihe: *4 M. li., 4 M. re., ab * wdh.
23. Reihe: Ab 1. Reihe wdh.

Raupenmuster

M.zahl teilbar durch 10 + 6 M.
1. Reihe (Vorders.): 6 M. li., *4 M. re., 6 M. li., ab * wdh.
2. und alle geraden Reihen: Li. str.
3. Reihe: Re. str.
5. Reihe: 1 M. li., *4 M. re., 6 M. li., ab * wdh. Enden mit 4 M. re., 1 M. li.
7. Reihe: Re. str.
8. Reihe: Li. str.
9. Reihe: Ab 1. Reihe wdh.

Rhombenstreifen

M.zahl teilbar durch 8 + 1 M.
1. Reihe (Vorders.): Re. str.
2. und 8. Reihe: 1 M. re., *7 M. li., 1 M. re., ab * wdh.
3. und 7. Reihe: 4 M. re., *1 M. li., 7 M. re., ab * wdh. Enden mit 1 M. li., 4 M. re.
4. und 6. Reihe: 1 M. re., *2 M. li., 1 M. re., 1 M. li., 1 M. re., 2 M. li., 1 M. re., ab * wdh.
5. Reihe: 2 M. re., *[1 M. li., 1 M. re.] 2x, 1 M. li., 3 M. re., ab * wdh. Enden mit [1 M. li., 1 M. re.] 2x, 1 M. li., 2 M. re.
9. Reihe: Ab 1. Reihe wdh.

Großes Korbmuster

M.zahl teilbar durch 18 + 10 M.
1. und 5. Reihe (Vorders.): 11 M. re., *2 M. li., 2 M. re., 2 M. li., 12 M. re., ab * wdh. Enden mit 2 M. li., 2 M. re., 2 M. li., 11 M. re. **2. und 6. Reihe:** 1 M. li., *8 M. re., [2 M. li., 2 M. re.] 2x, 2 M. li., ab * wdh. Enden mit 8 M. re., 1 M. li. **3. und 7. Reihe:** 1 M. re., *8 M. li., [2 M. re., 2 M. li.] 2x, 2 M. re., ab * wdh. Enden mit 8 M. li., 1 M. re. **4. und 8. Reihe:** 11 M. li., *2 M. re., 2 M. li., 2 M. re., 12 M. li., ab * wdh. Enden mit 2 M. re., 2 M. li., 2 M. re., 11 M. li. **9. Reihe:** Re. str. **10. und 14. Reihe:** [2 M. li., 2 M. re.] 2x, 12 M. li., *2 M. re., 2 M. li., 2 M. re., 12 M. li., ab * wdh. Enden mit [2 M. re., 2 M. li.] 2x. **11. und 15. Reihe:** [2 M. li., 2 M. re.] 2x, 2 M. re., *8 M. li., [2 M. re., 2 M. li.] 2x, 2 M. re., ab * wdh. **12. und 16. Reihe:** [2 M. li., 2 M. re.] 2x, 2 M. li., *8 M. re., [2 M. li., 2 M. re.] 2x, 2 M. li., ab * wdh. **13. und 17. Reihe:** [2 M. re., 2 M. li.] 2x, 12 M. re., *2 M. li., 2 M. re., 2 M. li., 12 M. re., ab * wdh. Enden mit [2 M. li., 2 M. re.] 2x. **18. Reihe:** Li. str. **19. Reihe:** Ab 1. Reihe wdh.

Zickzackmuster

M.zahl teilbar durch 8 + 1 M.
1. Reihe (Vorders.): 1 M. re., *7 M. li., 1 M. re., ab * wdh.
2. Reihe: 1 M. li., *7 M. re., 1 M. li., ab * wdh.
3. Reihe: 2 M. re., *5 M. li., 3 M. re., ab * wdh. Enden mit 5 M. li., 2 M. re.
4. Reihe: 2 M. li., *5 M. re., 3 M. li., ab * wdh. Enden mit 5 M. re., 2 M. li.
5. Reihe: 3 M. re., *3 M. li., 5 M. re., ab * wdh. Enden mit 3 M. li., 3 M. re.
6. Reihe: 3 M. li., *3 M. re., 5 M. li., ab * wdh. Enden mit 3 M. re., 3 M. li.
7. Reihe: 4 M. re., *1 M. li., 7 M. re., ab * wdh. Enden mit 1 M. li., 4 M. re.
8. Reihe: 4 M. li., *1 M. re., 7 M. li., ab * wdh. Enden mit 1 M. re., 4 M. li.
9. Reihe: Wie 2. Reihe.
10. Reihe: Wie 1. Reihe.
11. Reihe: Wie 4. Reihe.
12. Reihe: Wie 3. Reihe.
13. Reihe: Wie 6. Reihe.
14. Reihe: Wie 5. Reihe.
15. Reihe: Wie 8. Reihe.
16. Reihe: Wie 7. Reihe.
17. Reihe: Ab 1. Reihe wdh.

Großes Flechtmuster

M.zahl teilbar durch 6 + 2 M.
1. Reihe (Vorders.): Re. str.
2. Reihe: Li. str.
3. und 5. Reihe: 2 M. re., *4 M. li., 2 M. re., ab * wdh.
4. und 6. Reihe: 2 M. li., *4 M. re., 2 M. li., ab * wdh.
7. Reihe: Re. str.
8. Reihe: Li. str.
9. und 11. Reihe: 3 M. li., *2 M. re., 4 M. li., ab * wdh. Enden mit 2 M. re., 3 M. li.

10. und 12. Reihe: 3 M. re., *2 M. li., 4 M. re., ab * wdh. Enden mit 2 M. li., 3 M. re.
13. Reihe: Ab 1. Reihe wdh.

Tweedmuster

M.zahl teilbar durch 6 + 3 M.
1., 2. und 3. Reihe (Vorders.): 3 M. re., *3 M. li., 3 M. re., ab * wdh.
4. Reihe: Re. str.
5. Reihe: Li. str.
6. Reihe: Re. str.
7., 8. und 9. Reihe: 3 M. re., *3 M. li., 3 M. re., ab * wdh.
10. Reihe: Li. str.
11. Reihe: Re. str.
12. Reihe: Li. str.
13. Reihe: Ab 1. Reihe wdh.

Pyramiden

M.zahl teilbar durch 8 + 1 M.
1. und 3. Reihe (Rücks.): 1 M. li., *1 M. re., 1 M. li., ab * wdh.
2. und 4. Reihe: 1 M. re., *1 M. li., 1 M. re., ab * wdh.
5. und 7. Reihe: 2 M. li., *[1 M. re., 1 M. li.] 2x, 1 M. re., 3 M. li., ab * wdh. Enden mit [1 M. re., 1 M. li.] 2x, 1 M. re., 2 M. li.
6. und 8. Reihe: 2 M. re., *[1 M. li., 1 M. re.] 2x, 1 M. li., 3 M. re., ab * wdh. Enden mit [1 M. li., 1 M. re.] 2x, 1 M. li., 2 M. re.
9. und 11. Reihe: 3 M. li., *1 M. re., 1 M. li., 1 M. re., 5 M. li., ab * wdh. Enden mit 1 M. re., 1 M. li., 1 M. re., 3 M. li.
10. und 12. Reihe: 3 M. re., *1 M. li., 1 M. re., 1 M. li., 5 M. re., ab * wdh. Enden mit 1 M. li., 1 M. re., 1 M. li., 3 M. re.
13. und 15. Reihe: 4 M. li., *1 M. re., 7 M. li., ab * wdh. Enden mit 1 M. re., 4 M. li.
14. und 16. Reihe: 4 M. re., *1 M. li., 7 M. re., ab * wdh. Enden mit 1 M. li., 4 M. re.
17. Reihe: Ab 1. Reihe wdh.

Auseinanderliegende Karos

M.zahl teilbar durch 10 + 1 M.
1. Reihe (Rücks.): Li. str.
2. Reihe: 4 M. re., *3 M. li., 7 M. re., ab * wdh. Enden mit 3 M. li., 4 M. re.
3. Reihe: 4 M. li., *3 M. re., 7 M. li., ab * wdh. Enden mit 3 M. re., 4 M. li.
4. Reihe: Wie 2. Reihe.
5. Reihe: Li. str.
6. Reihe: Re. str.
7. Reihe: 2 M. re., *7 M. li., 3 M. re., ab * wdh. Enden mit 7 M. li., 2 M. re.
8. Reihe: 2 M. li., *7 M. re., 3 M. li., ab * wdh. Enden mit 7 M. re., 2 M. li.
9. Reihe: Wie 7. Reihe.
10. Reihe: Re. str.
11. Reihe: Ab 1. Reihe wdh.

Nebeneinanderliegende Karos

M.zahl teilbar durch 6 + 3 M.
1. und 3. Reihe (Vorders.): 3 M. re., *3 M. li., 3 M. re., ab * wdh.
2. und 4. Reihe: 3 M. li., *3 M. re., 3 M. li., ab * wdh.
5. und 7. Reihe: Wie 2. Reihe.
6. und 8. Reihe: Wie 1. Reihe.
9. Reihe: Ab 1. Reihe wdh.

Quadrate

M.zahl teilbar durch 10 + 2 M.
1. Reihe (Vorders.): Re. str.
2. Reihe: Li. str.
3. Reihe: 2 M. re., *8 M. li., 2 M. re., ab * wdh.
4. Reihe: 2 M. li., *8 M. re., 2 M. li., ab * wdh.
5., 7. und 9. Reihe: 2 M. re., *2 M. li., 4 M. re., 2 M. li., 2 M. re., ab * wdh.
6., 8. und 10. Reihe: 2 M. li., *2 M. re., 4 M. li., 2 M. re., 2 M. li., ab * wdh.
11. Reihe: Wie 3. Reihe.
12. Reihe: Wie 4. Reihe.
13. Reihe: Ab 1. Reihe wdh.

Spitzes Zickzackmuster

M.zahl teilbar durch 18 + 1 M.
1. und 3. Reihe (Vorders.): 1 M. li., *[2 M. re., 2 M. li.] 2x, 1 M. re., [2 M. li., 2 M. re.] 2x, 1 M. li., ab * wdh.
2. und 4. Reihe: 1 M. re., *[2 M. li., 2 M. re.] 2x, 1 M. li., [2 M. re., 2 M. li.] 2x, 1 M. re., ab * wdh.
5. und 7. Reihe: [2 M. li., 2 M. re.] 2x, *3 M. li., 2 M. re., 2 M. li., 2 M. re., ab * wdh. Enden mit 2 M. li.
6. und 8. Reihe: [2 M. re., 2 M. li.] 2x, *3 M. re., 2 M. li., 2 M. re., 2 M. li., ab * wdh. Enden mit 2 M. re.
9. und 11. Reihe: Wie 2. Reihe.
10. und 12. Reihe: Wie 1. Reihe.
13. und 15. Reihe: Wie 6. Reihe.
14. und 16. Reihe: Wie 5. Reihe.
17. Reihe: Ab 1. Reihe wdh.

Muster mit rechten und linken Maschen

Schachbrett

M.zahl teilbar durch 8 + 4 M.
1. und 3. Reihe: 4 M. re., *4 M. li., 4 M. re., ab * wdh.
2. und 4. Reihe: 4 M. li., *4 M. re., 4 M. li., ab * wdh.
5. und 7. Reihe: Wie 2. Reihe.
6. und 8. Reihe: Wie 1. Reihe.
9. Reihe: Ab 1. Reihe wdh.

Kaktus

M.zahl teilbar durch 6 + 4 M.
1. und 3. Reihe (Vorders.): 4 M. re., *2 M. li., 4 M. re., ab * wdh.
2. und 4. Reihe: 4 M. li., *2 M. re., 4 M. li., ab * wdh.
5. und 7. Reihe: 1 M. li., 2 M. re., *4 M. li., 2 M. re., ab * wdh. Enden mit 1 M. li.
6. und 8. Reihe: 1 M. re., 2 M. li., *4 M. re., 2 M. li., ab * wdh. Enden mit 1 M. re.
9. Reihe: Li. str.
10. Reihe: Re. str.
11. Reihe: Ab 1. Reihe wdh.

Brokatmuster

M.zahl teilbar durch 12 + 1 M.
1. Reihe (Vorders.): 1 M. re., *1 M. li., 9 M. re., 1 M. li., 1 M. re., ab * wdh.
2. Reihe: 1 M. li., 1 M. re., 1 M. li., *7 M. li., [1 M. re., 1 M. li.] 2x, 1 M. re., ab * wdh. Enden mit 7 M. li., 1 M. re., 1 M. li., 1 M. re.
3. Reihe: [1 M. re., 1 M. li.] 2x, *5 M. re., [1 M. li., 1 M. re.] 3x, 1 M. li., ab * wdh. Enden mit 5 M. re., [1 M. li., 1 M. re.] 2x.
4. Reihe: 2 M. li., *1 M. re., 1 M. li., 1 M. re., 3 M. li., ab wdh. Enden mit 1 M. re., 1 M. li., 1 M. re., 2 M. li.
5. Reihe: 3 M. re., *[1 M. li., 1 M. re.] 3x, 1 M. li., 5 M. re., ab * wdh. Enden mit [1 M. li., 1 M. re.] 3x, 1 M. li., 3 M. re.
6. Reihe: 4 M. li., *[1 M. re., 1 M. li.] 2x, 1 M. re., 7 M. li., ab * wdh. Enden mit [1 M. re., 1 M. li.] 2x, 1 M. re., 4 M. li.
7. Reihe: 5 M. re., *1 M. li., 1 M. re., 1 M. li., 9 M. re., ab * wdh. Enden mit 1 M. li., 1 M. re., 1 M. li., 5 M. re.
8. Reihe: Wie 6. Reihe.
9. Reihe: Wie 5. Reihe.
10. Reihe: Wie 4. Reihe.
11. Reihe: Wie 3. Reihe.
12. Reihe: Wie 2. Reihe.
13. Reihe: Ab 1. Reihe wdh.

Phantasie-Zickzackmuster

M.zahl teilbar durch 22 + 1 M.
1. Reihe (Vorderseite): 1 M. re., *3 M. li., [1 M. re., 1 M. li.] 2x, 1 M. re., 5 M. li., 1 M. re., [1 M. li., 1 M. re.] 2x, 3 M. li., 1 M. re., ab * wdh.
2. Reihe: 2 M. li., *3 M. re., [1 M. li., 1 M. re.] 2x, 1 M. li., 3 M. re., 1 M. li., [1 M. re., 1 M. li.] 2x, 3 M. re., 3 M. li., ab * wdh. Enden mit 3 M. re., [1 M. li., 1 M. re.] 2x, 1 M. li., 3 M. re., 1 M. li., [1 M. re., 1 M. li.] 2x, 3 M. re., 2 M. li.
3. Reihe: 3 M. re., *3 M. li., [1 M. re., 1 M. li.] 5x, 1 M. re., 3 M. li., 5 M. re., ab * wdh. Enden mit 3 M. li., [1 M. re., 1 M. li.] 5x, 1 M. re., 3 M. li., 3 M. re.
4. Reihe: 1 M. re., *3 M. li., 3 M. re., [1 M. li., 1 M. re.] 4x, 1 M. li., 3 M. re., 3 M. li., ab * wdh.
5. Reihe: 2 M. li., *3 M. re., 3 M. li., [1 M. re., 1 M. li.] 3x, 1 M. re., 3 M. li., 3 M. re., 3 M. li., ab * wdh. Enden mit 3 M. re., 3 M. li., [1 M. re., 1 M. li.] 3x, 1 M. re., 3 M. li., 3 M. re., 2 M. li.
6. Reihe: 3 M. re., *3 M. li., 3 M. re., [1 M. li., 1 M. re.] 2x, 1 M. li., 3 M. re., 3 M. li., 5 M. re., ab * wdh. Enden mit 3 M. li., 3 M. re., [1 M. li., 1 M. re.] 2x, 1 M. li., 3 M. re., 3 M. li., 3 M. re.
7. Reihe: 1 M. re., *3 M. li., 3 M. re., 3 M. li., 1 M. re., 1 M. li., 1 M. re., 3 M. li., 3 M. re., 3 M. li., 1 M. re., ab * wdh.
8. Reihe: 1 M. re., *[1 M. li., 3 M. re., 3 M. li., 3 M. re.] 2x, 1 M. li., 1 M. re., ab * wdh.
9. Reihe: 1 M. re., *1 M. li., 1 M. re., 3 M. li., 3 M. re., 5 M. li., 3 M. re., 3 M. li., 1 M. re., 1 M. li., 1 M. re., ab * wdh.
10. Reihe: 1 M. re., *1 M. li., 1 M. re., [3 M. li., 3 M. re.] 2x, 3 M. li., [1 M. re., 1 M. li.] 2x, ab * wdh.
11. Reihe: 1 M. re., [1 M. li., 1 M. re.] 2x, 3 M. li., 3 M. re., *[1 M. li., 1 M. re.] 4x, 1 M. li., 3 M. re., 3 M. li., 1 M. re., 3 M. li., ab * wdh. Enden mit [1 M. re., 1 M. li.] 2x, 1 M. re.
12. Reihe: 1 M. re., 1 M. li., 1 M. re., 2 M. li., 1 M. re., 3 M. li., 5 M. re., 3 M. li., *[1 M. re., 1 M. li.] 5x, 1 M. re., 3 M. li., 5 M. re., ab * wdh.
Enden mit [1 M. li., 1 M. re.] 3x. **13. Reihe:** 2 M. li., *[1 M. re., 1 M. li.] 2x, 3 M. re., 1 M. li., 3 M. re., 3 M. li., [1 M. re., 1 M. li.] 2x, 1 M. re., 3 M. li., ab * wdh. Enden mit [1 M. re., 1 M. li.] 2x, 1 M. re., 3 M. li., 3 M. re., 1 M. li., [1 M. re., 1 M. li.] 2x, 1 M. re., 2 M. li. **14. Reihe:** 3 M. re., *[1 M. li., 1 M. re.] 2x, [1 M. li., 3 M. re.] 2x, [1 M. li., 1 M. re.] 2x, 1 M. li., 5 M. re., ab * wdh. Enden mit [1 M. li., 1 M. re.] 2x, [1 M. li., 3 M. re.] 2x, [1 M. li., 1 M. re.] 2x, 3 M. re. **15. Reihe:** Ab 1. Reihe wdh.

Zickzackmuster mit Tupfen

M.zahl teilbar durch 18.
1. Reihe (Vorders.): 8 M. re., *2 M. li., 16 M. re., ab * wdh. Enden mit 2 M. li., 8 M. re.
2. Reihe: 7 M. li., *4 M. re., 14 M. li., ab * wdh. Enden mit 4 M. re., 7 M. li.
3. Reihe: 1 M. li., *5 M. re., 2 M. li., 2 M. re., 2 M. li., 5 M. re., 2 M. li., ab * wdh. Enden mit 5 M. re., 2 M. li., 2 M. re., 2 M. li., 5 M. re., 1 M. li.
4. Reihe: 2 M. re., *3 M. li., 2 M. re., 4 M. li., 2 M. re., 3 M. li., 4 M. re., ab * wdh. Enden mit 3 M. li., 2 M. re., 4 M. li., 2 M. re., 3 M. li., 2 M. re.
5. Reihe: 1 M. li., *3 M. re., 2 M. li., 6 M. re., 2 M. li., 3 M. re., 2 M. li., ab * wdh. Enden mit 3 M. re., 2 M. li., 6 M. re., 2 M. li., 3 M. re., 1 M. li.
6. Reihe: 3 M. li., *2 M. re., [3 M. li., 2 M. re.] 2x, 6 M. li., ab * wdh. Enden mit 2 M. re., [3 M. li., 2 M. re.] 2x, 3 M. li.
7. Reihe: 2 M. re., *2 M. li., 3 M. re., 4 M. li., 3 M. re., 2 M. li., 4 M. re., ab * wdh. Enden mit 2 M. li., 3 M. re., 4 M. li., 3 M. re., 2 M. li., 2 M. re.
8. Reihe: 1 M. li., *2 M. re., [5 M. li., 2 M. re.] 2x, 2 M. li., ab * wdh. Enden mit 2 M. re., [5 M. li., 2 M. re.] 2x, 1 M. li.
9. Reihe: 2 M. re., *14 M. re., 4 M. li., ab * wdh. Enden mit 14 M. re., 2 M. li.
10. Reihe: 1 M. re., *16 M. li., 2 M. re., ab * wdh. Enden mit 16 M. li., 1 M. re.
11. Reihe: Ab 1. Reihe wdh.

Zickzackstich

M.zahl teilbar durch 6.
1. Reihe (Vorders.): *3 M. re., 3 M. li., ab * wdh.
2., 4., 6., 8. und 10. Reihe: Li. str.
3. Reihe: 1 M. li., *3 M. re., 3 M. li., ab * wdh. Enden mit 3 M. re., 2 M. li.
5. Reihe: 2 M. li., *3 M. re., 3 M. li., ab * wdh. Enden mit 3 M. re., 1 M. li.
7. Reihe: *3 M. li., 3 M. re., ab * wdh.
9. Reihe: Wie 5. Reihe.
11. Reihe: Wie 3. Reihe.
12. Reihe: Li. str.
13. Reihe: Ab 1. Reihe wdh.

Phantasie-Rhombenmuster

M.zahl teilbar durch 15.
1. Reihe (Vorders.): 1 M. re., *13 M. li., 2 M. re., ab * wdh. Enden mit 13 M. li., 1 M. re.
2. Reihe: 2 M. li., *11 M. re., 4 M. li., ab * wdh. Enden mit 11 M. re., 2 M. li.
3. Reihe: 3 M. re., *9 M. li., 6 M. re., ab * wdh. Enden mit 9 M. li., 3 M. re.
4. Reihe: 4 M. li., *7 M. re., 8 M. li., ab * wdh. Enden mit 7 M. re., 4 M. li.
5. Reihe: 5 M. re., *5 M. li., 10 M. re., ab * wdh. Enden mit 5 M. li., 5 M. re.
6. Reihe: 1 M. re., *5 M. li., 3 M. re., 5 M. li., 2 M. re., ab * wdh. Enden mit 5 M. li., 3 M. re., 5 M. li., 1 M. re.
7. Reihe: 2 M. li., *5 M. re., 1 M. li., 5 M. re., 4 M. li., ab * wdh. Enden mit 5 M. re., 1 M. li., 5 M. re., 2 M. li.
8. Reihe: Wie 3. Reihe.
9. Reihe: Wie 7. Reihe.
10. Reihe: Wie 6. Reihe.
11. Reihe: Wie 5. Reihe.
12. Reihe: Wie 4. Reihe.
13. Reihe: Wie 3. Reihe.
14. Reihe: Wie 2. Reihe.
15. Reihe: Ab 1. Reihe wdh.

Sich wiederholende Rhomben

M.zahl teilbar durch 22 + 1 M.
1. und 3. Reihe (Vorders.): 2 M. re., *2 M. li., 2 M. re., 1 M. li., 3 M. re., 1 M. li., 1 M. re., 1 M. li., 3 M. re., 1 M. li., 2 M. re., 2 M. li., 3 M. re., ab * wdh. Enden mit 2 M. li., 2 M. re., 1 M. li., 3 M. re., 1 M. li., 1 M. re., 1 M. li., 3 M. re., 1 M. li., 2 M. re., 2 M. li.
2. und 4. Reihe: 2 M. li., *2 M. re., 2 M. li., 5 M. re., 1 M. li., 5 M. re., 2 M. li., 2 M. re., 3 M. li., ab * wdh. Enden mit 2 M. re., 2 M. li., 5 M. re., 1 M. li., 5 M. re., 2 M. li., 2 M. re., 2 M. li.
5. und 7. Reihe: 1 M. re., *2 M. li., 2 M. re., [1 M. li., 3 M. re.] 3x, 1 M. li., 2 M. re., 2 M. li., 1 M. re., ab * wdh.
6. und 8. Reihe: 1 M. li., *2 M. re., 2 M. li., 5 M. re., 3 M. li., 5 M. re., 2 M. li., 2 M. re., 1 M. li., ab * wdh.
9. und 11. Reihe: 2 M. li., *2 M. re., 1 M. li., 3 M. re., 1 M. li., 2 M. re., [1 M. li., 2 M. re.] 2x, 1 M. li., 3 M. re., 1 M. li., 2 M. re., 3 M. li., ab * wdh. Enden mit 2 M. re., 1 M. li., 3 M. re., [1 M. li., 2 M. re.] 2x, 1 M. li., 3 M. re., 1 M. li., 2 M. re., 2 M. li.
10. und 12. Reihe: 2 M. li., *2 M. re., 5 M. re., 1 M. li., 2 M. re., 5 M. re., 2 M. li., 3 M. re., ab * wdh. Enden mit 2 M. li., 5 M. re., 2 M. li., 1 M. re., 2 M. li., 5 M. re., 2 M. li.
13. und 15. Reihe: 1 M. li., *2 M. re., 1 M. li., 3 M. re., 1 M. li., 2 M. re., 3 M. re., 2 M. li., 1 M. re., 3 M. re., 1 M. li., 2 M. re., 1 M. li., ab * wdh. **14. und 16. Reihe:** 1 M. re., *2 M. li., 5 M. re., 2 M. li., 3 M. re., 2 M. li., 5 M. re., 2 M. li., 1 M. re., ab * wdh. **17. und 19. Reihe:** 2 M. re., *1 M. li., 3 M. re., 1 M. li., 2 M. re., 2 M. li., 1 M. re., 2 M. li., 1 M. re., 2 M. li., 2 M. re., 1 M. li., 3 M. re., 1 M. li., 3 M. re., ab * wdh. Enden mit 1 M. li., 3 M. re., 1 M. li., 2 M. re., 2 M. li., 1 M. re., 2 M. li., 1 M. re., 2 M. li., 2 M. re., 1 M. li., 3 M. re., 1 M. li., 2 M. re. **18. und 20. Reihe:** 2 M. re., *5 M. li., 2 M. re., 2 M. li., 1 M. re., 2 M. li., 5 M. re., 3 M. li., ab * wdh. Enden mit 5 M. li., 2 M. re., 2 M. li., 1 M. re., 2 M. li., 5 M. re., 2 M. li. **21. und 23. Reihe:** 1 M. re., *1 M. li., 3 M. re., 1 M. li., 2 M. re., 2 M. li., 2 M. re., 2 M. li., 1 M. re., 3 M. li., 1 M. re., ab * wdh. **22. und 24. Reihe:** 1 M. li., *5 M. re., 2 M. li., 2 M. re., 3 M. li., 2 M. re., 2 M. li., 5 M. re., 1 M. li., ab * wdh. **25. und 27. Reihe:** Wie 17. Reihe. **26. und 28. Reihe:** Wie 18. Reihe. **29. und 31. Reihe:** Wie 13. Reihe. **30. und 32. Reihe:** Wie 14. Reihe. **33. und 35. Reihe:** Wie 9. Reihe. **34. und 36. Reihe:** Wie 10. Reihe. **37. und 39. Reihe:** Wie 5. Reihe. **38. und 40. Reihe:** Wie 6. Reihe. **41. Reihe:** Ab 1. Reihe wdh.

Parallelogramme

M.zahl teilbar durch 10.
1. Reihe (Vorders.): *5 M. re., 5 M. li., ab * wdh.
2. Reihe: 4 M. re., *5 M. li., 5 M. re., ab * wdh. Enden mit 5 M. li., 1 M. re.
3. Reihe: 2 M. re., *5 M. re., 5 M. li., ab * wdh. Enden mit 5 M. re., 3 M. li.
4. Reihe: 2 M. re., *5 M. li., 5 M. re., ab * wdh. Enden mit 5 M. li., 3 M. re.
5. Reihe: 4 M. li., *5 M. re., 5 M. li., ab * wdh. Enden mit 5 M. re., 1 M. li.
6. Reihe: *5 M. li., 5 M. re., ab * wdh.
7. Reihe: Ab 1. Reihe wdh.

Wellige Rippen

M.zahl teilbar durch 6 + 2 M.
1. und 3. Reihe (Vorders.): 2 M. li., *4 M. re., 2 M. li., ab * wdh.
2. und 4. Reihe: 2 M. re., *4 M. li., 2 M. re., ab * wdh.
5. und 7. Reihe: 3 M. re., 2 M. li., *4 M. re., 2 M. li., ab * wdh. Enden mit 3 M. re.
6. und 8. Reihe: 3 M. li., 2 M. re., *4 M. li., 2 M. re., ab * wdh. Enden mit 3 M. li.
9. Reihe: Ab 1. Reihe wdh.

Rhomben-Brokatmuster

M.zahl teilbar durch 8 + 1 M.
1. Reihe (Vorders.): 4 M. re., *1 M. li., 7 M. re., ab * wdh. Enden mit 1 M. li., 4 M. re.
2. Reihe: 3 M. li., *1 M. re., 1 M. li., 1 M. re., 5 M. li., ab * wdh. Enden mit 1 M. re., 1 M. li., 1 M. re., 3 M. li.
3. Reihe: 2 M. re., *1 M. li., 3 M. re., ab * wdh. Enden mit 1 M. li., 2 M. re.
4. Reihe: 1 M. li., *1 M. re., 5 M. li., 1 M. re., 1 M. li., ab * wdh.
5. Reihe: *1 M. li., 7 M. re., ab * wdh. Enden mit 1 M. li.
6. Reihe: Wie 4. Reihe.
7. Reihe: Wie 3. Reihe.
8. Reihe: Wie 2. Reihe.
9. Reihe: Ab 1. Reihe wdh.

Muster mit rechten und linken Maschen

Plastisches Streifenmuster

M.zahl teilbar durch 3.
1. und 3. Reihe (Vorders.): Re. str.
2. und 4. Reihe: Li. str.
5. und 7. Reihe: 1 M. re., *1 M. li., 2 M. re., ab * wdh. Enden mit 1 M. li., 1 M. re.
6. und 8. Reihe: 1 M. li., *1 M. re., 2 M. li., ab * wdh. Enden mit 1 M. re., 1 M. li.
9. und 11. Reihe: *2 M. li., 1 M. re., ab * wdh.
10. und 12. Reihe: *1 M. li., 2 M. re., ab * wdh.
13. Reihe: Ab 1. Reihe wdh.

Karomuster

M.zahl teilbar durch 3 + 1 M.
1. Reihe (Vorders.): Re. str.
2. Reihe: Li. str.
3. Reihe: 1 M. re., *2 M. li., 1 M. re., ab * wdh.
4. Reihe: Li. str.
5. Reihe: Ab 1. Reihe wdh.

Umrandete Quadrate

M.zahl teilbar durch 9 + 6 M.
1., 3. und 5. Reihe (Vorders.): 6 M. li., *3 M. re., 6 M. li., ab * wdh.
2., 4. und 6. Reihe: 6 M. re., *3 M. li., 6 M. re., ab * wdh.
7. und 9. Reihe: Wie 2. Reihe.
8. und 10. Reihe: 6 M. li., *3 M. re., 6 M. li., ab * wdh.
11. Reihe: Ab 1. Reihe wdh.

Zickzackrippen

M.zahl teilbar durch 12 + 1 M.
1. Reihe (Vorders.): 2 M. li., 2 M. re., 2 M. li., 1 M. re., 2 M. li., 2 M. re., *3 M. li., 2 M. re., 2 M. li., 1 M. re., 2 M. li., 2 M. re., ab * wdh. Enden mit 2 M. li.
2. Reihe: 2 M. re., 2 M. li., 2 M. re., 1 M. li., 2 M. re., 2 M. li., *3 M. re., 2 M. li., 2 M. re., 1 M. li., 2 M. re., 2 M. li., ab * wdh. Enden mit 2 M. re.
3. Reihe: 1 M. li., *2 M. re., 2 M. li., 3 M. re., 2 M. li., 2 M. re., 1 M. li., ab * wdh.
4. Reihe: 1 M. re., *2 M. li., 2 M. re., 3 M. li., 2 M. re., 2 M. li., 1 M. re., ab * wdh.
5. Reihe: Wie 2. Reihe.
6. Reihe: 2 M. li., 2 M. re., 2 M. li., 1 M. re., 2 M. li., 2 M. re., *3 M. li., 2 M. re., 2 M. li., 1 M. re., 2 M. li., 2 M. re., ab * wdh. Enden mit 2 M. li.
7. Reihe: Wie 4. Reihe.
8. Reihe: Wie 3. Reihe.
9. Reihe: Ab 1. Reihe wdh.

Schräge Rhomben

M.zahl teilbar durch 8.
1. Reihe (Vorders.): *6 M. re., 2 M. li., ab * wdh.
2. Reihe: 1 M. li., *2 M. re., 6 M. li., ab * wdh. Enden mit 2 M. re., 5 M. li.
3. Reihe: 4 M. re., *2 M. li., 6 M. re., ab * wdh. Enden mit 2 M. li., 2 M. re.
4. Reihe: 3 M. li., *2 M. re., 6 M. li., ab * wdh. Enden mit 2 M. re., 3 M. li.
5. Reihe: 2 M. re., *2 M. li., 6 M. re., ab * wdh. Enden mit 2 M. li., 4 M. re.
6. Reihe: 5 M. li., *2 M. re., 6 M. li., ab * wdh. Enden mit 2 M. re., 1 M. li.
7. Reihe: Li. str.
8. Reihe: Wie 2. Reihe.
9. Reihe: Wie 3. Reihe.
10. Reihe: Wie 4. Reihe.
11. Reihe: Wie 5. Reihe.
12. Reihe: Wie 6. Reihe.
13. Reihe: *2 M. li., 6 M. re., ab * wdh.
14. Reihe: Re. str.
15. Reihe: Ab 1. Reihe wdh.

Fähnchenmuster

M.zahl teilbar durch 5.
1. Reihe (Vorders.): Re. str.
2. Reihe: *1 M. re., 4 M. li., ab * wdh.
3. Reihe: *3 M. re., 2 M. li., ab * wdh.
4. Reihe: Wie 3. Reihe.
5. Reihe: Wie 2. Reihe.
6. und 7. Reihe: Re. str.
8. Reihe: *4 M. li., 1 M. re., ab * wdh.
9. Reihe: *2 M. li., 3 M. re., ab * wdh.
10. Reihe: Wie 9. Reihe.
11. Reihe: Wie 8. Reihe.
12. Reihe: Re. str.
13. Reihe: Ab 1. Reihe wdh.

Schrägstreifen

M.zahl teilbar durch 6.
1. Reihe (Vorders.): *5 M. re., 1 M. li., ab * wdh.
2. Reihe: 1 M. li., *1 M. re., 5 M. li., ab * wdh. Enden mit 1 M. re., 4 M. li.
3. Reihe: 3 M. re., *1 M. li., 5 M. re., ab * wdh. Enden mit 1 M. li., 2 M. re.
4. Reihe: 3 M. li., *1 M. re., 5 M. li., ab * wdh. Enden mit 1 M. re., 2 M. li.
5. Reihe: 1 M. re., *1 M. li., 5 M. re., ab * wdh. Enden mit 1 M. li., 4 M. re.
6. Reihe: *5 M. li., 1 M. re., ab * wdh.
7. Reihe: Ab 1. Reihe wdh.

Pikee-Dreiecke

M.zahl teilbar durch 5.
1. Reihe (Vorders.): *1 M. li., 4 M. re., ab * wdh.
2. und 3. Reihe: *3 M. li., 2 M. re., ab * wdh.
4. Reihe: *1 M. li., 4 M. re., ab * wdh.
5. Reihe: Ab 1. Reihe wdh.

Mosaikmuster

M.zahl teilbar durch 10 + 7 M.
1. und 3. Reihe (Vorders.): 3 M. li., *1 M. re., 3 M. li., 1 M. re., 1 M. li., 1 M. re., 3 M. li., ab * wdh. Enden mit 1 M. re., 3 M. li.
2. und 4. Reihe: 3 M. re., *1 M. li., 3 M. re., 1 M. li., 1 M. re., 1 M. li., 3 M. re., ab * wdh. Enden mit 1 M. li., 3 M. re.
5. und 7. Reihe: 2 M. li., *1 M. re., 1 M. li., 1 M. re., 3 M. li., 1 M. re., 3 M. li., ab * wdh. Enden mit 1 M. re., 1 M. li., 1 M. re., 2 M. li.
6. und 8. Reihe: 2 M. re., *1 M. li., 1 M. re., 1 M. li., 3 M. re., 1 M. li., 3 M. re., ab * wdh. Enden mit 1 M. li., 1 M. re., 1 M. li., 2 M. re. **9. Reihe:** Ab 1. Reihe wdh.

Reliefmuster

M.zahl teilbar durch 10 + 3 M.
1. Reihe (Vorders.): 1 M. li., 1 M. re., 1 M. li., *[3 M. re., 1 M. li.] 2x, 1 M. re., 1 M. li., ab * wdh.
2. Reihe: 1 M. li., 1 M. re., *3 M. li., 1 M. re., 1 M. li., 3 M. re., 1 M. li., 1 M. re., ab * wdh. Enden mit 1 M. li.
3. Reihe: 4 M. re., *[1 M. li., 1 M. re.] 2x, 1 M. li., 5 M. re., ab * wdh. Enden mit [1 M. li., 1 M. re.] 2x, 1 M. li., 4 M. re.
4. Reihe: 3 M. li., *[1 M. re., 1 M. li.] 3x, 1 M. re., 3 M. li., ab * wdh.
5. Reihe: Wie 3. Reihe.
6. Reihe: Wie 2. Reihe.
7. Reihe: Wie 1. Reihe.
8. Reihe: 1 M. li., 1 M. re., 1 M. li., *1 M. re., 5 M. li., [1 M. re., 1 M. li.] 2x, ab * wdh.
9. Reihe: [1 M. li., 1 M. re.] 2x, *1 M. li., 3 M. re., [1 M. li., 1 M. re.] 3x, ab * wdh. Enden mit 1 M. li., 3 M. re., [1 M. li., 1 M. re.] 2x, 1 M. li. **10. Reihe:** Wie 8. Reihe.
11. Reihe: Ab 1. Reihe wdh.

Perlparallelogramme

M.zahl teilbar durch 10.
1. Reihe (Vorders.): *5 M. re., [1 M. li., 1 M. re.] 2x, 1 M. li., ab * wdh.
2. Reihe: [1 M. li., 1 M. re.] 3x, *5 M. li., [1 M. re., 1 M. li.] 2x, 1 M. re., ab * wdh. Enden mit 4 M. li.
3. Reihe: 3 M. re., *[1 M. li., 1 M. re.] 2x, 1 M. li., 5 M. re., ab * wdh. Enden mit [1 M. li., 1 M. re.] 2x, 1 M. li., 2 M. re.
4. Reihe: 3 M. li., *[1 M. re., 1 M. li.] 2x, 1 M. re., 5 M. li., ab * wdh. Enden mit [1 M. re., 1 M. li.] 2x, 1 M. re., 2 M. li.
5. Reihe: [1 M. re., 1 M. li.] 3x, *5 M. re., [1 M. li., 1 M. re.] 2x, 1 M. li., ab * wdh. Enden mit 4 M. re. **6. Reihe:** Li. str.
7. Reihe: Ab 1. Reihe wdh.

Glatte Rhomben

M.zahl teilbar durch 9.
1. Reihe (Vorders.): 4 M. re., *1 M. li., 8 M. re., ab * wdh. Enden mit 1 M. li., 4 M. re.
2. Reihe: 3 M. li., *3 M. re., 6 M. li., ab * wdh. Enden mit 3 M. re., 3 M. li.
3. Reihe: 2 M. re., *5 M. li., 4 M. re., ab * wdh. Enden mit 5 M. li., 2 M. re.
4. Reihe: 1 M. li., *7 M. re., 2 M. li., ab * wdh. Enden mit 7 M. re., 1 M. li.
5. Reihe: Li. str.
6. Reihe: Wie 4. Reihe.
7. Reihe: Wie 3. Reihe.
8. Reihe: Wie 2. Reihe.
9. Reihe: Ab 1. Reihe wdh.

Rippen mit Dreiecken

M.zahl teilbar durch 8.
1. Reihe (Vorders.): *2 M. li., 6 M. re., ab * wdh.
2. Reihe: *6 M. li., 2 M. re., ab * wdh.
3. Reihe: *3 M. li., 5 M. re., ab * wdh.
4. Reihe: *4 M. li., 4 M. re., ab * wdh.
5. Reihe: *5 M. li., 3 M. re., ab * wdh.
6. Reihe: *2 M. li., 6 M. re., ab * wdh.
7. Reihe: *7 M. li., 1 M. re., ab * wdh.
8. Reihe: *2 M. li., 6 M. re., ab * wdh.
9. Reihe: Wie 5. Reihe.
10. Reihe: Wie 4. Reihe.
11. Reihe: Wie 3. Reihe.
12. Reihe: Wie 2. Reihe.
13. Reihe: Ab 1. Reihe wdh.

Querrippen

Beliebige M.zahl.
1. und 3. Reihe (Vorders.): Re. str.
2. und 4. Reihe: Li. str.
5. – 10. Reihe: Li. str.
11. Reihe: Ab 1. Reihe wdh.

Muster mit rechten und linken Maschen

Perlmuster-Zickzack

M.zahl teilbar durch 9.
1. Reihe (Vorders.): *[1 M. re., 1 M. li.] 2x, 4 M. re., 1 M. li., ab * wdh.
2. Reihe: *4 M. li., [1 M. re., 1 M. li.] 2x, 1 M. re., ab * wdh.
3. Reihe: [1 M. re., 1 M. li.] 3x, *4 M. re., [1 M. li., 1 M. re.] 2x, 1 M. li., ab * wdh. Enden mit 3 M. re.
4. Reihe: 2 M. li., *[1 M. re., 1 M. li.] 2x, 1 M. re., 4 M. li., ab * wdh. Enden mit [1 M. re., 1 M. li.] 2x, 1 M. re., 2 M. li.
5. Reihe: 3 M. re., *[1 M. li., 1 M. re.] 2x, 1 M. li., 4 M. re., ab * wdh. Enden mit [1 M. li., 1 M. re.] 3x.
6. Reihe: *[1 M. re., 1 M. li.] 2x, 1 M. re., 4 M. li., ab * wdh.
7. Reihe: Wie 5. Reihe.
8. Reihe: Wie 4. Reihe.
9. Reihe: Wie 3. Reihe.
10. Reihe: Wie 2. Reihe.
11. Reihe: Ab 1. Reihe wdh.

Zickzackstreifen

M.zahl teilbar durch 18 + 9 M.
1. Reihe (Vorders.): 4 M. li., 1 M. re., 4 M. li., *4 M. re., 1 M. li., 4 M. re., 4 M. li., 1 M. re., 4 M. li., ab * wdh. **2. Reihe:** 3 M. re., *3 M. li., 3 M. re., ab * wdh. **3. Reihe:** 2 M. li., 5 M. re., 2 M. li., *2 M. re., 5 M. li., 2 M. re., 2 M. li., 5 M. re., 2 M. li., ab * wdh. **4. Reihe:** 1 M. re., 7 M. li., 1 M. re., *1 M. li., 7 M. re., 1 M. li., 1 M. re., 7 M. li., 1 M. re., ab * wdh. **5. Reihe:** 4 M. re., 1 M. li., 4 M. re., *4 M. li., 1 M. re., 4 M. li., 4 M. re., 1 M. li., 4 M. re., ab * wdh. **6. Reihe:** 3 M. li., *3 M. re., 3 M. li., ab * wdh. **7. Reihe:** 2 M. re., 5 M. li., 2 M. re., *2 M. li., 5 M. re., 2 M. li., 2 M. re., 5 M. li., 2 M. re., ab * wdh. **8. Reihe:** 1 M. li., 7 M. re., 1 M. li., *1 M. re., 7 M. li., 1 M. re., 1 M. li., 7 M. re., 1 M. li., ab * wdh. **9. Reihe:** Ab 1. Reihe wdh.

Perldreiecke

M.zahl teilbar durch 8.
1. Reihe (Vorders.): *1 M. li., 7 M. re., ab * wdh.
2. Reihe: 6 M. li., *1 M. re., 7 M. li., ab * wdh. Enden mit 1 M. re., 1 M. li.
3. Reihe: *1 M. li., 1 M. re., 1 M. li., 5 M. re., ab * wdh.
4. Reihe: 4 M. li., *1 M. re., 1 M. li., 1 M. re., 5 M. li., ab * wdh. Enden mit [1 M. re., 1 M. li.] 2x.
5. Reihe: *[1 M. li., 1 M. re.] 2x, 1 M. li., 3 M. re., ab * wdh.
6. Reihe: 2 M. li., *[1 M. re., 1 M. li.] 2x, 1 M. re., 3 M. li., ab * wdh. Enden mit [1 M. re., 1 M. li.] 3x.
7. Reihe: *1 M. li., 1 M. re., ab * wdh.
8. Reihe: Wie 6. Reihe.
9. Reihe: Wie 5. Reihe.
10. Reihe: Wie 4. Reihe.
11. Reihe: Wie 3. Reihe.
12. Reihe: Wie 2. Reihe.
13. Reihe: Ab 1. Reihe wdh.

Quadrate und Streifen

M.zahl teilbar durch 12 + 3 M.
1. Reihe (Vorders.): Re. str.
2. Reihe: Li. str.
3. Reihe: 4 M. re., *[1 M. li., 1 M. re.] 3x, 1 M. li., 5 M. re., ab * wdh. Enden mit [1 M. li., 1 M. re.] 3x, 1 M. li., 4 M. re.
4. Reihe: 3 M. li., *[1 M. re., 1 M. li.] 4x, 1 M. re., 3 M. li., ab * wdh.
5. Reihe: 4 M. re., *1 M. li., 5 M. re., ab * wdh. Enden mit 1 M. li., 4 M. re.
6. Reihe: 3 M. li., *1 M. re., 7 M. li., 1 M. re., 3 M. li., ab * wdh.
7., 9. und 11. Reihe: Wie 5. Reihe.
8. und 10. Reihe: Wie 6. Reihe.
12. Reihe: Wie 4. Reihe.
13. Reihe: Wie 3. Reihe.
14. Reihe: Li. str.
15. Reihe: Ab 1. Reihe wdh.

Sechsecke

M.zahl teilbar durch 10 + 1 M.
1. Reihe (Vorders.): Re. str.
2. Reihe: Li. str.
3. Reihe: 4 M. re., *1 M. li., 1 M. re., 1 M. li., 7 M. re., ab * wdh. Enden mit 1 M. li., 1 M. re., 1 M. li., 4 M. re.
4. und 6. Reihe: 3 M. li., *[1 M. re., 1 M. li.] 2x, 1 M. re., 5 M. li., ab * wdh. Enden mit [1 M. re., 1 M. li.] 2x, 1 M. re., 3 M. li.
5. und 7. Reihe: 2 M. re., *[1 M. li., 1 M. re.] 3x, 1 M. li., 3 M. re., ab * wdh. Enden mit [1 M. li., 1 M. re.] 3x, 1 M. li., 2 M. re.
8. Reihe: Wie 4. Reihe.
9. Reihe: Wie 3. Reihe.
10. Reihe: Li. str.
11. Reihe: Re. str.
12. Reihe: Li. str.
13. Reihe: 1 M. re., 1 M. li., *7 M. re., 1 M. li., 1 M. re., 1 M. li., ab * wdh. Enden mit 7 M. re., 1 M. li., 1 M. re.
14. und 16. Reihe: 1 M. re., 1 M. li., 1 M. re., *5 M. li., [1 M. re., 1 M. li.] 2x, 1 M. re., ab * wdh. Enden mit 5 M. li., 1 M. re., 1 M. li., 1 M. re.
15. und 17. Reihe: [1 M. re., 1 M. li.] 2x, *3 M. re., [1 M. li., 1 M. re.] 3x, 1 M. li., ab * wdh. Enden mit 3 M. re., [1 M. li., 1 M. re.] 2x.
18. Reihe: Wie 14. Reihe.
19. Reihe: Wie 13. Reihe.
20. Reihe: Li. str.
21. Reihe: Ab 1. Reihe wdh.

Eingerahmte Quadrate

M.zahl teilbar durch 10 + 3 M.
1. Reihe (Vorders.): 1 M. li., *1 M. re., 1 M. li., ab * wdh.
2. Reihe: 1 M. li., *1 M. re., 1 M. li., ab * wdh.
3., 5., 7. und 9. Reihe: 1 M. li., 1 M. re., 1 M. li., *7 M. re., 1 M. li., 1 M. re., 1 M. li., ab * wdh.
4., 6., 8. und 10. Reihe: 1 M. li., 1 M. re., 9 M. li., *1 M. re., 9 M. li., ab * wdh. Enden mit 1 M. re., 1 M. li.
11. Reihe: Ab 1. Reihe wdh.

Schräge Perlstreifen

M.zahl teilbar durch 8 + 3 M.
1. Reihe (Vorders.): 4 M. re., *1 M. li., 1 M. re., 1 M. li., 5 M. re., ab * wdh. Enden mit 1 M. li., 1 M. re., 1 M. li., 4 M. re. **2. Reihe:** 3 M. li., *[1 M. re., 1 M. li.] 2x, 1 M. re., 3 M. li., ab * wdh.
3. Reihe: 2 M. re., *1 M. li., 1 M. re., 1 M. li., 5 M. re., ab * wdh. Enden mit 1 M. li. **4. Reihe:** 1 M. li., 1 M. re., *3 M. li., [1 M. re., 1 M. li.] 2x, 1 M. re., ab * wdh. Enden mit 1 M. li. **5. Reihe:** *1 M. li., 1 M. re., 1 M. li., 5 M. re., ab * wdh. Enden mit 1 M. li., 1 M. re., 1 M. li. **6. Reihe:** *[1 M. li., 1 M. re.] 2x, 3 M. li., 1 M. re., ab * wdh. Enden mit 1 M. li., 1 M. re., 1 M. li. **7. Reihe:** 1 M. li., *5 M. re., 1 M. li., 1 M. re., 1 M. li., ab * wdh. Enden mit 2 M. re. **8. Reihe:** [1 M. li., 1 M. re.] 3x, *3 M. li., [1 M. re., 1 M. li.] 2x, 1 M. re., ab * wdh. Enden mit 3 M. li., 1 M. re., 1 M. li. **9. Reihe:** Ab 1. Reihe wdh.

Glatte und krause Dreiecke

M.zahl teilbar durch 8 + 1 M.
1. Reihe (Vorders.): 1 M. li., *7 M. re., 1 M. li., ab * wdh.
2. und alle geraden Reihen: Li. str.
3. Reihe: 2 M. li., *5 M. re., 3 M. li., ab * wdh. Enden mit 5 M. re., 2 M. li.
5. Reihe: 3 M. li., *3 M. re., 5 M. li., ab * wdh. Enden mit 3 M. re., 3 M. li.
7. Reihe: 4 M. li., *1 M. re., 7 M. li., ab * wdh. Enden mit 1 M. re., 4 M. li.
9. Reihe: 4 M. re., *1 M. li., 7 M. re., ab * wdh. Enden mit 1 M. li., 4 M. re.
11. Reihe: 3 M. re., *3 M. li., 5 M. re., ab * wdh. Enden mit 3 M. li., 3 M. re.
13. Reihe: 2 M. re., *5 M. li., 3 M. re., ab * wdh. Enden mit 5 M. li., 2 M. re.
15. Reihe: 1 M. re., *7 M. li., 1 M. re., ab * wdh.
16. Reihe: Li. str.
17. Reihe: Ab 1. Reihe wdh.

Körnige Karos

M.zahl teilbar durch 10 + 5 M.
1., 3. und 5. Reihe (Vorders.): 5 M. re., *[1 M. li., 1 M. re.] 2x, 1 M. li., 5 M. re., ab * wdh.
2. und 4. Reihe: 6 M. li., *1 M. re., 1 M. li., 1 M. re., 7 M. li., ab * wdh. Enden mit 1 M. re., 1 M. li., 1 M. re., 6 M. li.
6., 8. und 10. Reihe: *[1 M. re., 1 M. li.] 2x, 1 M. re., 5 M. li., ab * wdh. Enden mit [1 M. re., 1 M. li.] 2x, 1 M. re.
7. und 9. Reihe: [1 M. re., 1 M. li.] 2x, *7 M. re., 1 M. li., 1 M. re., 1 M. li., ab * wdh. Enden mit 1 M. re.
11. Reihe: Ab 1. Reihe wdh.

Linksmaschen-Dreiecke

M.zahl teilbar durch 8 + 1 M.
1. Reihe (Vorders.): 1 M. re., *7 M. li., 1 M. re., ab * wdh.
2. Reihe: 1 M. li., *7 M. re., 1 M. li., ab * wdh.
3. Reihe: 2 M. re., *5 M. li., 3 M. re., ab * wdh. Enden mit 5 M. li., 2 M. re.
4. Reihe: 2 M. li., *5 M. re., 3 M. li., ab * wdh. Enden mit 5 M. re., 2 M. li.
5. Reihe: 3 M. re., *3 M. li., 5 M. re., ab * wdh. Enden mit 3 M. li., 3 M. re.
6. Reihe: 3 M. li., *3 M. re., 5 M. li., ab * wdh. Enden mit 3 M. re., 3 M. li.
7. Reihe: 4 M. re., *1 M. li., 7 M. re., ab * wdh. Enden mit 1 M. li., 4 M. re.
8. Reihe: 4 M. li., *1 M. re., 7 M. li., ab * wdh. Enden mit 1 M. re., 4 M. li.
9. Reihe: Wie 8. Reihe.
10. Reihe: Wie 7. Reihe.
11. Reihe: Wie 6. Reihe.
12. Reihe: Wie 5. Reihe.
13. Reihe: Wie 4. Reihe.
14. Reihe: Wie 3. Reihe.
15. Reihe: Wie 2. Reihe.
16. Reihe: 1 M. re., *7 M. li., 1 M. re., ab * wdh. **17. Reihe:** Ab 1. Reihe wdh.

Doppelte Parallelogramme

M.zahl teilbar durch 10.
1. Reihe (Vorders.) *5 M. li., 5 M. re., ab * wdh.
2. Reihe: 1 M. re., *5 M. li., 5 M. re., ab * wdh. Enden mit 5 M. li., 4 M. re.
3. Reihe: 3 M. li., *5 M. re., 5 M. li., ab * wdh. Enden mit 5 M. re., 2 M. li.
4. Reihe: 3 M. li., *5 M. re., 5 M. li., ab * wdh. Enden mit 5 M. re., 2 M. re.
5. Reihe: 1 M. li., *5 M. re., 5 M. li., ab * wdh. Enden mit 5 M. re., 4 M. li.
6. Reihe: 4 M. li., *5 M. re., 5 M. li., ab * wdh. Enden mit 5 M. re., 1 M. li.
7. Reihe: 2 M. re., *5 M. li., 5 M. re., ab * wdh. Enden mit 5 M. li., 3 M. re.
8. Reihe: 2 M. li., *5 M. re., 5 M. li., ab * wdh. Enden mit 5 M. re., 3 M. li.
9. Reihe: 4 M. re., *5 M. li., 5 M. re., ab * wdh. Enden mit 5 M. li., 1 M. re.
10. Reihe: *5 M. re., 5 M. li., ab * wdh.
11. Reihe: Ab 1. Reihe wdh.

Perlrhomben

M.zahl teilbar durch 10 + 9 M.
1. Reihe (Vorders.): 4 M. re., *1 M. li., 9 M. re., ab * wdh. Enden mit 1 M. li., 4 M. re. **2. Reihe:** 3 M. li., *1 M. re., 1 M. li., 1 M. re., 7 M. li., ab * wdh. Enden mit 1 M. re., 1 M. li., 1 M. re., 3 M. li. **3. Reihe:** 2 M. re., *[1 M. li., 1 M. re.] 2x, 1 M. li., 5 M. re., ab * wdh. Enden mit [1 M. li., 1 M. re.] 2x, 1 M. li., 2 M. re. **4. Reihe:** [1 M. li., 1 M. re.] 4x, *3 M. li., [1 M. re., 1 M. li.] 3x, 1 M. re., ab * wdh. Enden mit 1 M. li. **5. Reihe:** 1 M. li., *1 M. re., 1 M. li., ab * wdh. **6. Reihe:** Wie 4. Reihe. **7. Reihe:** Wie 3. Reihe. **8. Reihe:** Wie 2. Reihe. **9. Reihe:** Wie 1. Reihe. **10. Reihe:** Li. str. **11. Reihe:** Ab 1. Reihe wdh.

Muster mit rechten und linken Maschen

Doppelte Parallelogramme im Perlmuster

M. zahl teilbar durch 10.
1. Reihe (Vorders.): *5 M. re., [1 M. li., 1 M. re.] 2x, 1 M. li., ab * wdh. **2. Reihe:** 1 M. li., *[1 M. re., 1 M. li.] 2x, 1 M. re., 5 M. li., ab * wdh. Enden mit [1 M. re., 1 M. li.] 2x, 1 M. re., 4 M. li. **3. Reihe:** 3 M. re., *[1 M. li., 1 M. re.] 2x, 1 M. li., 5 M. re., ab * wdh. Enden mit [1 M. li., 1 M. re.] 2x, 1 M. li., 2 M. re. **4. Reihe:** 3 M. li., *[1 M. re., 1 M. li.] 2x, 1 M. re., 5 M. li., ab * wdh. Enden mit [1 M. re., 1 M. li.] 2x, 1 M. re., 2 M. li. **5. Reihe:** 1 M. re., *[1 M. li., 1 M. re.] 2x, 1 M. li., 5 M. re., ab * wdh. Enden mit [1 M. li., 1 M. re.] 2x, 1 M. li., 4 M. re. **6. Reihe:** *[1 M. li., 1 M. re.] 2x, 5 M. li., 1 M. re., ab * wdh. **7. Reihe:** 1 M. re., 1 M. li., *5 M. re., [1 M. li., 1 M. re.] 2x, 1 M. li., ab * wdh. Enden mit 5 M. re., 1 M. li., 1 M. re., 1 M. li. **8. Reihe:** 1 M. li., 1 M. re., *5 M. li., [1 M. re., 1 M. li.] 2x, 1 M. re., ab * wdh. Enden mit 5 M. li., 1 M. re., 1 M. li., 1 M. re. **9. Reihe:** *[1 M. re., 1 M. li.] 2x, 5 M. re., 1 M. li., ab * wdh. **10. Reihe:** *5 M. li., [1 M. re., 1 M. li.] 2x, 1 M. re., ab * wdh. **11. Reihe** Ab 1. Reihe wdh.

Glatte und krause Karos

M. zahl teilbar durch 10 + 5 M.
1., 3. und 5. Reihe (Vorders.): 5 M. re., *5 M. li., 5 M. re., ab * wdh.
2. und 4. Reihe: Li. str.
6., 8. und 10. Reihe: 5 M. re., *5 M. li., 5 M. re., ab * wdh.
7. und 9. Reihe: Re. str.
11. Reihe: Ab 1. Reihe wdh.

Doppelte Wellen

M.zahl teilbar durch 18 + 9 M.
1. Reihe (Vorders.): 1 M. re., 7 M. li., 1 M. re., *1 M. li., 7 M. re., 1 M. li., 1 M. re., 7 M. li., 1 M. re., ab * wdh. **2. Reihe:** 2 M. li., 5 M. re., 2 M. li., *2 M. re., 5 M. li., 2 M. re., 2 M. li., 5 M. re., 2 M. li., ab * wdh. **3. Reihe:** 3 M. re., *3 M. li., 3 M. re., ab * wdh. **4. Reihe:** 4 M. li., 1 M. re., 4 M. li., *4 M. re., 1 M. li., 4 M. re., 1 M. li., 4 M. re., 4 M. li., ab * wdh. **5. Reihe:** 1 M. li., 7 M. re., 1 M. li., *1 M. re., 7 M. li., 1 M. re., 1 M. li., 7 M. re., 1 M. li., ab * wdh. **6. Reihe:** 2 M. re., 5 M. li., 2 M. re., *2 M. li., 5 M. re., 2 M. li., 2 M. re., 5 M. li., 2 M. re., ab * wdh. **7. Reihe:** 3 M. li., *3 M. re., 3 M. li., ab * wdh. **8. Reihe:** 4 M. re., 1 M. li., 4 M. re., *4 M. li., 1 M. re., 4 M. li., 4 M. re., 1 M. li., 4 M. re., ab * wdh. **9. Reihe:** Ab 1. Reihe wdh.

Karos im Trikotmuster

M. zahl teilbar durch 10 + 5 M.
1., 3. und 5. Reihe (Vorders.): 5 M. re., *5 M. li., 5 M. re., ab * wdh.
2. und 4. Reihe: 5 M. li., *5 M. re., 5 M. li., ab * wdh.
6., 8. und 10. Reihe: 5 M. re., *5 M. li., 5 M. re., ab * wdh.
7. und 9. Reihe: Wie 2. Reihe.
11. Reihe: Ab 1. Reihe wdh.

Kleines Korbmuster

M.zahl teilbar durch 10 + 5 M.
1. und 3. Reihe (Vorders.): [1 M. re., 1 M. li.] 2x, *7 M. re., 1 M. li., 1 M. re., 1 M. li., ab * wdh. Enden mit 1 M. re.
2. und 4. Reihe: 1 M. li., [1 M. re., 1 M. li.] 2x, *5 M. re., [1 M. li., 1 M. re.] 2x, 1 M. li., ab * wdh.
5. und 7. Reihe: 6 M. re., *1 M. li., 1 M. re., 1 M. li., 7 M. re. ab * wdh. Enden mit 1 M. li., 1 M. re., 1 M. li., 6 M. re.
6. und 8. Reihe: *5 M. re., [1 M. li., 1 M. re.] 2x, 1 M. li., ab * wdh. Enden mit 5 M. re.
9. Reihe: Ab 1. Reihe wdh.

Doppelte Perldreiecke

M.zahl teilbar durch 8 + 1 M.
1. Reihe (Vorders.): *1 M. re., 7 M. li., ab * wdh. Enden mit 1 M. re. **2. Reihe:** *1 M. li., 7 M. re., ab * wdh. Enden mit 1 M. li. **3. Reihe:** *1 M. li., 1 M. re., 5 M. li., 1 M. re., ab * wdh. Enden mit 1 M. re. **4. Reihe:** *1 M. li., 1 M. re., 5 M. li., 1 M. re., ab * wdh. Enden mit 1 M. re. **5. Reihe:** 1 M. re., 1 M. li., *1 M. re., 3 M. li., [1 M. re., 1 M. li.] 2x, ab * wdh. Enden mit 1 M. re., 3 M. li., 1 M. re., 1 M. re. **6. Reihe:** 1 M. li., 1 M. re., *1 M. li., 3 M. re., [1 M. li., 1 M. re.] 2x, ab * wdh. Enden mit 1 M. li., 3 M. re., 1 M. li., 1 M. re., 1 M. li. **7. Reihe:** *1 M. li., 1 M. re., ab * wdh. Enden mit 1 M. li. **8. Reihe:** *1 M. re., 1 M. li., ab * wdh. Enden mit 1 M. re. **9. Reihe:** 4 M. li., *1 M. re., 7 M. li., ab * wdh. Enden mit 1 M. re., 4 M. li. **10. Reihe:** 4 M. re., *1 M. li., 7 M. re., ab * wdh. Enden mit 1 M. li., 4 M. re. **11. Reihe:** 3 M. li., *1 M. re., 1 M. li., 1 M. re., 5 M. li., ab * wdh. Enden mit 1 M. re., 1 M. li., 1 M. re., 3 M. li. **12. Reihe:** 3 M. re., *1 M. li., 1 M. re., 1 M. li., 5 M. re., ab * wdh. Enden mit 1 M. li., 1 M. re., 1 M. li., 3 M. re. **13. Reihe:** 2 M. li., *[1 M. re., 1 M. li.] 2x, 3 M. li., ab * wdh. Enden mit [1 M. re., 1 M. li.] 2x, 1 M. re., 2 M. li. **14. Reihe:** 2 M. re., *[1 M. li., 1 M. re.] 2x, 3 M. re., ab * wdh. Enden mit [1 M. li., 1 M. re.] 2x, 1 M. li., 2 M. re. **15. Reihe:** Wie 7. Reihe. **16. Reihe:** Wie 8. Reihe. **17. Reihe:** Ab 1. Reihe wdh.

Plastische und Bunte Muster

Viele dieser plastischen Muster sind sehr attraktiv, wenn sie in Streifen von mehr als einer Farbe gestrickt werden. Passende Beispiele hierzu sind in diesem Abschnitt enthalten.

Knotenmuster

M.zahl teilbar durch 6 + 5 M.
Sonderabkürzung
Knoten = 3 M. li. zus.str., diese 3 M. auf der li. Nadel lassen, nochmals re. zus.str., dann li. zus.str. und M. von der Nadel gleiten lassen.
Beginn des Musters
1. und 2. Reihe: Glatt re. (Hinr. re., Rückr. li.).
3. Reihe (Vorders.): 1 M. re., *1 Knoten (s. Sonderabkürzung), 3 M. re., ab * wdh. Enden mit 1 Knoten, 1 M. re.
4., 5. und 6. Reihe: Glatt re. (mit Rückr. li. beginnend).
7. Reihe: 4 M. re., *1 Knoten, 3 M. re., ab * wdh. Enden mit 1 M. re.
8. Reihe: Li. str.
9. Reihe: Ab 1. Reihe wdh.

Honigwabe

M.zahl teilbar durch 4 + 2 M.
1. und 3. Reihe (Vorders.): Re. str.
2. und 4. Reihe: 2 M. re., *2 M. li., 2 M. re., ab * wdh.
5. Reihe: 1 M. re., *2 M. vorn kreuzen, 2 M. hinten kreuzen, ab * wdh. Enden mit 1 M. re.
6. Reihe: 2 M. li., *2 M. re., 2 M. li., ab * wdh.
7. und 9. Reihe: Re. str.
8. und 10. Reihe: Wie 6. Reihe.
11. Reihe: 1 M. re., *2 M. hinten kreuzen, 2 M. vorn kreuzen, ab * wdh. Enden mit 1 M. re.
12. Reihe: Wie 2. Reihe.
13. Reihe: Ab 1. Reihe wdh.

Reismuster I

M.zahl teilbar durch 2 + 1 M.
1. Reihe (Vorders.): 1 M. li., *1 M. re. verschr., 1 M. li., ab * wdh.
2. Reihe: Re. str.
3. Reihe: Ab 1. Reihe wdh.

Reismuster II

Wie Reismuster I gearbeitet.
Mit der 1. Reihe beginnend, in Streifen von 2 R. in Farbe A, 2 R. in Farbe B und 2 R. in Farbe C gearbeitet.

Muster mit abgehobenen Maschen I

M.zahl teilbar durch 2 + 1 M.
1. Reihe (Vorders.): Re. str.
2. Reihe: Re. str.
3. Reihe: 1 M. re., *1 M. li. abh., 1 M. re., ab * wdh.
4. Reihe: 1 M. re., *den Faden vor die M. legen, 1 M. li. abh., 1 M. re., ab * wdh.
5. Reihe: Ab 1. Reihe wdh.

Muster mit abgehobenen Maschen II

Wie Muster mit abgehobenen Maschen I gearbeitet.
1. und 2. R. in Farbe A, 3. und 4. R. in Farbe B gearbeitet. Stets wdh.

Muster mit abgehobenen Maschen III

Wie Muster mit abgehobenen Maschen I gearbeitet.
Mit der 1. R. beginnend, 2 R. in Farbe A, 2 R. in Farbe B und 2 R. in Farbe C gearbeitet. Stets wdh.

Muster mit abgehobenen Maschen IV

Wie Muster mit abgehobenen Maschen I gearbeitet.
Je 1 R. in den Farben A, B und C gearbeitet. Stets wdh.

Plastische und Bunte Muster

Muster mit abgehobenen Maschen V

M.zahl teilbar durch 2 + 1 M.
1. Reihe (Vorders.): Re. str.
2. Reihe: Re. str.
3. Reihe: 1 M. re., *1 M. li. abh., 1 M. re., ab * wdh.
4. Reihe: 1 M. re., *den Faden vor die M. legen, 1 M. li. abh., 1 M. re., ab * wdh.
5. und 6. Reihe: Re. str.
7. Reihe: 2 M. re., *1 M. li. abh., 1 M. re., ab * wdh. Enden mit 1 M. re.
8. Reihe: 2 M. re., *den Faden vor die M. legen, 1 M. li. abh., 1 M. re., ab * wdh. Enden mit 1 M. re.
9. Reihe: Ab 1. Reihe wdh.

Muster mit abgehobenen Maschen VI

Wie Muster mit abgehobenen Maschen V gearbeitet.
1., 2., 5. und 6. R. in Farbe A, 3., 4., 7. und 8. R. in Farbe B gearbeitet. Stets wdh.

Muster mit abgehobenen Maschen VII

Wie Muster mit abgehobenen Maschen V gearbeitet.
Mit der 1. R. beginnend, 2 R. in Farbe A, 2 R. in Farbe B und 2 R. in Farbe C gearbeitet. Stets wdh.

Muster mit abgehobenen Maschen VIII

Wie Muster mit abgehobenen Maschen V gearbeitet.
Je 1 R. in den Farben A, B und C gearbeitet. Stets wdh.

Brombeermuster I

M.zahl teilbar durch 4 + 2 M.
1. und 3. Reihe (Vorders.): Li. str.
2. Reihe: 1 M. re., *(1 M. re., 1 M. li., 1 M. re.) in die nächste M. str., 3 M. li. zus.str., ab * wdh. Enden mit 1 M. re.
4. Reihe: 1 M. re., *3 M. li. zus.str., (1 M. re., 1 M. li., 1 M. re.) in die nächste M. str., ab * wdh. Enden mit 1 M. re.
5. Reihe: Ab 1. Reihe wdh.

Brombeermuster II

Wie Brombeermuster I gearbeitet.
Mit der 2. R. beginnend, 2 R. in Farbe A, 2 R. in Farbe B, 2 R. in Farbe A und 2 R. in Farbe C gearbeitet. Stets wdh.

Brombeermuster III

Wie Brombeermuster I gearbeitet.
Mit der 2. R. beginnend, 2 R. in Farbe A, 2 R. in Farbe B und 2 R. in Farbe C gearbeitet. Stets wdh.

Kleines Noppenmuster I

M.zahl teilbar durch 2 + 1 M.
Sonderabkürzung
Noppe = 4 M. (1 M. li., 1 M. re., 1 M. li., 1 M. re.) in die nächste M. str., die 2., 3. und 4. M. über die 1. M. ziehen.
1. Reihe (Vorders.): Re. str.
2. Reihe: 1 M. re., *1 Noppe (s. Sonderabkürzung), 1 M. re., ab * wdh.
3. Reihe: Re. str.
4. Reihe: 2 M. re., *1 Noppe, 1 M. re., ab * wdh. Enden mit 1 M. re.
5. Reihe: Ab 1. Reihe wdh.

Kleines Noppenmuster II

Wie Kleines Noppenmuster I gearbeitet.
1. und 2. R. in Farbe A, 3. und 4. R. in Farbe B gearbeitet. Stets wdh.

Kleines Noppenmuster III

Wie Kleines Noppenmuster I gearbeitet.
Mit der 1. R. beginnend, 2 R. in Farbe A, 2 R. in Farbe B und 2 R. in Farbe C gearbeitet. Stets wdh.

Durchflochtene Rippen I

M.zahl teilbar durch 2 + 1 M.
1. Reihe (Vorders.): Re. str.
2. Reihe: Li. str.
3. Reihe: 1 M. re., *1 M. li. abh., 1 M. re., ab * wdh.
4. Reihe: 1 M. re., *den Faden vor die M. legen, 1 M. li. abh., 1 M. re., ab * wdh.
5. Reihe: Ab 1. Reihe wdh.

Durchflochtene Rippen II

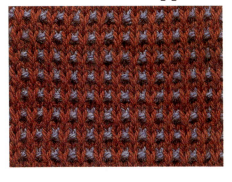

Wie Durchflochtene Rippen I gearbeitet.
1. und 2. R. in Farbe A, 3. und 4. R. in Farbe B gearbeitet. Stets wdh.

Durchflochtene Rippen III

Wie Durchflochtene Rippen I gearbeitet.
Je 1 R. in den Farben A, B und C gearbeitet. Stets wdh.

Geflochtenes Zopfmuster I

M.zahl teilbar durch 4.
1. Reihe (Vorders.): *4 M. vorn kreuzen, ab * wdh.
2. Reihe: Li. str.
3. Reihe: 2 M. re., *4 M. hinten kreuzen, ab * wdh. Enden mit 2 M. re.
4. Reihe: Li. str.
5. Reihe: Ab 1. Reihe wdh.

Geflochtenes Zopfmuster II

M.zahl teilbar durch 4.
Sonderabkürzung
4 M. vorn oder hinten kreuzen = die nächsten 2 M. auf eine Hilfsnadel nach vorn oder hinten legen, die folg. 2 M. in Farbe B von der li. Nadel re. abstr., dann die M. der Hilfsnadel in Farbe A re. abstr.
1. Grundreihe: Re. str., *2 M. A, 2 M. B, ab * wdh.
2. Grundreihe: Li. str., *2 M. B, 2 M. A, ab * wdh.
1. Musterreihe : * 4 M. vorn kreuzen (s. Sonderabkürzung), ab * wdh.
2. Reihe: Li. str., *2 M. A, 2 M. B, ab * wdh.
3. Reihe: 2 M. re. A, *4 M. hinten kreuzen, ab * wdh. Enden mit 2 M. re. B.
4. Reihe: Li. str., *2 M. B, 2 M. A, ab * wdh.
5. Reihe: Ab 1. Reihe wdh.

Flammenmuster

M.zahl teilbar durch 4 + 2 M.
1. Reihe (Vorders.): 2 M. re., *2 M. li., 2 M. re., ab * wdh.
2. Reihe: 2 M. li., *2 M. re., 2 M. li., ab * wdh.
3. Reihe: 2 M. re., *2 M. li., 2 M. vorn kreuzen, ab * wdh. Enden mit 2 M. li., 2 M. re.
4. und 5. Reihe: Wie 2. Reihe.
6. Reihe: Wie 1. Reihe.
7. Reihe: 2 M. li., *2 M. vorn kreuzen, 2 M. li., ab * wdh.
8. Reihe: Wie 1. Reihe.
9. Reihe: Ab 1. Reihe wdh.

Kleines Wabenmuster

M.zahl teilbar durch 4.
1. Reihe (Vorders.): *2 M. vorn kreuzen, 2 M. hinten kreuzen ab * wdh.
2. Reihe: Li. str.
3. Reihe: *2 M.hinten kreuzen, 2 M. vorn kreuzen, ab * wdh.
4. Reihe: Li. str.
5. Reihe: Ab 1. Reihe wdh.

Plastische und Bunte Muster

Erdbeermuster

M.zahl teilbar durch 6 + 5 M.
(Anmerkung: Die Maschen nur nach der 6. bzw. 12. Reihe des Musters zählen.
1. Reihe (Vorders.): 2 M. li., *4 M. re. in die nächste M. str., dabei abw. 1x von vorne und 1x von hinten in die M. einstechen, 2 M. li., 1 M. re., 2 M. li., ab * wdh. Enden mit 4 M. re. in die nächste M. str., dabei abw. 1x von vorne und 1x von hinten in die M. einstechen, 2 M. li. **2. und 4. Reihe:** *2 M. re., [1 M. re., dabei den Faden 2x um die Nadel schlagen] 4x, 2 M. re., 1 M. li., ab * wdh. Enden mit 2 M. re., [1 M. re., dabei den Faden 2x um die Nadel schlagen] 4x, 2 M. re.
3. und 5. Reihe: 2 M. li., *4 M. re. (die zusätzl. Schlingen von der Nadel fallen lassen), 2 M. li., 1 M. re., 2 M. li., ab * wdh. Enden mit 4 M. re. (die zusätzl. Schlingen von der Nadel fallen lassen), 2 M. li. **6. Reihe:** *2 M. re., 4 M. li. zus.str., 2 M. re., 1 M. li., ab * wdh. Enden mit 2 M. re., 4 M. li. zus.str., 2 M. re. **7. Reihe:** 2 M. li., *1 M. re., 2 M. li., 4 M. re. in die nächste M. str., dabei abw. 1x von vorne und 1x von hinten in die M. einstechen, 2 M. li., ab * wdh. Enden mit 1 M. re., 2 M. li. **8. und 10. Reihe:** *2 M. re., 1 M. li., 2 M. re., [1 M. re., dabei den Faden 2x um die Nadel schlagen] 4x, ab * wdh. Enden mit 2 M. re., 1 M. li., 2 M. re. **9. und 11. Reihe:** 2 M. li., *1 M. re., 2 M. li., 4 M. re. (die zusätzl. Schlingen von der Nadel fallen lassen), ab * wdh. Enden mit 2 M. li., 1 M. re., 2 M. li. **12. Reihe:** *2 M. re., 1 M. li., 2 M. re., 4 M. li. zus.str., ab * wdh. Enden mit 2 M. re., 1 M. li., 2 M. re. **13. Reihe:** Ab 1. Reihe wdh.

Pergolamuster I

M.zahl teilbar durch 6 + 5 M.
1. Reihe (Vorders.): 1 M. re., 3 M. li., *3 M. li. abh. (der Faden liegt vor der M.), 3 M. li., ab * wdh. Enden mit 1 M. re.
2. Reihe: 1 M. li., 3 M. re., *3 M. li. abh. (der Faden liegt hinter der M.), 3 M. re., ab * wdh. Enden mit 1 M. li.
3. Reihe: 1 M. re., 3 M. li., *3 M. re., 3 M. li., ab * wdh. Enden mit 1 M. re.
4. Reihe: 1 M. li., 3 M. re., *3 M. li., 3 M. re., ab * wdh. Enden mit 1 M. li.

5. Reihe: 5 M. re., *die beiden Fäden vor den abgeh. M. auf die re. Nadel heben, die nächste M. re. str. und die 2 Fäden über diese M. ziehen (Schlinge hochziehen genannt), 5 M. re., ab * wdh.
6. Reihe: Wie 3. Reihe.
7. Reihe: 1 M. li., *3 M. li. abh. (der Faden liegt vor der M.), 3 M. li., ab * wdh. Enden mit 3 M. li. abh., 1 M. li.
8. Reihe: 1 M. re., *3 M. li. abh. (der Faden liegt hinter der M.), 3 M. re., ab * wdh. Enden mit 3 M. li. abh., 1 M. re.
9. Reihe: Wie 4. Reihe.
10. Reihe: Wie 3. Reihe.
11. Reihe: 2 M. re., *Schlinge hochziehen, 5 M. re., ab * wdh. Enden mit Schlinge hochziehen, 2 M. re.
12. Reihe: Wie 4. Reihe.
13. Reihe: Ab 1. Reihe wdh.

Pergolamuster II

Wie Pergolamuster I gearbeitet.
Die 1. und 2. Reihe sowie die 7. und 8. Reihe des Musters sind in der Nebenfarbe gearbeitet. Die Rückseite der Arbeit wird die Vorderseite.

Getupfte Rippen I

M.zahl teilbar durch 2 + 1 M.
1. Reihe (Vorders.): Re. str.
2. Reihe: Li. str.
3. Reihe: 1 M. re., *1 M. li. abh., 1 M. re., ab * wdh.
4. Reihe: 1 M. re., *den Faden vor die M. legen, 1 M. li. abh., 1 M. re., ab * wdh.
5. Reihe: Re. str.
6. Reihe: Li. str.
7. Reihe: 2 M. re., *1 M. li. abh., 1 M. re., ab * wdh. Enden mit 1 M. re.
8. Reihe: 2 M. re., *den Faden vor die M. legen, 1 M. li. abh., 1 M. re., ab * wdh. Enden mit 1 M. re.
9. Reihe: Ab 1. Reihe wdh.

Getupfte Rippen II

Wie Getupfte Rippen I gearbeitet.
1., 2., 5. und 6. R. in Farbe A, 3., 4., 7. und 8. R. in Farbe B gearbeitet. Stets wdh.

Getupfte Rippen III

Wie Getupfte Rippen I gearbeitet.
Mit der 1. R. beginnend, 2 R. in Farbe A, 2 R. in Farbe B und 2 R. in Farbe C gearbeitet.

Getupfte Rippen IV

Wie Getupfte Rippen I gearbeitet.
Je 1 R. in den Farben A, B und C gearbeitet. Stets wdh.

Perlmuster mit abgehobenen Maschen I

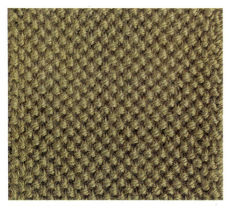

M.zahl teilbar durch 2 + 1 M.
1. Reihe (Vorders.): 1 M. re., *1 M. li. abh., 1 M. re., ab * wdh.
2. Reihe: 1 M. re., *den Faden vor die M. legen, 1 M. li. abh., 1 M. re., ab * wdh.
3. Reihe: 2 M. re., *1 M. li. abh., 1 M. re., ab * wdh. Enden mit 1 M. re.
4. Reihe: 2 M. re., *den Faden vor die M. legen, 1 M. li. abh., 1 M. re., ab * wdh. Enden mit 1 M. re.
5. Reihe: Ab 1. Reihe wdh.

Perlmuster mit abgehobenen Maschen II

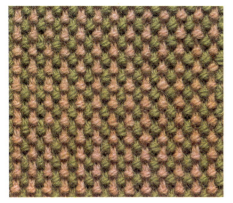

Wie Perlmuster mit abgehobenen Maschen I gearbeitet.
1. und 2. R. in Farbe A, 3. und 4. R. in Farbe B gearbeitet. Stets wdh.

Perlmuster mit abgehobenen Maschen III

Wie Perlmuster mit abgehobenen Maschen I gearbeitet. Mit der 1. R. beginnend, 2 R. in Farbe A, 2 R. in Farbe B und 2 R. in Farbe C gearbeitet. Stets wdh.

Perlmuster mit abgehobenen Maschen IV

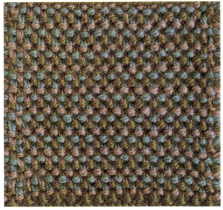

Wie Perlmuster mit abgehobenen Maschen I gearbeitet.
Je 1 R. in den Farben A, B und C gearbeitet. Stets wdh.

Verdrehtes Perlmuster I

M.zahl teilbar durch 2 + 1 M.
1. Reihe (Rücks.): Re. str.
2. Reihe: 1 M. re., *1 M. re. 1 R. tiefer einstechen, 1 M. re., ab * wdh.
3. Reihe: Re. str.
4. Reihe: 1 M. re. 1 R. tiefer einstechen, *1 M. re., 1 M. re. 1 R. tiefer einstechen, ab * wdh.
5. Reihe: Ab 1. Reihe wdh.

Verdrehtes Perlmuster II

Wie Verdrehtes Perlmuster I gearbeitet.
Mit der 1. R. beginnend, 2 R. in Farbe A und 4 R. in Farbe B gearbeitet. Stets wdh.

Verdrehtes Perlmuster III

Wie Verdrehtes Perlmuster I gearbeitet.
1. und 2. R. in Farbe A, 3. und 4. R. in Farbe B gearbeitet. Stets wdh.

Krause Zickzackstreifen

M.zahl teilbar durch 11.
1., 2., 3., 4. und 5. Reihe: Mit Farbe A re. str.
6. Reihe (Vorders.): Mit Farbe B *2 M. re. zus.str., 2 M. re., je 1 M. re. und 1 M. re. verschr. in die nächsten 2 M. str., 3 M. re., 2 M. re. übz. zus.str., ab * wdh.
7. Reihe: Mit Farbe B li. str.
8. und 10. Reihe: Wie 6. Reihe.
9. und 11. Reihe: Wie 7. Reihe.
12. Reihe: Mit Farbe A wie 6. Reihe.
13. Reihe: Ab 1. Reihe wdh.

Tweedmuster

M.zahl teilbar durch 2 + 1 M.
1. Reihe (Vorders.): 1 M. re., *den Faden vor die M. legen, 1 M. li. abh., 1 M. re., ab * wdh.
2. Reihe: 2 M. li., *den Faden hinter die M. legen, 1 M. li. abh., 1 M. li., ab * wdh. Enden mit 1 M. li. **3. Reihe:** Ab 1. Reihe wdh.

Plastische und Bunte Muster

Säulenmuster I

Gerade M.zahl.
1. Reihe (Rücks.): Li. str.
2. Reihe: 1 M. re., *1 U., 2 M. re. und den U. darüberziehen, ab * wdh. Enden mit 1 M. re.
3. Reihe: Ab 1. Reihe wdh.

Säulenmuster II

Wie Säulenmuster I gearbeitet.
Die 1. R. in Farbe C arbeiten, von der 2. R. ab 2 R. in Farbe A, 2 R. in Farbe B und 2 R. in Farbe C arbeiten. Ab 2. R. stets wdh.

Eiffelturm

M.zahl teilbar durch 4 + 1 M.
1. Reihe (Vorders.): 4 M. li., *1 U., 2 M. li. zus.str., 2 M. li., ab * wdh. Enden mit 1 M. li.
2., 4. und 6. Reihe: 4 M. re., *1 M. li., 3 M. re., ab * wdh. Enden mit 1 M. re.
3., 5. und 7. Reihe: 4 M. li., *1 M. re., 3 M. li., ab * wdh. Enden mit 1 M. li.
8. Reihe: Re. str.
9. Reihe: 2 M. li., *1 U., 2 M. li. zus.str., 2 M. li., ab * wdh. Enden mit 1 U., 2 M. li. zus.str., 1 M. li.
10., 12. und 14. Reihe: 2 M. re., *1 M. li., 3 M. re., ab * wdh. Enden mit 1 M. li., 2 M. re.
11., 13. und 15. Reihe: 2 M. li., *1 M. re., 3 M. li., ab * wdh. Enden mit 1 M. re., 2 M. li.
16. Reihe: Re. str.
17. Reihe: Ab 1. Reihe wdh.

Nußmuster

M.zahl teilbar durch 4 + 3 M.
Anmerkung: Die Maschen nur nach der 4., 5., 6., 10., 11. oder 12. Reihe des Musters zählen.
Sonderabkürzung
1 Nuß = 1 M. re., diese M. auf der li. Nadel lassen, 1 U. und noch 1 M. re. in die gleiche M. str.
Beginn des Musters
1. Reihe (Vorders.): 3 M. li., *1 Nuß (s. Sonderabkürzung), 3 M. li., ab * wdh.
2. Reihe: 3 M. re., *3 M. li., 3 M. re., ab * wdh.
3. Reihe: 3 M. li., *3 M. re., 3 M. li., ab * wdh.
4. Reihe: 3 M. re., *3 M. li. zus.str., 3 M. re., ab * wdh.
5. Reihe: Li. str.
6. Reihe: Re. str.
7. Reihe: 1 M. li., *1 Nuß, 3 M. li., ab * wdh. Enden mit 1 Nuß, 1 M. li.
8. Reihe: 1 M. re., *3 M. li., 3 M. re., ab * wdh. Enden mit 3 M. li., 1 M. re.
9. Reihe: 1 M. li., *3 M. re., 3 M. li., ab * wdh. Enden mit 3 M. re., 1 M. li.
10. Reihe: 1 M. re., *3 M. li. zus.str., 3 M. re., ab * wdh. Enden mit 3 M. li. zus.str., 1 M. re.
11. Reihe: Li. str.
12. Reihe: Re. str.
13. Reihe: Ab 1. Reihe wdh.

Körniges Rippenmuster

M.zahl teilbar durch 2 + 1 M.
1. Reihe (Rücks.): Li. str.
2. Reihe: 1 M. re., *den Faden vor die M. legen, 1 M. li. abh., 1 M. re., ab * wdh.
3. Reihe: Ab 1. Reihe wdh.

Flechtmuster mit abgehobenen Maschen

M.zahl teilbar durch 6 + 4 M.
1. Reihe (Vorders.): Re. str.
2. und 4. Reihe: 1 M. re., *den Faden vor die M. legen, 2 M. li. abh., 4 M. re., ab * wdh. Enden mit 2 M. li. abh. (der Faden liegt vor den M.), 1 M. re.
3. und 5. Reihe: 1 M. re., *2 M. li. abh. (der Faden liegt hinter den M.), 4 M. re., ab * wdh. Enden mit 2 M. li. abh., 1 M. re.
6. Reihe: Wie 2. Reihe.
7. Reihe: Re. str.
8. und 10. Reihe: 4 M. re., *den Faden vor die M. legen, 2 M. li. abh., 4 M. re., ab * wdh.
9. und 11. Reihe: 4 M. re., *2 M. li. abh. (der Faden liegt hinter den M.), 4 M. re., ab * wdh.
12. Reihe: Wie 8. Reihe.
13. Reihe: Ab 1. Reihe wdh.

Abwechselnde Rhomben

M.zahl teilbar durch 8 + 2 M.
1. Reihe (Vorders.): Re. str.
2. Reihe: 4 M. li., *2 M. li. abh. (der Faden liegt vor der M.), 6 M. li., ab * wdh. Enden mit 2 M. li. abh., 4 M. li.
3. Reihe: 3 M. re., *2 M. vorn kreuzen, 2 M. hinten kreuzen, 4 M. re., ab * wdh. Enden mit 2 M. vorn kreuzen, 2 M. hinten kreuzen, 3 M. re.
4. Reihe: 3 M. li., *1 M. li. abh. (der Faden liegt vor der M.), 2 M. re., den Faden vor die M. legen, 1 M. li. abh., 4

M. li., ab * wdh. Enden mit 1 M. li. abh., 2 M. re., den Faden vor die M. legen, 1 M. li. abh., 3 M. li.
5. Reihe: 2 M. re., *2 M. vorn kreuzen, 2 M. re., 2 M. hinten kreuzen, 2 M. re., ab * wdh.
6. Reihe: 2 M. li., *1 M. li. abh. (der Faden liegt vor der M.), 4 M. re., den Faden vor die M. legen, 1 M. li. abh., 2 M. li., ab * wdh.
7. Reihe: 1 M. re., *2 M. vorn kreuzen, 4 M. re., 2 M. hinten kreuzen, ab * wdh. Enden mit 1 M. re.
8. Reihe: 1 M. li., 1 M. li. abh. (der Faden liegt vor der M.), *6 M. re., den Faden vor die M. legen, 2 M. li. abh., ab * wdh. Enden mit 6 M. re., den Faden vor die M. legen, 1 M. li. abh., 1 M. li.
9. Reihe: Re. str. **10. Reihe:** Wie 8. Reihe.
11. Reihe: 1 M. re., *2 M. hinten kreuzen, 4 M. re., 2 M. vorn kreuzen, ab * wdh. Enden mit 1 M. re.
12. Reihe: Wie 6. Reihe.
13. Reihe: 2 M. re., *2 M. hinten kreuzen, 2 M. re., 2 M. vorn kreuzen, 2 M. re., ab * wdh. **14. Reihe:** Wie 4. Reihe.
15. Reihe: 3 M. re., *2 M. hinten kreuzen, 2 M. vorn kreuzen, 4 M. re., ab * wdh. Enden mit 2 M. hinten kreuzen, 2 M. vorn kreuzen, 3 M. re.
16. Reihe: Wie 2. Reihe.
17. Reihe: Ab 1. Reihe wdh.

Kordelmuster I

Gerade M.zahl.
Anmerkung: Die Maschen nicht nach der 2. Reihe zählen.
1. Reihe (Vorders.): Re. str.
2. Reihe: 1 M. li., *2 M. re. zus.str., ab * wdh. Enden mit 1 M. li.
3. Reihe: 1 M. re., *1 M. re. und 1 M. re. verschr. in die nächste M. str., ab * wdh. Enden mit 1 M. re.
4. Reihe: Li. str.
5. Reihe: Ab 1. Reihe wdh.

Kordelmuster II

Wie Kordelmuster I gearbeitet.
In Streifen von 4 R. in Farbe A, 4 R. in Farbe B und 4 R. in Farbe C gearbeitet. Stets wdh.

Knotenstich I

M.zahl teilbar durch 2 + 1 M.
1. Reihe (Vorders.): Re. str.
2. Reihe: 1 M. re., *2 M. li. zus.str., diese M. auf der li. Nadel lassen, dann dieselben M. re. zus.str., ab * wdh.
3. Reihe: Re. str.
4. Reihe: *2 M. li. zus.str., diese M. auf der li. Nadel lassen, dann dieselben M. re. zus.str., ab * wdh. Enden mit 1 M. re.
5. Reihe: Ab 1. Reihe wdh.

Knotenstich II

Wie Knotenstich I gearbeitet.
1. und 2. R. in Farbe A, 3. und 4. R. in Farbe B gearbeitet. Stets wdh.

Backsteinmuster I

M.zahl teilbar durch 4 + 1 M.
1. Reihe (Vorders.): 4 M. re., *1 M. re., dabei den Faden 2x um die Nadel schlagen, 3 M. re., ab * wdh. Enden mit 1 M. re. **2. Reihe:** 4 M. li., *1 M. li. abh. (die zusätzl. Schlinge von der Nadel fallen lassen), 3 M. li., ab * wdh. Enden mit 1 M. li. **3. Reihe:** 4 M. re., *1 M. li. abh., 3 M. re., ab * wdh. Enden mit 1 M. re. **4. Reihe:** 4 M. re., *den Faden vor die M. legen, 1 M. li. abh., 3 M. re., ab * wdh. Enden mit 1 M. re. **5. Reihe:** 2 M. re., *1 M. re., dabei den Faden 2x um die Nadel schlagen, 3 M. re., ab * wdh. Enden mit 1 M. re., dabei den Faden 2x um die Nadel schlagen, 2 M. re. **6. Reihe:** 2 M. li., *1 M. li. abh. (die zusätzl. Schlinge von der Nadel fallen lassen), 3 M. li., ab * wdh. Enden mit 1 M. li. abh., 2 M. li. **7. Reihe:** 2 M. re., *1 M. li. abh., 3 M. re., ab * wdh. Enden mit 1 M. li. abh., 2 M. re. **8. Reihe:** 2 M. re., *den Faden vor die M. legen, 1 M. li. abh., 3 M. re., ab * wdh. Enden mit 1 M. li. abh. (der Faden liegt vor der M.), 2 M. re. **9. Reihe:** Ab 1. Reihe wdh.

Backsteinmuster II

M.zahl teilbar durch 4 + 1 M.
1. Reihe (Vorders.): 4 M. re., *1 M. re., dabei den Faden 2x um die Nadel schlagen, 3 M. re., ab * wdh. Enden mit 1 M. re. **2. Reihe:** 4 M. li., *1 M. li. abh. (die zusätzl. Schlinge von der Nadel fallen lassen), 3 M. li., ab * wdh. Enden mit 1 M. li. **3. Reihe:** 4 M. re., 1 M. li. abh., 3 M. re., ab * wdh. Enden mit 1 M. re. **4. Reihe:** 4 M. re., *den Faden vor die M. legen, 1 M. li. abh., 3 M. re., ab * wdh. Enden mit 1 M. re. **5., 6., 7. und 8. Reihe:** Ab 1. Reihe wdh. **9. Reihe:** 2 M. re., *1 M. re., dabei den Faden 2x um die Nadel schlagen, 3 M. re., ab * wdh. Enden mit 1 M. re., dabei den Faden 2x um die Nadel schlagen, 2 M. re. **10. Reihe:** 2 M. li., *1 M. li. abh. (die zusätzl. Schlinge von der Nadel fallen lassen), 3 M. li., ab * wdh. Enden mit 1 M. li. abh., 2 M. li. **11. Reihe:** 2 M. re., *1 M. li. abh., 3 M. re., ab * wdh. Enden mit 1 M. li. abh., 2 M. re. **12. Reihe:** 2 M. re., *den Faden vor die M. legen, 1 M. li. abh., 3 M. re., ab * wdh. Enden mit 1 M. li. abh. (der Faden liegt vor der M.), 2 M. re. **13., 14., 15. und 16. Reihe:** Ab 9. Reihe wdh. **17. Reihe:** Ab 1. Reihe wdh.

Backsteinmuster III

Wie Backsteinmuster II gearbeitet.
1. R. in Farbe B, dann 4 R. in Farbe A und 4 R. in Farbe B gearbeitet. Stets wdh.

Plastische und Bunte Muster

Garbenmuster

M.zahl teilbar durch 12 + 8 M.
Sonderabkürzung
6 M. hinten verdreht kreuzen = die nächsten 3 M. auf eine Hilfsnadel nach hinten legen, 3 M. re. verschr. von der li. Nadel abstr., dann die 3 M. der Hilfsnadel re. abstr.
1. und 3. Reihe (Vorders.): 7 M. li., *3 M. re., 3 M. re. verschr., 6 M. li., ab * wdh. Enden mit 1 M. li.
2. und 4. Reihe: 7 M. re., *3 M. li. verschr., 3 M. li., 6 M. re., ab * wdh. Enden mit 1 M. re.
5. Reihe: 7 M. li., *6 M. hinten verdreht kreuzen (s. Sonderabkürzung), 6 M. li., ab * wdh. Enden mit 1 M. li.
6. Reihe: 7 M. re., *3 M. li., 3 M. li. verschr., 6 M. re., ab * wdh. Enden mit 1 M. re.
7. und 9. Reihe: 1 M. li., *3 M. re., 3 M. re. verschr., 6 M. li., ab * wdh. Enden mit 3 M. re., 3 M. re. verschr., 1 M. li.
8. und 10. Reihe: 1 M. re., *3 M. li. verschr., 3 M. li., 6 M. re., ab * wdh. Enden mit 3 M. li. verschr., 3 M. li., 1 M. re.
11. Reihe: 1 M. li., *6 M. hinten verdreht kreuzen, 6 M. li., ab * wdh. Enden mit 6 M. hinten verdreht kreuzen, 1 M. li.
12. Reihe: 1 M. re., *3 M. li., 3 M. li. verschr., 6 M. re., ab * wdh. Enden mit 3 M. li., 3 M. li. verschr., 1 M. re.
13. Reihe: Ab 1. Reihe wdh.

Hochgezogenes Muster I

M.zahl teilbar durch 6 + 5 M.
Anmerkung: Die Maschen nicht nach der 3. bzw. 7. Reihe des Musters zählen.
Sonderabkürzung
Bündel = 1 M. re., die Nadel in die M. 3 R. unter der nächsten M. einstechen, den Faden um die Nadel schlagen und eine Schlinge hochziehen, die nächste M. von der li. Nadel re. abstr., eine zweite Schlinge durch dasselbe Loch hochziehen, die nächste M. von der li. Nadel re. abstr., eine dritte Schlinge durch dasselbe Loch hochziehen.
Grundreihe (diese R. nicht wdh.): Re. str.
1. Reihe (Vorders.): Li. str.
2. Reihe: Re. str.
3. Reihe: 1 M. li., *1 Bündel (s. Sonderabkürzung), 3 M. li., ab * wdh. Enden mit 1 Bündel, 1 M. li.
4. Reihe: 1 M. re., *[2 M. li. zus.str.] 3x, 3 M. re., ab * wdh. Enden mit [2 M. li. zus.str.] 3x, 1 M. re.
5. Reihe: Li. str.
6. Reihe: Re. str.
7. Reihe: 4 M. li., *1 Bündel, 3 M. li., ab * wdh. Enden mit 1 M. li.
8. Reihe: 4 M. re., *[2 M. li. zus.str.] 3x, 3 M. re., ab * wdh. Enden mit 1 M. re.
9. Reihe: Ab 1. Reihe wdh.

Hochgezogenes Muster II

Wie Hochgezogenes Muster I gearbeitet. 1., 2., 5. und 6. R. in Farbe A, 3., 4., 7. und 8. R. in Farbe B gearbeitet. Stets wdh.

Treppenhausmuster

M.zahl teilbar durch 8 + 4 M.
1. Reihe (Vorders.): *1 M. re. verschr., ab * wdh.
2. Reihe: 4 M. li. verschr., *4 M. re., 4 M. li. verschr., ab * wdh.
3. Reihe: 1 M. li., *4 M. re. verschr., 4 M. li., ab * wdh. Enden mit 3 M. re. verschr.
4. Reihe: 2 M. li. verschr., *4 M. re., 4 M. li. verschr., ab * wdh. Enden mit 2 M. re.
5. Reihe: 3 M. li., *4 M. re. verschr., 4 M. li., ab * wdh. Enden mit 1 M. re. verschr.
6. Reihe: 4 M. re., *4 M. li. verschr., 4 M. re., ab * wdh.
7. Reihe: Wie 1. Reihe.
8. und 10. Reihe: 4 M. li. verschr., *4 M. re., 4 M. li. verschr., ab * wdh.
9. und 11. Reihe: 4 M. re. verschr., *4 M. li., 4 M. re. verschr., ab * wdh.
12. Reihe: *1 M. li. verschr., ab * wdh.
13. Reihe: 4 M. li., *4 M. re. verschr., 4 M. li., ab * wdh.
14. Reihe: 1 M. li. verschr., *4 M. re., 4 M. li. verschr., ab * wdh. Enden mit 3 M. re.
15. Reihe: 2 M. li., *4 M. re. verschr., 4 M. li., ab * wdh. Enden mit 2 M. re. verschr.
16. Reihe: 3 M. li. verschr., *4 M. re., 4 M. li. verschr., ab * wdh. Enden mit 1 M. re.
17. Reihe: Wie 9. Reihe.
18. Reihe: Wie 12. Reihe.
19. und 21. Reihe: 4 M. li., *4 M. re. verschr., 4 M. li., ab * wdh.
20. und 22. Reihe: 4 M. re., *4 M. li., 4 M. re., ab * wdh.
23. Reihe: Ab 1. Reihe wdh.

Querrippenmuster

Beliebige M.zahl.
Die ersten 4 Reihen kraus rechts stricken (Hinr. re., Rückr. re.).
5. Reihe: *1 M. re., dabei den Faden 2x um die Nadel schlagen, ab * wdh.
6. Reihe: Re. str. (die zusätzl. Schlingen fallen lassen).
7. Reihe: Ab 1. Reihe wdh.

Reliefmuster mit Knoten I

M.zahl teilbar durch 3 + 2 M.
1. Reihe (Vorders.): Re. str.
2. Reihe: 1 M. re., *3 M. li. zus.str., diese M. auf der li. Nadel lassen, 1 U. und dieselben M. nochmals li. zus.str., ab * wdh. Enden mit 1 M. re.
3. und 4. Reihe: Re. str.
5. Reihe: Ab 1. Reihe wdh.

Reliefmuster mit Knoten II

Wie Reliefmuster mit Knoten I gearbeitet.
1. und 2. R. in Farbe A, 3. und 4. R. in Farbe B gearbeitet. Stets wdh.

Verdrehtes Karomuster

M.zahl teilbar durch 8 + 5 M.
1. Reihe (Vorders.): Li. str.
2. Reihe: 1 M. re., *3 M. li. verschr., 5 M. re., ab * wdh. Enden mit 3 M. li. verschr., 1 M. re.
3. Reihe: 1 M. li., *3 M. re. verschr., 5 M. li., ab * wdh. Enden mit 3 M. re. verschr., 1 M. li.
4. Reihe: Wie 2. Reihe.
5. Reihe: Li. str.
6. Reihe: Re. str.
7. Reihe: 5 M. li., *3 M. re. verschr., 5 M. li., ab * wdh.
8. Reihe: 5 M. re., *3 M. li. verschr., 5 M. re., ab * wdh.
9. Reihe: Wie 7. Reihe.
10. Reihe: Re. str.
11. Reihe: Ab 1. Reihe wdh.

Diagonales Knotenmuster I

M.zahl teilbar durch 3 + 1 M.
Sonderabkürzung
Knoten = 3 M. li. zus.str., diese M. auf der li. Nadel lassen, 1 U. und dieselben 3 M. nochmals li. zus. str.
1., 3. und 5. Reihe (Vorders.): Re. str.
2. Reihe: *1 Knoten (s. Sonderabkürzung), ab * wdh. Enden mit 1 M. li.
4. Reihe: 2 M. li., *1 Knoten, ab * wdh. Enden mit 2 M. li.
6. Reihe: 1 M. li., *1 Knoten, ab * wdh.
7. Reihe: Ab 1. Reihe wdh.

Diagonales Knotenmuster II

Wie Diagonales Knotenmuster I gearbeitet.
Mit der 1. R. beginnend, 2 R. in Farbe A und 2 R. in Farbe B gearbeitet. Stets wdh.

Flächiges Zopfmuster

M.zahl teilbar durch 6.
1. Reihe: Re. str.
2., 4. und 6. Reihe: Li. str.
3. Reihe: *2 M. re., 4 M. hinten kreuzen, ab * wdh.
5. Reihe: Re. str.
7. Reihe: *4 M. vorn kreuzen, 2 M. re., ab * wdh.
8. Reihe: Li. str.
9. Reihe: Ab 1. Reihe wdh.

Verdrehtes Flechtmuster

M.zahl teilbar durch 8 + 5 M.
1. Reihe (Vorders.): 5 M. li., *3 M. kreuzen, 5 M. li., ab * wdh.
2. Reihe: 5 M. re., *3 M. li., 5 M. re., ab * wdh.
3. und 4. Reihe: 1. und 2. Reihe wdh.
5. Reihe: 1 M. li., *3 M. kreuzen, 5 M. li., ab * wdh. Enden mit 3 . M. kreuzen, 1 M. li.
6. Reihe: 1 M. re., *3 M. li., 5 M. re., ab * wdh. Enden mit 3 M. li., 1 M. re.
7. und 8. Reihe: 5. und 6. Reihe wdh.
9. Reihe: Ab 1. Reihe wdh.

Gekreuztes Flechtmuster

M.zahl teilbar durch 4 + 2 M.
1. Reihe (Vorders.): Re. verschr. str.
2. Reihe: Li. verschr. str.
3. Reihe: 2 M. li., *2 M. vorn kreuzen, 2 M. li., ab * wdh.
4. Reihe: 2 M. re., *2 M. li., 2 M. re., ab * wdh.
5. Reihe: Wie 1. Reihe.
6. Reihe: Wie 2. Reihe.
7. Reihe: 2 M. re., *2 M. li., 2 M. vorn kreuzen, ab * wdh. Enden mit 2 M. li., 2 M. re.
8. Reihe: 2 M. li., *2 M. li., 2 M. re., ab * wdh.
9. Reihe: Ab 1. Reihe wdh.

Fantasiemuster

M.zahl teilbar durch 3 + 1 M.
Sonderabkürzung
1 verschr. M. zun. = den Querfaden zwischen der gerade abgestrickten und der nächsten Masche fassen und re. verschr. abstricken.
1. Reihe (Vorders.): 1 M. re. verschr., *1 verschr. M. zun. (s. Sonderabkürzung), 2 M. re. verschr. zus.str., ab * wdh. **2. Reihe:** 1 M. li. verschr., *2 M. li., 1 M. li. verschr., ab * wdh. **3. Reihe:** 1 M. re. verschr., *2 M. re. verschr. zus.str., 1 verschr. M. zun., 1 M. re verschr., ab * wdh. **4. Reihe:** Wie 2. Reihe. **5. Reihe:** Ab 1. Reihe wdh.

Plastische und Bunte Muster

Brotmuster

M.zahl teilbar durch 8 + 7 M.
Anmerkung: Die Maschen nur nach der 6. und 12. Reihe zählen.
1. Reihe (Vorders.): 7 M. li., *(1 M. re., 1 M. li., 1 M. re.) in die nächste M., 7 M. li., ab * wdh.
2. und 4. Reihe: 7 M. re., *3 M. li., 7 M. re., ab * wdh.
3. und 5. Reihe: 7 M. li., *3 M. re., 7 M. li., ab * wdh.
6. Reihe: 7 M. re., *3 M. li. zus.str., 7 M. re., ab * wdh.
7. Reihe: 3 M. li., *(1 M. re., 1 M. li., 1 M. re.) in die nächste M., 7 M. li., ab * wdh. Enden mit (1 M. re., 1 M. li., 1 M. re.) in die nächste M., 3 M. li.
8. und 10. Reihe: 3 M. re., * 3 M. li., 7 M. re., ab * wdh. Enden mit 3 M. li., 3 M. re.
9. und 11. Reihe: 3 M. re., * 3 M. li., 7 M. re., ab * wdh. Enden mit 3 M. re., 3 M. li.
12. Reihe: 3 M. re., *3 M. li. zus.str., 7 M. re., ab * wdh. Enden mit 3 M. li. zus.str., 3 M. re.
13. Reihe: Ab 1. Reihe wdh.

Girlandenmuster

M.zahl teilbar durch 8 + 1 M.
1. und 3. Reihe (Vorders.): 3 M. li., *1 M. re. verschr., 1 M. li., 1 M. re. verschr., 5 M. li., ab * wdh. Enden mit 1 M. re. verschr., 1 M. li., 1 M. re. verschr., 3 M. li. **2. und 4. Reihe:** 3 M. re., *1 M. li. verschr., 1 M. re., 1 M. li. verschr., 5 M. re., ab * wdh. Enden mit 1 M. li. verschr., 1 M. re., 1 M. li. verschr., 3 M. re. **5. Reihe:** 2 M. li., *1 M. re. verschr., 3 M. li., ab * wdh. Enden mit 1 M. re. verschr., 2 M. li. **6. Reihe:** 2 M. re., *1 M. li. verschr., 3 M. re., ab * wdh. Enden mit 1 M. li. verschr., 2 M. re. **7. Reihe:** 1 M. li., *1 M. re. verschr., 5 M. li., 1 M. re. verschr., 1 M. li., ab * wdh. **8. Reihe:** 1 M. re., *1 M. li. verschr., 5 M. re., 1 M. li. verschr., 1 M. re., ab * wdh. **9. Reihe:** Wie 7. Reihe. **10. Reihe:** Wie 8. Reihe. **11. Reihe:** Wie 5. Reihe. **12. Reihe:** Wie 6. Reihe. **13. Reihe:** Ab 1. Reihe wdh.

Falsches Rippenmuster

M.zahl teilbar durch 2 + 1 M.
1. Reihe (Vorders.): 1 M. re., *1 M. li., 1 M. re., ab * wdh.
2. Reihe: 1 M. li., *1 M. li. abh. (der Faden liegt vor der M.), 1 M. li., ab * wdh.
3. Reihe: Ab 1. Reihe wdh.

Doppeltes falsches Rippenmuster

M.zahl teilbar durch 4 + 2 M.
1. Reihe (Rücks.): 2 M. re., *2 M. li., 2 M. re., ab * wdh.
2. Reihe: 2 M. li., *2 M. li. abh. (der Faden liegt vor den M.), 2 M. li., ab * wdh.
3. Reihe: Ab 1. Reihe wdh.

Strichmuster

M.zahl teilbar durch 6 + 1 M.
1. und 3. Reihe (Rücks.): 3 M. re., *1 M. li. verschr., 5 M. re., ab * wdh. Enden mit 1 M. li. verschr., 3 M. re.
2. und 4. Reihe: 3 M. li., *1 M. re. verschr., 5 M. li., ab * wdh. Enden mit 1 M. re. verschr., 3 M. li.
5. und 6. Reihe: Wie 1. und 2. Reihe.
7. und 9. Reihe: *1 M. li. verschr., 5 M. re., ab * wdh. Enden mit 1 M. li. verschr.
8. und 10. Reihe: *1 M. re. verschr., 5 M. li., ab * wdh. Enden mit 1 M. re. verschr.
11. und 12. Reihe: Wie 7. und 8. Reihe.
13. Reihe: Ab 1. Reihe wdh.

Ährenmuster

M.zahl teilbar durch 2 + 1 M.
1. Reihe (Vorders.): Re. verschr. str.
2. Reihe: 1 M. re., *1 M. li. verschr., 1 M. re., ab * wdh.
3. Reihe: 1 M. li., *1 M. re. verschr., 1 M. li., ab * wdh.
4. Reihe: Wie 2. Reihe.
5. Reihe: Wie 1. Reihe.
6. Reihe: 1 M. li. verschr., *1 M. re., 1 M. li. verschr., ab * wdh.
7. Reihe: 1 M. re. verschr., *1 M. li., 1 M. re. verschr., ab * wdh.
8. Reihe: Wie 6. Reihe.
9. Reihe: Ab 1. Reihe wdh.

Gezopftes Karomuster

M.zahl teilbar durch 12 + 7 M.
1., 3. und 5. Reihe (Vorders.): *1 M. li., 5 M. re. verschr., [1 M. li., 2 M. vorn kreuzen] 2x, ab * wdh. Enden mit 1 M. li., 5 M. re. verschr., 1 M. li.
2., 4. und 6. Reihe: *1 M. re., 5 M. li. verschr., [1 M. re., 2 M. li.] 2x, ab * wdh. Enden mit 1 M. re., 5 M. li. verschr., 1 M. re.
7., 9. und 11. Reihe: *[1 M. li., 2 M. vorn kreuzen] 2x, 1 M. li., 5 M. re. verschr., ab * wdh. Enden mit [1 M. li., 2 M. vorn kreuzen] 2x, 1 M. li.
8., 10. und 12. Reihe: *[1 M. re., 2 M. li.] 2x, 1 M. re., 5 M. li. verschr., ab * wdh. Enden mit [1 M. re., 2 M. li.] 2x, 1 M. re.
13. Reihe: Ab 1. Reihe wdh.

Gewobenes Fischgrätenmuster

M.zahl teilbar durch 4.

1. Reihe (Vorders.): 3 M. re., *den Faden vor die M. legen, 2 M. abh., 2 M. re., ab * wdh. Enden mit 1 M. re.
2. Reihe: 2 M. li., *den Faden hinter die M. legen, 2 M. abh., 2 M. li., ab * wdh. Enden mit 2 M. li.
3. Reihe: 1 M. re., den Faden vor die M. legen, 2 M. abh., *2 M. re., den Faden vor die M. legen, 2 M. abh., ab * wdh. Enden mit 1 M. re.
4. Reihe: 4 M. li., *den Faden hinter die M. legen, 2 M. abh., 2 M. li., ab * wdh.
Diese 4 Reihen 2x wdh.
13. Reihe: Wie 3. Reihe.
14. Reihe: Wie 2. Reihe.
15. Reihe: Wie 1. Reihe.
16. Reihe: Wie 4. Reihe.
Diese 4 Reihen 2x wdh.
25. Reihe: Ab 1. Reihe wdh.

Pyramiden

M.zahl teilbar durch 15 + 7 M.

1. Reihe (Vorders.): *1 M. li., 5 M. re. verschr., 1 M. li., 8 M. re., ab * wdh. Enden mit 1 M. li., 5 M. re. verschr., 1 M. li. **2. Reihe:** *1 M. re., 5 M. li. verschr., 1 M. li., 8 M. li., ab * wdh. Enden mit 1 M. re., 5 M. li. verschr., 1 M. re. **3. Reihe:** 1 M. li., *5 M. re. verschr., 10 M. re., ab * wdh. Enden mit 5 M. re. verschr., 1 M. li. **4. Reihe:** 1 M. re., *5 M. li. verschr., 10 M. re., ab * wdh. Enden mit 5 M. li. verschr., 1 M. re. **5. Reihe:** 2 M. li., *3 M. re. verschr., 3 M. li., 6 M. re., 3 M. li., ab * wdh. Enden mit 3 M. re. verschr., 2 M. li. **6. Reihe:** 2 M. re., *3 M. li. verschr., 3 M. re., 6 M. li., 3 M. re., ab * wdh. Enden mit 3 M. li. verschr., 2 M. re. **7. Reihe:** 2 M. li., *3 M. re. verschr., 12 M. li., ab * wdh. Enden mit 3 M. re. verschr., 2 M. li. **8. Reihe:** 2 M. re., *3 M. li. verschr., 12 M. re., ab * wdh. Enden mit 3 M. li. verschr., 2 M. re. **9. Reihe:** 3 M. li., *1 M. re. verschr., 5 M. li., 4 M. re., 5 M. li., ab * wdh. Enden mit 1 M. re. verschr., 3 M. li. **10. Reihe:** 3 M. re., *1 M. li. verschr., 5 M. re., 4 M. li., 5 M. re., ab * wdh. Enden mit 1 M. li. verschr., 3 M. re. **11. Reihe:** 3 M. li., *1 M. re. verschr., 14 M. li., ab * wdh. Enden mit 1 M. re. verschr., 3 M. li. **12. Reihe:** 3 M. re., *1 M. li. verschr., 14 M. re., ab * wdh. Enden mit 1 M. li. verschr., 3 M. re. **13. Reihe:** Ab 1. Reihe wdh.

Buntes Tweedmuster

M.zahl teilbar durch 2 + 1 M.

1. und 2. Grundreihe: Mit Farbe A kraus re. str. (Hinr. re., Rückr. re.).
1. Reihe (Vorders.): Mit Farbe B 1 M. re., *1 M. re. 1 R. tiefer einstechen, 1 M. re., ab * wdh.
2. Reihe: Mit Farbe B re. str.
3. Reihe: Mit Farbe A 1 M. re. 1 R. tiefer einstechen, *1 M. re., 1 M. re. 1 R. tiefer einstechen, ab * wdh.
4. Reihe: Mit Farbe A re. str.
5. Reihe: Ab 1. Reihe wdh.

Schwalbenmuster

M.zahl teilbar durch 14 + 8 M.

1. Reihe (Vorders.): Re. str.
2. Reihe: Li. str.
3. Reihe: 10 M. re., *2 M. li. abh., 12 M. re., ab * wdh. Enden mit 2 M. li. abh., 10 M. re.
4. Reihe: 10 M. li., *2 M. li. abh., 12 M. li., ab * wdh. Enden mit 2 M. li. abh., 10 M. li.
5. Reihe: 8 M. re., *3 M. nach rechts kreuzen, 3 M. nach links kreuzen, 8 M. re., ab * wdh.
6. Reihe: Li. str.
7. und 8. Reihe: Die 1. und 2. Reihe wdh.
9. Reihe: 3 M. re., *2 M. abh., 12 M. re., ab * wdh. Enden mit 2 M. abh., 3 M. re.
10. Reihe: 3 M. li., *2 M. li. abh., 12 M. li., ab * wdh. Enden mit 2 M. abh., 3 M. li.
11. Reihe: 1 M. re., *3 M. nach rechts kreuzen, 3 M. nach links kreuzen, 8 M. re., ab * wdh. Enden mit 3 M. nach rechts kreuzen, 3 M. nach links kreuzen, 1 M. re.

Hahnentritt-Tweed

M.zahl teilbar durch 3.
M. in Farbe A anschl.

1. Reihe (Vorders.): Mit Farbe A *2 M. re., 1 M. li. abh., ab * wdh.
2. Reihe: Mit Farbe A re. str.
3. Reihe: Mit Farbe B *1 M. li. abh., 2 M. re., ab * wdh.
4. Reihe: Mit Farbe B re.str.
5. Reihe: Ab 1. Reihe wdh.

Doppeltes Reismuster I

M.zahl teilbar durch 2 + 1 M.

1. Reihe (Rücks.): 1 M. li., *1 M. re. verschr., 1 M. li., ab * wdh.
2. Reihe: Re. str.
3. Reihe: *1 M. re. verschr., 1 M. li., ab * wdh. Enden mit 1 M. re. verschr.
4. Reihe: Re. str.
5. Reihe: Ab 1. Reihe wdh.

Doppeltes Reismuster II

Wie Doppeltes Reismuster I gearbeitet.
Die 1. und 2. R. in Farbe A, die 3. und 4. R. in Farbe B gearbeitet. Stets wdh.

Plastische und Bunte Muster

Kleiner Zopfstich

M.zahl teilbar durch 6 + 2 M.
1. Reihe (Vorders.): Re. str.
2. Reihe: Li. str.
3. Reihe: 2 M. li., *2 M. vorn kreuzen, 2 M. hinten kreuzen, 2 M. li., ab * wdh.
4. Reihe: 2 M. re., *4 M. li., 2 M. re., ab * wdh.
5. Reihe: Re. str.
6. Reihe: Li. str.
7. Reihe: Ab 1. Reihe wdh.

Rippenmuster mit abgehobenen Maschen I

M.zahl teilbar durch 4 + 3 M.
1. Reihe (Vorders.): 1 M. re., 1 M. li. abh., *3 M. re., 1 M. li. abh., ab * wdh. Enden mit 1 M. re.
2. Reihe: 1 M. li., 1 M. li. abh., *3 M. li., 1 M. li. abh., ab * wdh. Enden mit 1 M. li.
3. Reihe: *3 M. re., 1 M. li. abh., ab * wdh. Enden mit 3 M. re.
4. Reihe: *3 M. li., 1 M. li. abh., ab * wdh. Enden mit 3 M. li.
5. Reihe: Ab 1. Reihe wdh.

Rippenmuster mit abgehobenen Maschen II

Wie Rippenmuster mit abgehobenen Maschen I gearbeitet.
2 R. in Farbe A, 2 R. in Farbe B und 2 R. in Farbe C gearbeitet. Stets wdh.

Rippenmuster mit Knoten

M.zahl teilbar durch 5.
Anmerkung: Die Maschen nur nach der 2. Reihe zählen.
1. Reihe (Vorders.): 2 M. li., *2 M. re. in die nächste M. str., dabei 1x von vorn und 1x von hinten einstechen, 4 M. li., ab * wdh. Enden mit 2 M. re. in die nächste M. str., dabei 1x von vorn und 1x von hinten einstechen, 2 M. li.
2. Reihe: 2 M. re., *2 M. li. zus.str., 4 M. re., ab * wdh. Enden mit 2 M. li. zus.str., 2 M. re.
3. Reihe: Ab 1. Reihe wdh.

Diamantentropfen I

M.zahl teilbar durch 4.
1. Reihe (Vorders.): Re. str.
2. Reihe: 1 M. li., *1 U., 2 M. li., den U. über die 2 li. M. ziehen, 2 M. li., ab * wdh. Enden mit 1 U., 2 M. li., den U. über die 2 li. M. ziehen, 1 M. li.
3. Reihe: Re. str.
4. Reihe: 3 M. li., *1 U., 2 M. li., den U. über die 2 li. M. ziehen, 2 M. li., ab * wdh. Enden mit 1 M. li.
5. Reihe: Ab 1. Reihe wdh.

Diamantentropfen II

Wie Diamantentropfen I gearbeitet.
1. und 2. R. in Farbe A, 3. und 4. Reihe in Farbe B gearbeitet. Stets wdh.

Smokmuster

M.zahl teilbar durch 8 + 2 M.
1., 3., 5. und 7. Reihe (Rücks.): 2 M. re., *2 M. li., 2 M. re., ab * wdh. **2. Reihe:** 2 M. li., *2 M. re., 2 M. li., ab * wdh. **4. Reihe:** 2 M. li., *den Faden hinter die Arbeit legen, die re. Nadel von vorn zwischen der 6. und 7. M. auf der li. Nadel einstechen und eine Schlinge durchziehen, diese Schlinge auf die li. Nadel gleiten lassen und mit der 1. M. re. zus. str., 1 M. re., 2 M. li., 2 M. re., 2 M. li., ab * wdh. **6. Reihe:** Wie 2. Reihe. **8. Reihe:** 2 M. li., 2 M. re., 2 M. li., *den Faden hinter die Arbeit legen, wie in der 4. R. eine Schlinge zwischen der 6. und 7. M. durchziehen und mit der 1. M. re. zus. str., 1 M. re., 2 M. li., 2 M. re., 2 M. li., ab * wdh. Enden mit 2 M. re., 2 M. li. **9. Reihe:** Ab 1. Reihe wdh.

Gezopfte Quadrate

M.zahl teilbar durch 12 + 2 M.
1. Reihe (Vorders.): [1 M. li., 1 M. re.] 2x, 1 M. li., 5 M. re., *[1 M. re., 1 M. li.] 3x, 5 M. re., ab * wdh. Enden mit [1 M. li., 1 M. re.] 2x.
2. Reihe: [1 M. re., 1 M. li.] 2x, 1 M. re., 5 M. li., *[1 M. re., 1 M. li.] 3x, 1 M. re., 5 M. li., ab * wdh. Enden mit [1 M. re., 1 M. li.] 2x.
3. Reihe: 1 M. li., [1 M. re., 1 M. li.] 2x, *4 M. hinten kreuzen, [1 M. re., 1 M. li.] 4x, ab * wdh. Enden mit 4 M. hinten kreuzen, 1 M. re., [1 M. li., 1 M. re.] 2x.
4. Reihe: Wie 2. Reihe.
Diese 4 Reihen 2x wdh.
13. Reihe: Re. str. **14. Reihe:** Li. str.
15. Reihe: 1 M. re., *4 M. hinten kreuzen, ab * wdh. Enden mit 1 M. re.
16. Reihe: Li. str.
17. Reihe: Ab 1. Reihe wdh.

Webstich I

M.zahl teilbar durch 2 + 1 M.
1. Reihe (Vorders.): 1 M. re., *den Faden vor die M. legen, 1 M. abh., 1 M. re., ab * wdh.
2. Reihe: Li. str.
3. Reihe: 2 M. re., *den Faden vor die M. legen, 1 M. abh., 1 M. re., ab * wdh. Enden mit 1 M. re.
4. Reihe: Li. str.
5. Reihe: Ab 1. Reihe wdh.

Webstich II

Wie Webstich I gearbeitet.
1. und 2. R. in Farbe A, 3. und 4. R. in Farbe B gearbeitet.

Versetzte Noppenstreifen

M.zahl teilbar durch 10 + 5 M.
1. Reihe (Vorders.): 2 M. li., 1 M. re., *4 M. li., 1 M. re., ab * wdh. Enden mit 2 M. li.
2. Reihe: 2 M. re., 1 M. li., *4 M. re., 1 M. li., ab * wdh. Enden mit 2 M. re.
3. Reihe: 2 M. li., *1 Noppe wie folgt: [1 M. re., 1 M. li., 1 M. re., 1 M. li., 1 M. re.] in die nächste M. str., wenden, 5 M. re., wenden, 5 M. re. zus.str. (Noppe fertig), 4 M. li., 1 M. re., 4 M. li., ab * wdh. Enden mit 1 Noppe, 2 M. li.
4. Reihe: Wie 2. Reihe.
Diese 4 Reihen 4x wdh.
21. Reihe: Wie 1. Reihe.
22. Reihe: Wie 2. Reihe.
23. Reihe: 2 M. li., *1 M. re., 4 M. li., 1 Noppe, 4 M. li., ab * wdh. Enden mit 1 M. re., 2 M. li.
24. Reihe: Wie 2. Reihe.
Diese 4 Reihen 4x wdh.
41. Reihe: Ab 1. Reihe wdh.

Doppelter Webstich I

M.zahl teilbar durch 4.
1. Reihe (Vorders.): 3 M. re., *den Faden vor die M. legen, 2 M. abh., 2 M. re., ab * wdh. Enden mit 1 M. re.
2. Reihe: Li. str.
3. Reihe: 1 M. re., *den Faden vor die M. legen, 2 M. abh., 2 M. re., ab * wdh. Enden mit 2 M. abh. (der Faden liegt vor den M.), 1 M. re.
4. Reihe: Li. str.
5. Reihe: Ab 1. Reihe wdh.

Doppelter Webstich II

Wie Doppelter Webstich I gearbeitet.
1. und 2. Reihe in Farbe A, 3. und 4. Reihe in Farbe B arbeiten.

Kleines Zopfmuster

M.zahl teilbar durch 4 + 1 M.
1. Reihe (Vorders.): 1 M. re., *1 M. li. abh., 3 M. re., ab * wdh.
2. Reihe: *3 M. li., 1 M. li. abh., ab * wdh. Enden mit 1 M. li.
3. Reihe: 1 M. re., *3 M. nach li. kreuzen, 1 M. re., ab * wdh.
4. Reihe: Li. str.
5. Reihe: 5 M. re., *1 M. abh., 3 M. re., ab * wdh.
6. Reihe: *3 M. li., 1 M. abh., ab * wdh. Enden mit 5 M. li.
7. Reihe: 3 M. re., *3 M. nach re. kreuzen, 1 M. re., ab * wdh. Enden mit 2 M. re.
8. Reihe: Li. str.
9. Reihe: Ab 1. Reihe wdh.

Streifenlochmuster

Gerade M.zahl.
1. Reihe (Vorders.): Li. str.
2. Reihe: Re. str.
3. Reihe: 2 M. re., *1 M. abh., 1 M. re., ab * wdh.
4. Reihe: *1 M. re., den Faden vor die M. legen, 1 M. abh., ab * wdh. Enden mit 2 M. re.
5. Reihe: 1 M. re., *1 U., 2 M. re. zus.str., ab * wdh. Enden mit 1 M. re.
6. Reihe: Li. str.
7. Reihe: Ab 1. Reihe wdh.

Horizontales Fischgrätenmuster

Gerade M.zahl.
1. Reihe (Vorders.): 1 M. re., *1 M. abh., 1 M. re. und die abgeh. M. darüberziehen, jedoch nicht von der li. Nadel fallen lassen, sondern 1 M. re. verschr. einstr., ab * wdh. Enden mit 1 M. re.
2. Reihe: *2 M. li. zus.str., dann die 1. M. noch einmal li. str. und beide M. zus. von der Nadel gleiten lassen, ab * wdh.
3. Reihe: Ab 1. Reihe wdh.

43

Plastische und Bunte Muster

Kreuzmuster

M.zahl teilbar durch 12 + 1 M.
1. Reihe (Vorders.): Li. str.
2. Reihe: Re. str.
3. und 5. Reihe: 5 M. li., *3 M. re. verschr., 9 M. li., ab * wdh. Enden mit 3 M. re. verschr., 5 M. li.
4. und 6. Reihe: 5 M. re., *3 M. li., 9 M. re., ab * wdh. Enden mit 3 M. li., 5 M. re.
7. und 9. Reihe: 2 M. li., *9 M. re. verschr., 3 M. li., ab * wdh. Enden mit 9 M. re. verschr., 2 M. li.
8. und 10. Reihe: 2 M. re., *9 M. li., 3 M. re., ab * wdh. Enden mit 9 M. li., 2 M. re.
11. und 13. Reihe: Wie 3. Reihe.
12. und 14. Reihe: Wie 4. Reihe.
15. Reihe: Li. str.
16. Reihe: Re. str.
17. Reihe: Ab 1. Reihe wdh.

Lorbeerblätter

M.zahl teilbar durch 16 + 2 M.
Anmerkung: Alle abgeh. M. wie zum Li. str. abheben.
1. Reihe (Vorders.): 6 M. re., *6 M. li., 10 M. re., ab * wdh. Enden mit 6 M. li., 6 M. re. **2. Reihe:** 5 M. li., 1 M. abh., *8 M. li., 1 M. abh., 6 M. re., den Faden vor die M. legen, 1 M. abh., ab * wdh. Enden mit 5 M. li. **3. Reihe:** 5 M. re., *2 M. nach li. kreuzen, 4 M. li., 2 M. nach re. kreuzen, 8 M. re., ab * wdh. Enden mit 2 M. nach li. kreuzen, 4 M. li., 2 M. nach re. kreuzen, 5 M. re. **4. Reihe:** 1 M. li., 1 M. abh., 4 M. li., 1 M. abh., 4 M. re., den Faden vor die M. legen, 1 M. abh., *4 M. li., 1 M. abh., *2 M. abh., 4 M. li., 1 M. abh., 4 M. re., den Faden vor die M. legen, 1 M. abh., 4 M. li., ab * wdh. Enden mit 1 M. abh., 1 M. li. **5. Reihe:** 1 M. re., *2 M. vorn drehen, 3 M. re., 2 M. nach li. kreuzen, 2 M. li., 2 M. nach re. kreuzen, 3 M. re., 2 M. hinten drehen, 2 M. re., ab * wdh. Enden mit 1 M. re. **6. Reihe:** 1 M. li., 1 M. re., den Faden vor die M. legen, 1 M. abh., 4 M. li., 1 M. abh., den Faden vor die M. legen, 1 M. abh., 4 M. li., 1 M. abh., ab * wdh. Enden mit 1 M. re., 1 M. li. **7. Reihe:** 1 M. re., *2 M. vorn drehen, 3 M. re., 2 M. nach li. kreuzen, 2 M. nach re. kreuzen, 3 M. re., 2 M. hinten drehen, 2 M. re., ab * wdh. Enden mit 2 M. vorn drehen, 3 M. re., 2 M. nach re. kreuzen, 3 M. re., 2 M. hinten drehen, 1 M. re. **8. Reihe:** 1 M. re., den Faden vor die M. legen, 1 M. abh., *4 M. li., 2 M. abh., 4 M. li., 1 M. abh., ab * wdh. Enden mit 4 M. li., 1 M. abh., 2 M. re., 1 M. li. **9. Reihe:** 1 M. re., 2 M. li., *2 M. vorn drehen, 8 M. re., 2 M. hinten drehen, 2 M. li., ab * wdh. Enden mit 2 M. vorn drehen, 8 M. re., 2 M. hinten drehen, 2 M. li., 1 M. re. **10. Reihe:** 1 M. li., 3 M. re., den Faden vor die M. legen, 1 M. abh., *8 M. li., 1 M. abh., 6 M. re., den Faden vor die M. legen, 1 M. abh., ab * wdh. Enden mit 8 M. li., 1 M. abh., 3 M. re., 1 M. li. **11. Reihe:** 1 M. re., 3 M. li., *10 M. re., 6 M. li., ab * wdh. Enden mit 10 M. re., 3 M. li., 1 M. re. **12. Reihe:** Wie 10. Reihe. **13. Reihe:** 1 M. re., 2 M. li., *2 M. nach re. kreuzen, 8 M. re., 2 M. nach li. kreuzen, 4 M. li., ab * wdh. Enden mit 2 M. nach re. kreuzen, 8 M. re., 2 M. nach li. kreuzen, 2 M. li., 1 M. re. **14. Reihe:** Wie 8. Reihe. **15. Reihe:** 1 M. re., 1 M. li., *2 M. nach re. kreuzen, 3 M. re., 2 M. hinten drehen, 2 M. vorn drehen, 3 M. re., 2 M. nach li. kreuzen, ab * wdh. Enden mit 2 M. nach re. kreuzen, 3 M. re., 2 M. hinten drehen, 2 M. vorn drehen, 3 M. re., 2 M. nach li. kreuzen, 1 M. li., 1 M. re. **16. Reihe:** Wie 6. Reihe. **17. Reihe:** 1 M. re., *2 M. nach re. kreuzen, 3 M. re., 2 M. hinten drehen, 2 M. nach li. kreuzen, ab * wdh. Enden mit 1 M. re. **18. Reihe:** Wie 4. Reihe. **19. Reihe:** 5 M. re., *2 M. hinten drehen, 4 M. li., 2 M. vorn drehen, 8 M. re., ab * wdh. Enden mit 2 M. hinten drehen, 4 M. li., 2 M. vorn drehen, 5 M. re. **20. Reihe:** Wie 2. Reihe. **21. Reihe:** Ab 1. Reihe wdh.

Fischgrätenmuster

M.zahl teilbar durch 7 + 1 M.
Sonderabkürzung
1 M. 1 R. tiefer hinten einstechen = Von oben die re. Nadel hinten in die M. 1 R. unter der nächsten M. auf der li. Nadel einstechen und re. abstr.
1. Reihe (Rücks.): Li. str. **2. Reihe:** *2 M. re. zus.str., 2 M. re., 1 M. 1 R. tiefer hinten einstechen, dann die darüberlieg. M. re. str., 2 M. re., ab * wdh. Enden mit 1 M. re. **3. Reihe:** Li. str. **4. Reihe:** 3 M. re., 1 M. 1 R. tiefer hinten einstechen, dann die darüberlieg. M. re. str., 2 M. re., 2 M. re. zus.str., *2 M. re., 1 M. 1 R. tiefer hinten einstechen, dann die darüberlieg. M. re. str., 2 M. re., 2 M. re. zus.str., ab * wdh. **5. Reihe:** Ab 1. Reihe wdh.

Verdrehtes Karomuster

M.zahl teilbar durch 4 + 2 M.
1. Reihe (Vorders.): Re. verschr. str.
2. Reihe: Li. str.
3. Reihe: 2 M. re. verschr., *2 M. li., 2 M. re. verschr., ab * wdh.
4. Reihe: 2 M. li., *2 M. re., 2 M. li., ab * wdh.
5. und 6. Reihe: Wie 1. und 2. Reihe.
7. Reihe: 2 M. re., *2 M. re. verschr., 2 M. li., ab * wdh.
8. Reihe: 2 M. re., *2 M. li., 2 M. re., ab * wdh.
9. Reihe: Ab 1. Reihe wdh.

Noppenmuster

Noppen können beliebig dazu verwendet werden, Muster in einfacher Strickart zu schmücken. Das hier abgebildete Beispiel ist über einen Maschenrapport von 10 + 5 M. auf einem Hintergrund in glattem Rechtsmuster gearbeitet.
Beginn des Musters:
4 Reihen glatt re. str. (mit Hinr. re. beginnend).
5. Reihe: 7 M. re., *1 Noppe, 9 M. re., ab * wdh. Enden mit 1 Noppe, 7 M. re.
5 Reihen glatt re. str.
11. Reihe: 2 M. re., *1 Noppe, 9 M. re., ab * wdh. Enden mit 1 Noppe, 2 M. re.
12. Reihe: Li. str.
13. Reihe: Ab 1. Reihe wdh.

Knospenmuster

M.zahl teilbar durch 6 + 5 M.
Anmerkung: Die Maschen nur nach der 6. bzw. 12. Reihe zählen.
1. Reihe (Vorders.): 5 M. li., *1 M. re., 1 U., 5 M. li., ab * wdh.
2. und 4. Reihe: 5 M. re., *2 M. li., 5 M. re., ab * wdh.
3. und 5. Reihe: 5 M. li., *2 M. re., 5 M. li., ab * wdh.
6. Reihe: 5 M. re., *2 M. li. zus.str., 5 M. re., ab * wdh.
7. Reihe: 2 M. li., *1 M. re., 1 U., 5 M. li., ab * wdh. Enden mit 1 M. re., 1 U., 2 M. li.
8. und 10. Reihe: 2 M. re., *2 M. li., 5 M. re., ab * wdh. Enden mit 2 M. li., 2 M. re.
9. und 11. Reihe: 2 M. li., *2 M. re., 5 M.

li., ab * wdh. Enden mit 2 M. re., 2 M. li.
12. Reihe: 2 M. re., *2 M. li. zus.str., 5 M. re., ab * wdh. Enden mit 2 M. li. zus.str., 2 M. re.
13. Reihe: Ab 1. Reihe wdh.

Falscher Zopf mit Perlmuster

M.zahl teilbar durch 9 + 5 M.
1. und 3. Reihe (Vorders.): [1 M. re., 1 M. li.] 2x, 1 M. re., *1 M. re. verschr., 2 M. li., 1 M. re. verschr., [1 M. re., 1 M. li.] 2x, 1 M. re., ab * wdh.
2. und 4. Reihe: *[1 M. re., 1 M. li.] 3x, 2 M. re., 1 M. li., ab * wdh. Enden mit [1 M. re., 1 M. li.] 2x, 1 M. re.
5. Reihe: [1 M. re., 1 M. li.] 2x, 1 M. re., *1 U., 1 M. re., 2 M. li., 1 M. re., den U. über die letzten 4 M. ziehen, [1 M. re., 1 M. li.] 2x, 1 M. re., ab * wdh.
6. Reihe: Wie 2. Reihe.
7. Reihe : Ab 1. Reihe wdh.

Schräges Noppenmuster

M.zahl teilbar durch 6.
1. Reihe (Vorders.): *2 M. re., 1 Noppe wie folgt: 6 M. re. in die nächste M. str., dabei abw. 1x von vorne und 1x von hinten in die M. einstechen, dann die 1., 2., 3., 4. und 5. M. über die 6. M. ziehen (Noppe fertig), 3 M. li., ab * wdh. **2. Reihe:** *3 M. re., 3 M. li., ab * wdh. **3. Reihe:** 1 M. li., *2 M. re., 1 Noppe, 3 M. li., ab * wdh. Enden mit 2 M. re., 1 Noppe, 2 M. li. **4. Reihe:** 2 M. re., *3 M. li., 3 M. re., ab * wdh. **5. Reihe:** 2 M. li., *2 M. re., 1 Noppe, 3 M. li., ab * wdh. Enden mit 2 M. re., 1 Noppe, 1 M. li. **6. Reihe:** 1 M. re., *3 M. li., 3 M. re., ab * wdh. Enden mit 3 M. li., 2 M. re. **7. Reihe:** *3 M. li., 2 M. re., 1 Noppe, ab * wdh. **8. Reihe:** *3 M. re., 3 M. li., ab * wdh. **9. Reihe:** 1 Noppe, 3 M. li., 2 M. re., ab * wdh. **10. Reihe:** 2 M. li., *3 M. re., 3 M. li., ab * wdh.

Enden mit 3 M. re., 1 M. li. **11. Reihe:** 1 M. re., *1 Noppe, 3 M. li., 2 M. re., ab * wdh. Enden mit 1 Noppe, 3 M. li., 1 M. re. **12. Reihe:** 1 M. li., *3 M. re., 3 M. li., ab * wdh. Enden mit 3 M. re., 2 M. li. **13. Reihe:** Ab 1. Reihe wdh.

Auseinanderliegende Knoten

M.zahl teilbar durch 6 + 5 M.
Anmerkung: Die Maschen nicht nach der 5. bzw. 11. Reihe zählen.
Beginn des Musters:
4 Reihen glatt re. str. (mit Hinr. re. beginnend). **5. Reihe:** 5 M. re., *[1 M. re., 1 M. li.] 2x in die nächste M. str., 5 M. re., ab * wdh. **6. Reihe:** 5 M. li., *3 M. abh., 1 M. re., die 3 abgeh. M. nacheinander über die zuletzt gestr. M. ziehen (Knoten fertig), 5 M. li., ab * wdh. 4 Reihen glatt re. str. **11. Reihe:** 2 M. re., *[1 M. re., 1 M. li.] 2x in die nächste M. str., 5 M. re., ab * wdh. Enden mit [1 M. re., 1 M. li.] 2x in die nächste M. str., 2 M. re. **12. Reihe:** 2 M. li., *3 M. abh., 1 M. re., die 3 abgeh. M. nacheinander über die zuletzt gestr. M. ziehen, 5 M. li., ab * wdh. Enden mit 3 M. abh., 1 M. re., die abgeh. M. über die zuletzt gestr. M. ziehen, 2 M. li. **13. Reihe:** Ab 1. Reihe wdh.

Glockenmuster

M.zahl teilbar durch 8 + 7 M.
Anmerkung: Die Maschen nur nach der 1., 7., 8., 9., 15. und 16. Reihe zählen.
1. Reihe (Vorders.): 3 M. li., *1 M. re. verschr., 3 M. li., ab * wdh. **2. Reihe:** 3 M. re., 1 M. li. verschr., 3 M. re., *[1 M. re., 1 M. li., 1 M. re.] in die nächste M. str., 3 M. re., 1 M. li. verschr., 3 M. re., ab * wdh. **3. Reihe:** 3 M. li., 1 M. re. verschr., 3 M. li., *5 M. re., 3 M. li., 1 M. re. verschr., 3 M. li., ab * wdh. **4. Reihe:** 3 M. re., 1 M. li. verschr., 3 M. re., *5 M. li., 3 M. re., 1 M. li. verschr., 3 M. re., ab * wdh. **5. Reihe:** 3 M. li., 1 M. re. verschr., 3 M. li., *2 M. re. übz. zus.str., 1 M. re., 2 M. re. zus.str., 3 M. li., 1 M. re. verschr., 3 M. li., ab * wdh. **6. Reihe:** 3 M. re., 1 M. li. verschr., 3 M. re., *3 M. li., 3 M. re., 1 M. li. verschr., 3 M. re., ab * wdh. **7. Reihe:** 3 M. li., 1 M. re. verschr., 3

M. re. übz. zus.str., 3 M. li., 1 M. re. verschr., 3 M. li., ab * wdh. **8. Reihe:** 3 M. re., *1 M. li. verschr., 3 M. re., ab * wdh. **9. Reihe:** Wie 1. Reihe. **10. Reihe:** 3 M. re., [1 M. re., 1 M. li., 1 M. re., 1 M. li., 1 M. re.] in die nächste M. str., 3 M. re., *1 M. li. verschr., 3 M. re., [1 M. re., 1 M. li., 1 M. re., 1 M. li., 1 M. re.] in die nächste M. str., 3 M. re., ab * wdh. **11. Reihe:** 3 M. li., 5 M. re., 3 M. li., *1 M. re. verschr., 3 M. li., 5 M. re., 3 M. li., ab * wdh. **12. Reihe:** 3 M. re., 5 M. li., 3 M. re., *1 M. li. verschr., 3 M. re., 5 M. li., 3 M. re., ab * wdh. **13. Reihe:** 3 M. li., 2 M. re. übz. zus.str., 1 M. re., 2 M. re. zus.str., 3 M. li., *1 M. re. verschr., 3 M. li., 2 M. re. übz. zus.str., 1 M. re., 2 M. re. zus.str., 3 M. li., ab * wdh. **14. Reihe:** 3 M. re., 3 M. li., 3 M. re., *1 M. li. verschr., 3 M. re., 3 M. li., 3 M. re., ab * wdh. **15. Reihe:** 3 M. li., 3 M. re. übz. zus.str., 3 M. li., *1 M. re. verschr., 3 M. li., 3 M. re. übz. zus.str., 3 M. li., ab * wdh. **16. Reihe:** Wie 8. Reihe. **17. Reihe:** Ab 1. Reihe wdh.

Halbes Briochemuster

M.zahl teilbar durch 2 + 1 M.
1. Reihe (Rücks.): Li. str.
2. Reihe: 1 M. re., *1 M. re. 1 R. tiefer einstechen, 1 M. re., ab * wdh.
3. Reihe: Li. str.
4. Reihe: 1 M. re. 1 R. tiefer einstechen, *1 M. re., 1 M. re. 1 R. tiefer einstechen, ab * wdh.
5. Reihe: Ab 1. Reihe wdh.

Links verdrehte Rippen

M.zahl teilbar durch 4.
1. Reihe (Vorders.): 1 M. re., *2 M. hinten kreuzen, 2 M. re., ab * wdh. Enden mit 2 M. hinten kreuzen, 1 M. re.
2. Reihe: 1 M. re., *2 li. M. kreuzen, 2 M. re., ab * wdh. Enden mit 2 li. M. kreuzen, 1 M. re. **3. Reihe:** Ab 1. Reihe wdh.

Plastische und Bunte Muster

Rosenmuster

M.zahl teilbar durch 2 + 1 M.
1. Reihe (Rücks.): 2 M. re., *1 M. li., 1 M. re., ab * wdh. Enden mit 1 M. re.
2. Reihe: 1 M. re., *1 M. re. 1 R. tiefer einstechen, 1 M. re., ab * wdh.
3. Reihe: 1 M. re., *1 M. li., 1 M. re., ab * wdh.
4. Reihe: 2 M. re., *1 M. re. 1 R. tiefer einstechen, 1 M. re., ab * wdh. Enden mit 1 M. re.
5. Reihe: Ab 1. Reihe wdh.

Verschränktes Trikotmuster

Beliebige M.zahl.
1. Reihe (Vorders.): Re. verschr. str.
2. Reihe: Li. str.
3. Reihe: Ab 1. Reihe wdh.

Hahnentrittmuster

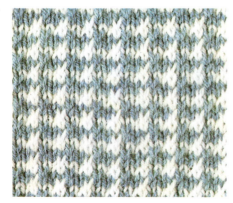

M.zahl teilbar durch 3.
Maschen in Farbe A anschlagen.
1. Reihe (Vorders.): Mit A 1 M. re., *1 M. li. abh., 2 M. re., ab * wdh. Enden mit 1 M. li. abh., 1 M. re.
2. Reihe: Mit A li. str.
3. Reihe: Mit B *1 M. li. abh., 2 M. re., ab * wdh.
4. Reihe: Mit B li. str.
5. Reihe: Ab 1. Reihe wdh.

Streifenmuster mit Knoten

Gerade M.zahl.
Anmerkung: Die Maschen nicht nach der 1. Reihe zählen.
1. Reihe (Vorders.): 1 M. re., *2 M. re. zus.str., ab * wdh. Enden mit 1 M. re.
2. Reihe: 2 M. re., *1 M. zun., 1 M. re., ab * wdh.
3. Reihe: Re. str.
4. Reihe: Li. str.
5. Reihe: Ab 1. Reihe wdh.

Bienenschwarm

M.zahl teilbar durch 4 + 3 M.
1. Reihe (Vorders.): 3 M. re., *1 M. li. abh., 3 M. re., ab * wdh.
2. Reihe: 3 M. re., *den Faden vor die M. legen, 1 M. li. abh., 3 M. re., ab * wdh.
3. Reihe: 1 M. re., *1 M. li. abh., 3 M. re., ab * wdh. Enden mit 1 M. li. abh., 1 M. re.
4. Reihe: 1 M. li., 1 M. li. abh., *3 M. li., 1 M. li. abh., ab * wdh. Enden mit 1 M. li.
5. Reihe: Ab 1. Reihe wdh.

Rippenmuster mit Knoten

M.zahl teilbar durch 6 + 5 M.
Das Rippenmuster mit Knoten kann auch in einzelnen Rippen bei dem irischen Aran-Muster verwendet werden.
(Anmerkung: Die Maschen nicht nach der 3. Reihe zählen.)
1. Reihe (Vorders.): 5 M. li., *1 M. re., 5 M. li., ab * wdh. **2. Reihe:** 5 M. re., *1 M. li., 5 M. re., ab * wdh. **3. Reihe:** 5 M. li., *3 M. in die nächste M. str., dabei abw. 1x von vorne und 1x von hinten in die M. einstechen, 5 M. li., ab * wdh. **4. Reihe:** 5 M. re., *3 M. li. zus.str., 5 M. re., ab * wdh. **5. Reihe:** Ab 1. Reihe wdh.

Kleine Blätter

M.zahl teilbar durch 6 + 5 M.
Anmerkung: Die Maschen nicht nach der 3. bis 12. bzw. 19. bis 28. Reihe einschl. zählen.
1. Reihe (Vorders.): 5 M. li., *1 M. re., 5 M. li., ab * wdh. **2. Reihe:** 5 M. re., *1 M. li., 5 M. re., ab * wdh. **3. Reihe:** 5 M. li., *1 M. zun., 1 M. re., 1 M. zun., 5 M. li., ab * wdh. **4. Reihe:** 5 M. re., *3 M. li., 5 M. re., ab * wdh. **5. Reihe:** 5 M. li., *1 M. re., [1 U., 1 M. re.] 2x, 5 M. li., ab * wdh. **6. Reihe:** 5 M. re., *5 M. li., 5 M. re., ab * wdh. **7. Reihe:** 5 M. li., *2 M. re., 1 U., 1 M. re., 1 U., 2 M. re., 5 M. li., ab * wdh. **8. Reihe:** 5 M. re., *7 M. li., 5 M. re., ab * wdh. **9. Reihe:** 5 M. li., *2 M. re., 2 M. wie beim Re. str. zus. abh., 1 M. re., die 2 abgeh. M. über die re. M. ziehen, 2 M. re., 5 M. li., ab * wdh. **10. Reihe:** Wie 6. Reihe. **11. Reihe:** 5 M. li., *1 M. re., 2 M. wie beim Re. str. zus. abh., 1 M. re., die 2 abgeh. M. über die re. M. ziehen, 1 M. re., 5 M. li., ab * wdh. **12. Reihe:** Wie 4. Reihe. **13. Reihe:** 5 M. li., *den Faden hinter die M. legen, 2 M. wie beim Re.str. zus. abh., 1 M. re., die beiden abgeh. M. über die re. M. ziehen, 5 M. li., ab * wdh. **14. Reihe:** Wie 2. Reihe. **15. Reihe:** Li. str. **16. Reihe:** Re. str. **17. Reihe:** 2 M. li.

*1 M. re., 5 M. li., ab * wdh. Enden mit 1 M. re., 2 M. li. **18. Reihe:** 2 M. re., *1 M. li., 5 M. re., ab * wdh. Enden mit 1 M. li., 2 M. re. **19. Reihe:** 2 M. li., *1 M. zun., 1 M. re., 1 M. zun., 5 M. re., ab * wdh. Enden mit 1 M. zun., 1 M. re., 1 M. zun., 2 M. li. **20. Reihe:** 2 M. re., *3 M. li., 5 M. re., ab * wdh. Enden mit 3 M. li., 2 M. re. **21. Reihe:** 2 M. li., *1 M. re., [1 U., 1 M. re.] 2x, 5 M. li., ab * wdh. Enden mit 1 M. re., [1 U., 1 M. re.] 2x, 2 M. li. **22. Reihe:** 2 M. re., *5 M. li., 5 M. re., ab * wdh. Enden mit 5 M. li., 2 M. re. **23. Reihe:** 2 M. li., *2 M. re., 1 U., 1 M. re., 1 U., 2 M. re., 5 M. li., ab * wdh. Enden mit 2 M. re., 1 U., 1 M. re., 1 U., 2 M. re., 2 M. li. **24. Reihe:** 2 M. re., *7 M. li., 5 M. re., ab * wdh. Enden mit 7 M. li., 2 M. re. **25. Reihe:** 2 M. li., *2 M. wie beim Re.str. zus. abh., 1 M. re., die 2 abgeh. M. über die re. M. ziehen, 2 M. re., 5 M. li., ab * wdh. Enden mit 2 M. re., 2 M. wie beim Re.str. zus. abh., 1 M. re., die 2 abgeh. M. über die re. M. ziehen, 2 M. li. **26. Reihe:** Wie 22. Reihe. **27. Reihe:** 2 M. li., *1 M. re., 2 M. wie beim Re.str. zus. abh., 1 M. re., die 2 abgeh. M. über die re. M. ziehen, 1 M. re., 5 M. li., ab * wdh. Enden mit 1 M. re., 2 M. wie beim Re.str. zus. abh., 1 M. re., die 2 abgeh. M. über die re. M. ziehen, 1 M. li. **28. Reihe:** Wie 20. Reihe. **29. Reihe:** 2 M. li., *den Faden hinter die M. legen, 2 M. wie beim Re.str. zus. abh., 1 M. re., die 2 abgeh. M. über die re. M. ziehen, 5 M. li., ab * wdh. Enden mit 2 M. wie beim Re.str. zus. abh. (der Faden liegt hinter den M.), 1 M. re., die 2 abgeh. M. über die re. M. ziehen, 2 M. li. **30. Reihe:** Wie 18. Reihe. **31. Reihe:** Li. str. **32. Reihe:** Re. str. **33. Reihe:** Ab 1. Reihe wdh.

Kettenmuster

M.zahl teilbar durch 5 + 4 M.
Maschen in Farbe A anschlagen.
Grundreihe (Vorders.): Mit B 1 M. re., *den Faden vor die M. legen, 2 U., 2 M. li. abh., den Faden hinter die M. legen, 3 M. re., ab * wdh. Enden mit 2 U. (der Faden liegt vor der M.), 2 M. li. abh., 1 M. re.
1. Reihe: Mit B 1 M. li., *den Faden hinter die M. legen, 2 U., 2 M. li. abh., den Faden vor die M. legen, die 2 U. aus der Vorreihe fallen lassen, 3 M. li., ab * wdh. Enden mit 2 U. (der Faden liegt hinter der M.), 2 M. li. abh., den Faden vor die M. legen, die 2 U. aus der Vorreihe fallen lassen, 1 M. li.
2. Reihe: Mit A 3 M. re., die 2 U. aus der Vorreihe fallen lassen, *5 M. re., die 2 U. aus der Vorreihe fallen lassen, ab * wdh. Enden mit 1 M. re
3. Reihe: Mit A li. str.
4. Reihe: Mit A re. str.
5. Reihe: Mit A li. str.
6. Reihe: Mit B 1 M. re., den Faden vor die M. legen, 2 U., die 2 Schlingen (Farbe B) vor der Arbeit auf die re. Nadel heben, die nächsten 2 M. auf der li. Nadel li. abh., die 2 Schlingen über die abgeh. M. ziehen, den Faden hinter die M. legen, 3 M. re., ab * wdh. Enden mit 2 U. (der Faden liegt vor den M.), die 2 Schlingen auf die re. Nadel heben, die nächsten 2 M. li. abh., die 2 Schlingen über die abgeh. M. ziehen, den Faden hinter die M. legen, 1 M. re.
7. Reihe: Ab 1. Reihe wdh.
Bei der einfarbigen Version den Farbwechsel auslassen.

Plastisches Tweedmuster

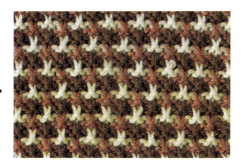

M.zahl teilbar durch 4 + 3 M.
1. Reihe: Mit Farbe A 1 M. re., *1 M. abh., 3 M. re., ab * wdh. Enden mit 1 M. abh., 1 M. re.
2. Reihe: Mit A 1 M. re., *den Faden vor die M. legen, 1 M. abh., 3 M. re., ab * wdh. Enden mit 1 M. abh. (der Faden liegt vor der M.), 1 M. re.
3. Reihe: Mit B 3 M. re., *1 M. abh., 3 M. re., ab * wdh.
4. Reihe: Mit B 3 M. re., *den Faden vor die M. legen, 1 M. abh., 3 M. re., ab * wdh.
5. Reihe: Wie 1. Reihe, *jedoch* mit Farbe C.
6. Reihe: Wie 2. Reihe, *jedoch* mit Farbe C.
7. Reihe: Wie 3. Reihe, *jedoch* mit Farbe A.
8. Reihe: Wie 4. Reihe, *jedoch* mit Farbe A.
9. Reihe: Wie 1. Reihe, *jedoch* mit Farbe B.
10. Reihe: Wie 2. Reihe, *jedoch* mit Farbe B.
11. Reihe: Wie 3. Reihe, *jedoch* mit Farbe C.
12. Reihe: Wie 4. Reihe, *jedoch* mit Farbe C.
13. Reihe: Ab 1. Reihe wdh.

Hagebuttenmuster

M.zahl teilbar durch 4 + 3 M.
1. Reihe (Vorders.): 3 M. re., *1 M. li. abh., 3 M. re., ab * wdh.
2. Reihe: 3 M. re., *den Faden vor die M. legen, 1 M. li. abh., 3 M. re., ab * wdh.
3. Reihe: 1 M. re., *1 M. li. abh., 3 M. re., ab * wdh. Enden mit 1 M. li. abh., 1 M. re.
4. Reihe: 1 M. re., *den Faden vor die M. legen, 1 M. li. abh., 3 M. re., ab * wdh. Enden mit 1 M. li. abh. (der Faden liegt vor der M.), 1 M. re.
5. Reihe: Ab 1. Reihe wdh.

Ungewöhnliches Rippenmuster

M.zahl teilbar durch 3 + 1 M.
1. Reihe (Vorders.): *2 M. li., 1 M. re. verschr., ab * wdh. Enden mit 1 M. li.
2. Reihe: 1 M. re., *1 M. li. verschr., 2 M. re., ab * wdh.
3. und 4. Reihe: 1. und 2. Reihe wdh.
5. Reihe: 1 M. li., *2 M. re. verschr., 1 M. li., ab * wdh.
6. Reihe: 1 M. re., *2 M. re. verschr., 1 M. re., ab * wdh.
7. und 8. Reihe: 5. und 6. Reihe wdh.
9. Reihe: 1 M. li., *1 M. re. verschr., 2 M. li., ab * wdh.
10. Reihe: *2 M. re., 1 M. li. verschr., ab * wdh. Enden mit 1 M. re.
11. und 12. Reihe: 9. und 10. Reihe wdh.
13. Reihe: Ab 1. Reihe wdh.

47

Plastische und Bunte Muster

Krauses Rechtsmuster mit abgehobenen Maschen

M.zahl teilbar durch 2 + 1 M.
Maschen in Hauptfarbe anschlagen.
1. Reihe (Vorders.): Mit Hauptfarbe re. str.
2. Reihe: Wie 1. Reihe.
3. Reihe: Mit Nebenfarbe 1 M. re., *1 M. li. abh., 1 M. re., ab * wdh.
4. Reihe: Mit Nebenfarbe re. str.
5. Reihe: Ab 1. Reihe wdh.
Bei der einfarbigen Version den Farbwechsel auslassen.

Kleines Garbenmuster

M.zahl teilbar durch 2 + 1 M.
Maschen in Hauptfarbe (H) anschlagen.
1. Reihe (Vorders.): Mit H re. str.
2. Reihe: Mit H li. str.
3. Reihe: 1 M. li. (H), den Faden hinter die M. legen, *1 M. re. (A), den Faden (H) vor die M. legen, 1 M. li., den Faden hinter die M. legen, ab * wdh.
4. Reihe: 1 M. li. (H), *den Faden (A) hinter die M. legen, 1 M. re., den Faden vor die M. legen, 1 M. li. (H), ab * wdh.
5. Reihe: Nur mit H 1 M. li., *1 M. re., 1 M. li., ab * wdh.
6., 7. und 8. Reihe: Mit H glatt re. str. (mit Rückr. li. beginnend).
9. Reihe: Mit B 1 M. re., *den Faden (H) vor die M. legen, 1 M. li., den Faden hinter die M. legen, 1 M. re. (B), ab * wdh.
10. Reihe: Mit B 1 M. re., den Faden vor die M. legen, *1 M. li. (H), den Faden (B) hinter die M. legen, 1 M. re., den Faden vor die M. legen, ab * wdh.
11. Reihe: Nur mit H 1 M. re., *1 M. li., 1 M. re., ab * wdh.
12. Reihe: Mit H li. str.
13. Reihe: Ab 1. Reihe wdh.

Buntes Streifenmuster

M.zahl teilbar durch 4 + 3 M.
1. Reihe (Vorders.): Mit A re. str.
2. Reihe: Mit A li. str.
3. Reihe: Mit B 1 M. re., *1 M. abh., 3 M. re., ab * wdh. Enden mit 1 M. abh., 1 M. re.
4. Reihe: Mit B 1 M. li., * 1 M. abh., 3 M. li., ab * wdh. Enden mit 1 M. abh., 1 M. li.
5. Reihe: Wie 1. Reihe.
6. Reihe: Wie 2. Reihe.
7. Reihe: Mit C 3 M. re., *1 M. abh., 3 M. re., ab * wdh.
8. Reihe: Mit C 3 M. li., *1 M. abh., 3 M. li., ab * wdh.
9. und 10. Reihe: Wie 7. und 8. Reihe.
Die ersten 6 Reihen 1x wdh.
17. Reihe: Wie 7. Reihe, *jedoch* mit Farbe D.
18. Reihe: Wie 8. Reihe, *jedoch* mit Farbe D.
19. und 20. Reihe: Wie 17. und 18. Reihe.
21. Reihe: Ab 1. Reihe wdh.

Rhombenmuster mit abgehobenen Maschen

M.zahl teilbar durch 10 + 3 M.
Anmerkung: Alle abgeh. Maschen wie zum Li.str. abheben. Maschen in Farbe A anschlagen.
Grundreihe: Mit A re. str.
1. Reihe (Vorders.): Mit B 1 M. re., *1 M. abh., 9 M. re., ab * wdh. Enden mit 1 M. abh., 1 M. re. **2. Reihe:** Mit B 1 M. re., *den Faden vor die M. legen, 1 M. abh., 9 M. re., ab * wdh. Enden mit 1 M. abh. (der Faden liegt vor der M.), 1 M. re. **3. Reihe:** Mit A 3 M. re., *[1 M. abh., 1 M. re.] 3x, 1 M. abh., 3 M. re., ab * wdh. **4. Reihe:** Mit A 3 M. li., *[1 M. abh., 1 M. re., den Faden vor die M. legen] 3x, 1 M. abh., 3 M. li., ab * wdh. **5. Reihe:** Mit B 2 M. re., *1 M. abh., 7 M. re., 1 M. abh., 1 M. re., ab * wdh. Enden mit 1 M. re. **6. Reihe:** Mit B 2 M. re., *den Faden vor die M. legen, 1 M. abh., 7 M. re., den Faden vor die M. legen, 1 M. abh., 1 M. re., ab * wdh. Enden mit 1 M. re. **7. Reihe:** Mit A *4 M. re., [1 M. abh., 1 M. re.] 3x, ab * wdh. Enden mit 3 M. re. **8. Reihe:** Mit A 4 M. li., [1 M. abh., 1 M. re., den Faden vor die M. legen] 2x, 1 M. abh., 1 M. re., *[1 M. abh., 1 M. re., den Faden vor die M. legen] 2x, 1 M. abh., ab * wdh. Enden mit 4 M. li. **9. Reihe:** Mit B [1 M. re., 1 M. abh.] 2x, * 5 M. re., [1 M. abh., 1 M. re.] 2x, 1 M. abh., ab * wdh. Enden mit 5 M. re., [1 M. abh., 1 M. re.] 2x. **10. Reihe:** Mit B [1 M. re., den Faden vor die M. legen, 1 M. abh.] 2x, *5 M. re., [den Faden vor die M. legen, 1 M. abh., 1 M. re.] 2x, den Faden vor die M. legen, 1 M. abh., ab * wdh. Enden mit 5 M. re., [den Faden vor die M. legen, 1 M. abh., 1 M. re.] 2x. **11. Reihe:** Mit A 5 M. re., 1 M. abh., 1 M. re., 1 M.abh., *7 M. re., 1 M. abh., 1 M. re., 1 M. abh., ab * wdh. Enden mit 5 M. re. **12. Reihe:** Mit A 5 M. li., 1 M. abh., 1 M. re., den Faden vor die M. legen, 1 M. abh., *7 M. li., 1 M. abh., 1 M. re., den Faden vor die M. legen, 1 M. abh., ab * wdh. Enden mit 5 M. li. **13. Reihe:** Mit B 2 M. re., 1 M. abh., 1 M. re., 1 M. abh., 1 M. re., 3 M. re., *[1 M. abh., 1 M. re.] 3x, 1 M. abh., 3 M. re., ab * wdh. Enden mit 1 M. abh., 1 M. re., 1 M. abh., 2 M. re. **14. Reihe:** Mit B 2 M. re., den Faden vor die M. legen, 1 M. abh., 1 M. re., den Faden vor die M. legen, 1 M. abh., 3 M. re., *[den Faden vor die M. legen, 1 M. abh., 1 M. re.] 3x, den Faden vor die M. legen, 1 M. abh., 3 M. re., ab * wdh. Enden mit 1 M. abh. (der Faden liegt vor der M.), 1 M. re., den Faden vor die M. legen, 1 M. abh., 2 M. re. **15. Reihe:** Mit A 6 M. re., *1 M. abh., 9 M. re., ab * wdh. Enden mit 1 M. abh., 6 M. re. **16. Reihe:** Mit A 6 M. li., *1 M. abh., 9 M. li., ab * wdh. Enden mit 1 M. abh., 6 M. li. **17. und 18. Reihe:** Wie 9. und 10. Reihe. **19. und 20. Reihe:** Wie 11. und 12. Reihe. **21. und 22. Reihe:** Wie 5. und 6. Reihe. **23. und 24. Reihe:** Wie 7. und 8. Reihe. **25. Reihe:** Ab 1. Reihe wdh.

Lochmusterflächen

Lochreihen

M.zahl teilbar durch 3 + 2 M.
1. und 2. Reihe: Glatt re. str. (Hinr. re., Rückr. li.).
3. Reihe (Vorders.): 2 M. re., *1 U., 2 M. re. zus.str., 1 M. re., ab * wdh.
4. Reihe: Li. str.
5. Reihe: Ab 1. Reihe wdh.

Flechtlochmuster

Gerade M.zahl.
1. Reihe (Rücks.): Li. str.
2. Reihe (Vorders.): 1 M. re., *2 M. re. übz. zus.str., 1 M. zun., ab * wdh. Enden mit 1 M. re.
3. Reihe: Li. str.
4. Reihe: 1 M. re., *1 M. zun., 2 M. re. zus.str., ab * wdh. Enden mit 1 M. re.
5. Reihe: Ab 1. Reihe wdh.

Schmetterlingsmuster

M.zahl teilbar durch 8 + 7 M.
1. Reihe (Vorders.): 1 M. re., *2 M. re. zus.str., 1 U., 1 M. re., 1 U., 2 M. re. übz. zus.str., 3 M. re., ab * wdh. Enden mit 2 M. re. zus.str., 1 U., 1 M. re., 1 U., 2 M. re. übz. zus.str., 1 M. re.
2. Reihe: 3 M. li., *1 M. li. abh., 7 M. li., ab * wdh. Enden mit 1 M. li. abh., 3 M. li.
3. und 4. Reihe: Wie 1. und 2. Reihe.
5. Reihe: 5 M. re., *2 M. re. zus.str., 1 U., 1 M. re., 1 U., 2 M. re. übz. zus.str., 3 M. re., ab * wdh. Enden mit 2 M. re.
6. Reihe: 7 M. li., *1 M. li. abh., 7 M. li., ab * wdh.
7. und 8. Reihe: Wie 5. und 6. Reihe.
9. Reihe: Ab 1. Reihe wdh.

Knotenlochmuster

M.zahl teilbar durch 3.
1. Reihe (Rücks.): Li. str.
2. Reihe: 2 M. re., *1 U., 3 M. re., mit der li. Nadel die 1. der 3 re. M. über die letzten 2 M. heben, ab * wdh. Enden mit 1 M. re.
3. Reihe: Li. str.
4. Reihe: 1 M. re., *3 M. re., mit der li. Nadel die 1. der 3 re. M. über die letzten 2 M. heben, 1 U., ab * wdh. Enden mit 2 M. re.
5. Reihe: Ab 1. Reihe wdh.

Dekoratives Lochmuster

M.zahl teilbar durch 6 + 3 M.
Anmerkung: Die Maschen nicht nach der 3., 4., 9. und 10. Reihe des Musters zählen.
1. Reihe (Vorders.): 2 M. re., *1 U., 2 M. re. übz. zus.str., 1 M. re., 2 M. re. zus.str., 1 U., 1 M. re., ab * wdh. Enden mit 1 M. re.
2., 4., 6., 8. und 10. Reihe: Li. str.
3. Reihe: 3 M. re., *1 U., 3 M. re., ab * wdh.
5. Reihe: 1 M. re., 2 M. re. zus.str., *1 U., 2 M. re. übz. zus.str., 1 M. re., 2 M. re. zus.str., 1 U., 3 M. re. übz. zus.str., ab * wdh. Enden mit 1 U., 2 M. re. übz. zus.str., 1 M. re.
7. Reihe: 2 M. re., *1 U., 1 M. re., 1 U., 2 M. re. übz. zus.str., 1 M. re., ab * wdh. Enden mit 1 M. re.
9. Reihe: Wie 3. Reihe.
11. Reihe: 2 M. re., *2 M. re. zus.str., 1 U., 3 M. re. übz. zus.str., 1 U., 2 M. re. übz. zus.str., 1 M. re., ab * wdh. Enden mit 1 M. re.
12. Reihe: Li. str.
13. Reihe: Ab 1. Reihe wdh.

Tunnelmuster

M.zahl teilbar durch 3 + 2 M.
Anmerkung: Die Maschen nur nach der 4. Reihe des Musters zählen.
1. Reihe (Vorders.): 2 M. li., *1 U., 1 M. re., 1 U., 2 M. li., ab * wdh.
2. Reihe: 2 M. re., *3 M. li., 2 M. re., ab * wdh.
3. Reihe: 2 M. li., *3 M. li., 2 M. li., ab * wdh.
4. Reihe: 2 M. re., *3 M. li. zus.str., 2 M. re., ab * wdh.
5. Reihe: Ab 1. Reihe wdh.

Kleines Rhombenlochmuster

M.zahl teilbar durch 6 + 3 M.
1. Reihe (Vorders.): *4 M. re., 1 U., 2 M. re. übz. zus.str., ab * wdh. Enden mit 3 M. re. **2. und alle geraden Reihen:** Li. str. **3. Reihe:** 2 M. re., *2 M. re. zus.str., 1 U., 1 M. re., 1 U., 2 M. re. übz. zus.str., 1 M. re., ab * wdh. Enden mit 1 M. re. **5. Reihe:** 1 M. re., 2 M. re. zus.str., 1 U., *3 M. re., 1 U., 2 M. re. übz. zus.str., 1 U., ab * wdh. Enden mit 3 M. re., 1 U., 2 M. re. übz. zus.str., 1 M. re. **7. Reihe:** 3 M. re., *1 U., 3 M. re. übz. zus.str., 1 U., 3 M. re., ab * wdh. **9. Reihe:** Wie 1. Reihe. **11. Reihe:** 1 M. re., *1 U., 2 M. re. übz. zus.str., 4 M. re., ab * wdh. Enden mit 1 U., 2 M. re. übz. zus.str., 2 M. re. **13. Reihe:** 2 M. re., *1 U., 2 M. re. übz. zus.str., 1 M. re., 2 M. re. zus.str., 1 U., 1 M. re., ab * wdh. Enden mit 1 M. re. **15. Reihe:** Wie 7. Reihe. **17. Reihe:** Wie 5. Reihe. **19. Reihe:** Wie 11. Reihe. **20. Reihe:** Li. str. **21. Reihe:** Ab 1. Reihe wdh.

Lochmusterflächen

Fallende Blätter

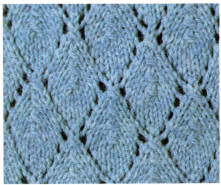

M.zahl teilbar durch 10 + 3 M.
1. Reihe (Vorders.): 1 M. re., 2 M. re. zus.str., 3 M. re. *1 U., 1 M. re., 1 U., 3 M. re., 3 M. re. übz. zus.str., 3 M. re., ab * wdh. Enden mit 1 U., 1 M. re., 1 U., 3 M. re., 2 M. re. übz. zus.str., 1 M. re. **2. und alle geraden Reihen:** Li. str. **3. Reihe:** 1 M. re., 2 M. re. zus.str., 2 M. re., *1 U., 3 M. re., 1 U., 2 M. re., 3 M. re. übz. zus.str., 2 M. re., ab * wdh. Enden mit 1 U., 3 M. re., 1 U., 2 M. re., 2 M. re. übz. zus.str., 1 M. re. **5. Reihe:** 1 M. re., 2 M. re. zus.str., 1 M. re., *1 U., 5 M. re., 1 U., 1 M. re., 3 M. re. übz. zus.str., 1 M. re., ab * wdh. Enden mit 1 U., 5 M. re., 1 U., 1 M. re., 2 M. re. übz. zus.str., 1 M. re. **7. Reihe:** 1 M. re., 2 M. re. zus.str., 1 U., 7 M. re., *1 U., 3 M. re. übz. zus.str., 1 U., 7 M. re., ab * wdh. Enden mit 1 U., 2 M. re. übz. zus.str., 1 M. re. **9. Reihe:** 2 M. re., 1 U., 3 M. re., *3 M. re. übz. zus.str., 3 M. re., 1 U., 1 M. re., 1 U., 3 M. re., ab * wdh. Enden mit 3 M. re. übz. zus.str., 3 M. re., 1 U., 2 M. re. **11. Reihe:** 3 M. re., 1 U., 2 M. re., *3 M. re. übz. zus.str., 2 M. re., 1 U., 3 M. re., 1 U., 2 M. re., ab * wdh. Enden mit 3 M. re. übz. zus.str., 2 M. re., 1 U., 3 M. re. **13. Reihe:** 4 M. re., 1 U., 1 M. re., *3 M. re. übz. zus.str., 1 M. re., 1 U., 5 M. re., 1 U., 1 M. re., ab * wdh. Enden mit 3 M. re. übz. zus.str., 1 M. re., 1 U., 4 M. re. **15. Reihe:** 5 M. re., *1 U., 3 M. re. übz. zus.str., 1 U., 7 M. re., ab * wdh. Enden mit 1 U., 3 M. re. übz. zus.str., 1 U., 5 M. re. **16. Reihe:** Li. str. **17. Reihe:** Ab 1. Reihe wdh.

Fischgrätenlochmuster

M.zahl teilbar durch 7 + 1 M.
1. Reihe (Vorders.): 1 M. re., *1 M. li., 1 M. re., 1 U., 2 M. li. zus.str., 1 M. re., 1 M. li., 1 M. re., ab * wdh.
2. Reihe: 1 M. li., *2 M. re., 1 U., 2 M. li. zus.str., 2 M. re., 1 M. li., ab * wdh.
3. Reihe: Ab 1. Reihe wdh.

Krauses Rhombenlochmuster

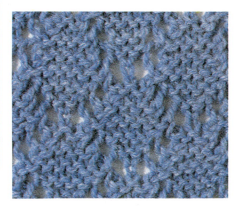

M.zahl teilbar durch 10 + 1 M.
1. und alle ungeraden Reihen (Vorders.): Re. str. **2. Reihe:** 3 M. re., *2 M. re. zus.str., 1 U., 1 M. re., 1 U., 2 M. re. zus.str., 5 M. re., ab * wdh. Enden mit 2 M. re. zus.str., 1 U., 1 M. re., 1 U., 2 M. re. zus.str., 3 M. re. **4. Reihe:** 2 M. re., *2 M. re. zus.str., 1 U., 3 M. re., 1 U., 2 M. re. zus.str., 3 M. re., ab * wdh. Enden mit 2 M. re. zus.str., 1 U., 3 M. re., 1 U., 2 M. re. zus.str., 2 M. re. **6. Reihe:** 1 M. re., *2 M. re. zus.str., 1 U., 5 M. re., 1 U., 2 M. re. zus.str., 1 M. re., ab * wdh. **8. Reihe:** 1 M. re., *1 U., 2 M. re. zus.str., 5 M. re., 2 M. re. zus.str., 1 U., 1 M. re., ab * wdh. **10. Reihe:** 2 M. re., *1 U., 2 M. re. zus.str., 3 M. re., 2 M. re. zus.str., 1 U., 3 M. re., ab * wdh. Enden mit 1 U., 2 M. re. zus.str., 3 M. re., 2 M. re. zus.str., 1 U., 2 M. re. **12. Reihe:** 3 M. re., *1 U., 2 M. re. zus.str., 1 M. re., 2 M. re. zus.str., 1 U., 5 M. re., ab * wdh. Enden mit 1 U., 2 M. re. zus.str., 1 M. re., 2 M. re. zus.str., 1 U., 3 M. re. **13. Reihe:** Ab 1. Reihe wdh.

Kleines Korbmuster

M.zahl teilbar durch 8 + 7 M.
1. Reihe (Vorders.): Re. str.
2. und alle geraden Reihen: Li. str.
3. Reihe: 3 M. re., *1 U., 2 M. re. übz. zus.str., 6 M. re., ab * wdh. Enden mit 1 U., 2 M. re. übz. zus.str., 2 M. re.
5. Reihe: 2 M. re., *1 U., 3 M. re. übz. zus.str., 1 U., 5 M. re., ab * wdh. Enden mit 1 U., 3 M. re. übz. zus.str., 1 U., 2 M. re. **7. Reihe:** Wie 3. Reihe.
9. Reihe: Re. str.
11. Reihe: 7 M. re., *1 U., 2 M. re. übz. zus.str., 6 M. re., ab * wdh.
13. Reihe: 6 M. re., *1 U., 3 M. re. übz. zus.str., 1 U., 5 M. re., ab * wdh. Enden mit 1 M. re.
15. Reihe: Wie 11. Reihe.
16. Reihe: Li. str.
17. Reihe: Ab 1. Reihe wdh.

Rhombenlochmuster mit Noppen

M.zahl teilbar durch 10 + 1 M.
1. Reihe (Vorders.): 1 M. li., *1 U., 2 M. re. übz. zus.str., 5 M. li., 2 M. re. zus.str., 1 U., 1 M. li., ab * wdh. **2. Reihe:** 2 M. re., *1 M. li., 5 M. re., 1 M. li., 3 M. re., ab * wdh. Enden mit 1 M. li., 5 M. re., 1 M. li., 2 M. re. **3. Reihe:** 2 M. li., *1 U., 2 M. re. übz. zus.str., 3 M. li., 2 M. re. zus.str., 1 U., 3 M. li., ab * wdh. Enden mit 1 U., 2 M. re. übz. zus.str., 3 M. li., 2 M. re. zus.str., 1 U., 2 M. li. **4. Reihe:** 3 M. re., *1 M. li., 3 M. re., 1 M. li., 5 M. re., ab * wdh. Enden mit 1 M. li., 3 M. re., 1 M. li., 3 M. re. **5. Reihe:** 3 M. li., *1 U., 2 M. re. übz. zus.str., 1 M. li., 2 M. re. zus.str., 1 U., 5 M. li., ab * wdh. Enden mit 1 U., 2 M. re. übz. zus.str., 1 M. li., 2 M. re. zus.str., 1 U., 3 M. li. **6. Reihe:** 4 M. re., *1 M. li., 1 M. re., 1 M. li., 7 M. re., ab * wdh. Enden mit 1 M. li., 1 M. re., 1 M. li., 4 M. re. **7. Reihe:** 4 M. li., *1 U., 3 M. re. übz. zus.str., 1 U., 3 M. li., 1 Noppe wie folgt: [1 M. re., 1 M. li., 1 M. re., 1 M. li., 1 M. re.] in die nächste M. str., wenden, 5 M. re., wenden, 5 M. li., wenden, 2 M. re. übz. zus.str., 1 M. re., 2 M. re. zus.str., wenden, 3 M. li. zus.str. (Noppe fertig), 3 M. li., ab * wdh. Enden mit 1 U., 3 M. re. übz. zus.str., 1 U., 4 M. li. **8. Reihe:** 4 M. re., *3 M. li., 3 M. re., 1 M. li. verschr., 3 M. re., ab * wdh. Enden mit 3 M. li., 4 M. re. **9. Reihe:** 3 M. li., *2 M. re. zus.str., 1 U., 1 M. li., 1 U., 2 M. re. übz. zus.str., 5 M. li., ab * wdh. Enden mit 2 M. re. zus.str., 1 U., 1 M. li., 1 U., 2 M. re. übz. zus.str., 3 M. li. **10. Reihe:** 3 M. re., *1 M. li., 3 M. re., 1 M. li., 5 M. re., ab * wdh. Enden mit 1 M. li., 3 M. re., 1 M. li., 3 M. re. **11. Reihe:** 2 M. li., *2 M. re. zus.str., 1 U., 3 M. li., 1 U., 2 M. re. übz. zus.str., 3 M. li., ab * wdh. Enden mit 2 M. re. zus.str., 1 U., 3 M. li., 1 U., 2 M. re. übz. zus.str., 2 M. li. **12. Reihe:** 2 M. re., *1 M. li., 5 M. re., 1 M. li., 3 M. re., ab * wdh. Enden mit 1 M. li., 5 M. re., 1 M. li., 2 M. re. **13. Reihe:** 1 M. li., *2 M. re. zus.str., 1 U., 5 M. li., 1 U., 2 M. re. übz. zus.str., 1 M. li., ab * wdh. **14. Reihe:** 1 M. re., *1 M. li., 7 M. re., 1 M. li., 1 M. re., ab * wdh. **15. Reihe:** 2 M. re. zus.str., *1 U., 3 M. li., 1 Noppe, 3 M. li., 1 U., 2 M. re. übz. zus.str., ab * wdh. Enden mit 1 U., 3 M. li., 1 Noppe, 3 M. li., 1 U., 2 M. re. übz. zus.str. **16. Reihe:** 2 M. re., *3 M. li., 1 M. li. verschr., 3 M. li., 1 M. li. verschr., 3 M. li., ab * wdh. Enden mit 3 M. li., 1 M. li. verschr., 3 M. li., 2 M. re. **17. Reihe:** Ab 1. Reihe wdh.

Fischschwanz

M.zahl teilbar durch 8 + 1 M.
1. Reihe (Vorders.): 1 M. re., *1 U., 2 M. re., 3 M. re. übz. zus.str., 2 M. re., 1 U., 1 M. re., ab * wdh.
2. Reihe: Li. str.
3. Reihe: 2 M. re., *1 U., 1 M. re., 3 M. re. übz. zus.str., 1 M. re., 1 U., 3 M. re., ab * wdh. Enden mit 1 U., 1 M. re., 3 M. re. übz. zus.str., 1 M. re., 1 U., 2 M. re.
4. Reihe: Li. str.
5. Reihe: 3 M. re., *1 U., 3 M. re. übz. zus.str., 1 U., 5 M. re., ab * wdh. Enden mit 1 U., 3 M. re. übz. zus.str., 1 U., 3 M. .re.
6. Reihe: Li. str.
7. Reihe: Ab 1. Reihe wdh.

Streifenlochmuster

M.zahl teilbar durch 2 + 1 M.
1., 2. und 3. Reihe: Li. str.
4. Reihe (Vorders.): 1 M. re., *1 U., 2 M. re. übz. zus.str., ab * wdh.
5., 6. und 7. Reihe: Li. str.
8. Reihe: 1 M. re., *1 U., 2 M. re. zus.str., ab * wdh.
9. Reihe: Ab 1. Reihe wdh.

Kleines Blattmuster

M.zahl teilbar durch 6 + 1 M.
1. Reihe (Vorders.): 1 M. re., *1 U., 2 M. re. verschr. zus.str., 1 M. re., 2 M. re. zus.str., 1 U., 1 M. re., ab * wdh.
2. und alle geraden Reihen: Li. str.
3. Reihe: 1 M. re., *1 U., 1 M. re., 3 M. re. übz. zus.str., 1 M. re., 1 U., 1 M. re., ab * wdh.
5. Reihe: 1 M. re., *2 M. re. zus.str., 1 U., 1 M. re., 1 U., 2 M. re. verschr. zus.str., 1 M. re., ab * wdh.
7. Reihe: 2 M. re. zus.str., *[1 M. re., 1 U.] 2x, 1 M. re., 3 M. re. übz. zus.str., ab * wdh. Enden mit [1 M. re., 1 U.] 2x, 1 M. re., 2 M. re. verschr. zus.str.
8. Reihe: Li. str. **9. Reihe:** Ab 1. Reihe wdh.

Kleines Gittermuster

M.zahl teilbar durch 6 + 5 M.
1. Reihe (Vorders.): 4 M. re., *1 U., 3 M. re. übz. zus.str., 1 U., 3 M. re., ab * wdh. Enden mit 1 M. re.
2. Reihe: Li. str.
3. Reihe: 1 M. re., *1 U., 3 M. re. übz. zus.str., 1 U., 3 M. re., ab * wdh. Enden mit 1 U., 3 M. re. übz. zus.str., 1 U., 1 M. re.
4. Reihe: Li. str.
5. Reihe: Ab 1. Reihe wdh.

Streifenlochmuster mit Rhomben

M.zahl teilbar durch 6 + 3 M.
1. Reihe (Rücks.): Re. str.
2. Reihe: 1 M. li., *1 U., 2 M. li. zus.str., ab * wdh.
3. und 4. Reihe: Re. str.
5. und alle Rückr. bis 15. Reihe: Li. str.
6. Reihe: *4 M. re., 1 U., 2 M. re. übz. zus.str., ab * wdh. Enden mit 3 M. re.
8. Reihe: 2 M. re., *2 M. re. zus.str., 1 U., 1 M. re., 1 U., 2 M. re. übz. zus.str., 1 M. re., ab * wdh. Enden mit 1 M. re.
10. Reihe: 1 M. re., 2 M. re. zus.str., 1 U., *3 M. re., 1 U., 3 M. re. übz. zus.str., 1 U., ab * wdh. Enden mit 3 M. re., 1 U., 2 M. re. übz. zus.str., 1 M. re.
12. Reihe: 3 M. re., *1 U., 3 M. re. übz. zus.str., 1 U., 3 M. re., ab * wdh.
14. Reihe: Wie 6. Reihe.
16. Reihe: Re. str.
17. Reihe: Ab 1. Reihe wdh.

Gittermuster

M.zahl teilbar durch 7 + 2 M.
1. Reihe (Vorders.): 3 M. re., *2 M. re. zus.str., 1 U., 5 M. re., ab * wdh. Enden mit 2 M. re. zus.str., 1 U., 4 M. re. **2. Reihe:** 2 M. li., *2 M. li. verschr. zus.str., 1 U., 1 M. li., 1 U., 2 M. li. zus.str., 2 M. li., ab * wdh. **3. Reihe:** 1 M. re., *2 M. re. zus.str., 1 U., 3 M. re., 1 U., 2 M. re. übz. zus.str., ab * wdh. Enden mit 1 M. re. **4. Reihe:** Li. str. **5. Reihe:** 1 M. re., *1 U., 2 M. re. übz. zus.str., 5 M. re., ab * wdh. Enden mit 1 M. re. **6. Reihe:** *1 M. li., 1 U., 2 M. li. zus.str., 2 M. li. verschr. zus.str., 1 U., ab * wdh. Enden mit 2 M. li. **7. Reihe:** *3 M. re., 1 U., 2 M. re. übz. zus.str., 2 M. re. zus.str., 1 U., ab * wdh. Enden mit 2 M. re. **8. Reihe:** Li. str. **9. Reihe:** Ab 1. Reihe wdh.

Karolochmuster

M.zahl teilbar durch 6 + 5 M.
1. Reihe (Vorders.): 1 M. re.. *1 U., 3 M. re. übz. zus.str., 1 U., 3 M. re., ab * wdh. Enden mit 1 U., 3 M. re. übz. zus.str., 1 U., 1 M. re.
2. und alle geraden Reihen: Li. str.
3. Reihe: Wie 1. Reihe.
5. Reihe: Re. str.
7. Reihe: 4 M. re., *1 U., 3 M. re. übz. zus.str., 1 U., 3 M. re., ab * wdh. Enden mit 1 M. re.
9. Reihe: Wie 7. Reihe.
11. Reihe: Re. str.
12. Reihe: Li. str.
13. Reihe: Ab 1. Reihe wdh.

Lochmusterflächen

Rippenlochmuster

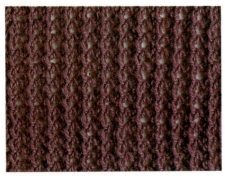

Gerade M.zahl.
1. Reihe (Vorders.): 1 M. re., *1 U., 2 M. re. verschr. zus.str., ab * wdh. Enden mit 1 M. re.
2. Reihe: 1 M. li., *1 U., 2 M. li. zus.str., ab * wdh. Enden mit 1 M. li.
3. Reihe: Ab 1. Reihe wdh.

Doppeltes Rippenlochmuster

M.zahl teilbar durch 6 + 2 M.
1. Reihe (Vorders.): 2 M. re., *1 M. li., 1 U., 2 M. re. verschr. zus.str., 1 M. li., 2 M. re., ab * wdh.
2. Reihe: 2 M. li., *1 M. re., 2 M. li., ab * wdh.
3. Reihe: 2 M. re., *1 M. li., 2 M. re. zus.str., 1 U., 1 M. li., 2 M. re., ab * wdh.
4. Reihe: Wie 2. Reihe.
5. Reihe: Ab 1. Reihe wdh.

Arabeske

M.zahl teilbar durch 4 + 2 M.
1. Reihe (Vorders.): 1 M. re., 1 U., *2 M. re. übz. zus.str., 2 M. re. zus.str., 2 U., ab * wdh. Enden mit 2 M. re. übz. zus.str., 2 M. re. zus.str., 1 U., 1 M. re.
2. Reihe: 2 M. re., 2 M. li., *1 M. re. in den 1. U. str., 1 M. re. verschr. in den 2. U. str., 2 M. li., ab * wdh. Enden mit 2 M. re. **3. Reihe:** 1 M. re., 1 M. li., *2 M. hinten kreuzen, 2 M. li., ab * wdh. Enden mit 2 M. hinten kreuzen, 1 M. li., 1 M. re. **4. Reihe:** 2 M. re., *2 M. li., 2 M. re., ab * wdh. **5. Reihe:** 1 M. re., 2 M. re. zus.str., *2 U., 2 M. re. übz. zus.str., 2 M. re. zus.str., ab * wdh. Enden mit 2 U., 2 M. re. übz. zus.str., 1 M. re. **6. Reihe:** 1 M. re., 1 M. li., 1 M. re. in den 1. U. str., 1 M. re. verschr. in den 2. U. str., *2 M. li., 1 M. re. in den 1. U. str., 1 M. li. in den 2. U. str., ab * wdh. Enden mit 1 M. li., 1 M. re. **7. Reihe:** 2 M. re., *2 M. li., 2 M. hinten kreuzen, ab * wdh. Enden mit 2 M. li., 2 M. re. **8. Reihe:** 1 M. re., 1 M. li., 2 M. re., *2 M. li., 2 M. re., ab * wdh. Enden mit 1 M. li., 1 M. re. **9. Reihe:** Ab 1. Reihe wdh.

Schachbrettlochmuster

M.zahl teilbar durch 12 + 8 M.
1. Reihe (Vorders.): 7 M. re., *[1 U., 2 M. re. zus.str.] 3x, 6 M. re., ab * wdh. Enden mit 1 M. re.
2. und alle geraden Reihen: Li. str.
3. Reihe: 7 M. re., *[2 M. re. zus.str., 1 U.] 3x, 6 M. re., ab * wdh. Enden mit 1 M. re.
5. Reihe: Wie 1. Reihe.
7. Reihe: Wie 3. Reihe.
9. Reihe: 1 M. re., *[1 U., 2 M. re. zus.str.] 3x, 6 M. re., ab * wdh. Enden mit [1 U., 2 M. re. zus.str.] 3x, 1 M. re.
11. Reihe: 1 M. re., *[2 M. re. zus.str., 1 U.] 3x, 6 M. re., ab * wdh. Enden mit [2 M. re. zus.str., 1 U.] 3x, 1 M. re.
13. Reihe: Wie 9. Reihe.
15. Reihe: Wie 11. Reihe.
16. Reihe: Li. str.
17. Reihe: Ab 1. Reihe wdh.

Fantasielochmuster

M.zahl teilbar durch 4.
Anmerkung: Die Maschen nur nach der 2. und 4. Reihe zählen.
1. Reihe (Vorders.): 2 M. re., *1 U., 4 M. re., ab * wdh. Enden mit 1 U., 2 M. re. **2. Reihe:** 2 M. li. zus.str., *(1 M. re., 1 M. li.) in den U. der Vorreihe, [2 M. li. zus.str.] 2x, ab * wdh. Enden mit (1 M. re., 1 M. li.) in den U., 2 M. li. zus.str.
3. Reihe: 4 M. re., *1 U., 4 M. re., ab * wdh. **4. Reihe:** 2 M. li., 2 M. li. zus.str., *(1 M. re., 1 M. li) in den U. der Vorreihe, [2 M. li. zus.str.] 2x, ab * wdh. Enden mit (1 M. re., 1 M. li.) in den U., 2 M. li. zus.str. **5. Reihe:** Ab 1. Reihe wdh.

Glockenmuster

M.zahl teilbar durch 8 + 3 M.
1., 3. und 5. Reihe (Vorders.): 1 M. re., 1 M. li., 1 M. re., *1 M. li., 1 U., 3 M. re. übz. zus.str., 1 U., [1 M. li., 1 M. re.] 2x, ab * wdh.
2., 4. und 6. Reihe: 1 M. li., 1 M. re., 1 M. li., *1 M. re., 3 M. li., [1 M. re., 1 M. li.] 2x, ab * wdh.
7., 9. und 11. Reihe: 1 M. re., 2 M. re. zus.str., *1 U., [1 M. li., 1 M. re.] 2x, 1 M. li., 1 U., 3 M. re. übz. zus.str., ab * wdh. Enden mit 1 U., [1 M. li., 1 M. re.] 2x, 1 M. li., 1 U., 2 M. re. übz. zus.str., 1 M. re.
8., 10. und 12. Reihe: 3 M. li., *[1 M. re., 1 M. li.] 2x, 1 M. re., 3 M. li., ab * wdh. **13. Reihe:** Ab 1. Reihe wdh.

Rippenlochmuster mit Rhomben

M.zahl teilbar durch 9 + 2 M.
1. Reihe (Vorders.): 2 M. li., *2 M. re. zus.str., [1 M. re., 1 U.] 2x, 1 M. re., 2 M. re. übz. zus.str., 2 M. li., ab * wdh.
2. und alle geraden Reihen: 2 M. re., *7 M. li., 2 M. re., ab * wdh. **3. Reihe:** 2 M. li., *2 M. re. zus.str., 1 U., 3 M. re., 1 U., 2 M. re. übz. zus.str., 2 M. li., ab * wdh. **5. Reihe:** 2 M. li., *1 M. re., 1 U., 2 M. re. übz. zus.str., 1 M. re., 2 M. re. zus.str., 1 U., 1 M. re., 2 M. li., ab * wdh. **7. Reihe:** 2 M. li., *2 M. re., 1 U., 3 M. re. übz. zus.str., 1 U., 2 M. re., 2 M. li., ab * wdh. **8. Reihe:** Wie 2. Reihe. **9. Reihe:** Ab 1. Reihe wdh.

Fantasierippenmuster

M.zahl teilbar durch 11 + 4 M.

1. Reihe (Vorders.): 1 M. re., 1 U., 2 M. li. zus.str., 1 M. re., *1 M. li., 2 M. re., 1 U., 2 M. re. übz. zus.str., 1 M. re., 1 M. li., 1 M. re., 1 U., 2 M. li. zus.str., 1 M. re., ab * wdh.
2., 4. und 6. Reihe: 1 M. re., 1 U., 2 M. li. zus.str., *2 M. re., 5 M. li., 2 M. re., 1 U., 2 M. li. zus.str., ab * wdh. Enden mit 1 M. re.
3. Reihe: 1 M. re., 1 U., 2 M. li. zus.str., 1 M. re., *1 M. li., 1 M. re., 1 U., 3 M. re. übz. zus.str., 1 U., 1 M. re., 1 M. li., 1 M. re., 1 U., 2 M. li. zus.str., 1 M. re., ab * wdh.
5. Reihe: Wie 1. Reihe.
7. Reihe: 1 M. re., 1 U., 2 M. li. zus.str., 1 M. re., * 1 M. li., 5 M. re., 1 M. li., 1 M. re., 1 U., 2 M. li. zus.str., 1 M. re., ab * wdh.
8. Reihe: Wie 2. Reihe.
9. Reihe: Ab 1. Reihe wdh.

Rhomben mit Perlmuster

M.zahl teilbar durch 8 + 1 M.

1. und 3. Reihe (Vorders.): 1 M. re., *1 M. li., 1 M. re., ab * wdh. **2. und 4. Reihe:** 1 M. re., *1 M. li., 1 M. re., ab * wdh. **5. Reihe:** 1 M. re., 1 U., 2 M. re. übz. zus.str., 3 M. re., 2 M. re. zus. str., 1 U., 1 M. re., ab * wdh. **6. Reihe:** Li. str. **7. Reihe:** 2 M. re., *1 U., 2 M. re. übz. zus.str., 1 M. re., 2 M. re. zus.str., 1 U., 3 M. re., ab * wdh. Enden mit 1 U., 2 M. re. übz. zus.str., 1 U., 2 M. re. **8. Reihe:** Li. str. **9. Reihe:** 3 M. re., *1 U., 3 M. re. übz. zus.str., 1 U., 5 M. re., ab * wdh. Enden mit 1 U., 3 M. re. übz. zus.str., 1 U., 3 M. re. **10. Reihe:** Li. str. **11. Reihe:** 1 M. re., *1 M. li., 1 M. re., ab * wdh. **12., 13. und 14. Reihe:** Wie 11. Reihe. **15. Reihe:** 2 M. re., *2 M. re. zus.str., 1 U., 1 M. re., 1 U., 2 M. re. übz. zus.str., 3 M. re., ab *

wdh. Enden mit 2 M. re. zus.str., 1 U., 1 M. re., 1 U., 2 M. re. übz. zus.str., 2 M. re. **16. Reihe:** Li. str. **17. Reihe:** 1 M. re., *2 M. re. zus.str., 1 U., 3 M. re., 1 U., 2 M. re. übz. zus.str., 1 M. re., ab * wdh. **18. Reihe:** Li. str. **19. Reihe:** 2 M. re. zus.str., *1 U., 5 M. re., 1 U., 3 M. re. übz. zus.str., ab * wdh. Enden mit 1 U., 5 M. re., 1 U., 2 M. re. übz. zus.str. **20. Reihe:** Li. str. **21. Reihe:** Ab 1. Reihe wdh.

Muschelmuster

M.zahl teilbar durch 13 + 2 M.

Anmerkung: Die Maschen nur nach der 5. bzw. 6. Reihe des Musters zählen.
1. Reihe (Vorders.): 1 M. re., *2 M. re. übz. zus.str., 9 M. re., 2 M. re. zus.str., ab * wdh. Enden mit 1 M. re.
2. Reihe: Li. str.
3. Reihe: 1 M. re., *2 M. re. übz. zus.str., 7 M. re., 2 M. re. zus.str., ab * wdh. Enden mit 1 M. re.
4. Reihe: Li. str.
5. Reihe: 1 M. re., *2 M. re. übz. zus.str., 1 U., [1 M. re., 1 U.] 5x, 2 M. re. zus.str., ab * wdh. Enden mit 1 M. re.
6. Reihe: Re. str.
7. Reihe: Ab 1. Reihe wdh.

Astrachan-Noppen

M.zahl teilbar durch 12 + 3 M.

Dieses Muster kann auf beiden Seiten verwendet werden.
1. Reihe: 2 M. re., *1 U., 4 M. re., 3 M. li. zus.str., 4 M. re., 1 U., 1 M. re., ab * wdh. Enden mit 1 M. re. Diese Reihe 5x wdh. **7. Reihe:** 1 M. re., 2 M. li. zus.str., *4 M. re., 1 U., 1 M. re., 1 U., 4 M. re., 3 M. li. zus.str., ab * wdh. Enden mit 4 M. re., 1 U., 1 M. re., 1 U., 4 M. re., 2 M. li. zus.str., 1 M. re. Diese Reihe 5x wdh. **13. Reihe:** Ab 1. Reihe wdh.

Durchbrochenes Fischgrätenmuster

M.zahl teilbar durch 7 + 2 M.

1. Reihe (Vorders.): 2 M. re., *2 M. re. zus.str., 1 U., 1 M. re., 1 U., 2 M. re. übz. zus.str., 2 M. re., ab * wdh.
2. Reihe: Li. str.
3. Reihe: 1 M. re., *2 M. re. zus.str., 1 U., 3 M. re., 1 U., 2 M. re. übz. zus.str., ab * wdh. Enden mit 1 M. re.
4. Reihe: Li. str.
5. Reihe: Ab 1. Reihe wdh.

Schräglaufendes Lochmuster

M.zahl teilbar durch 8 + 2 M.

1. Reihe (Vorders.): 1 M. re., *1 U., 2 M. li. zus.str., 1 M. re., 2 M. li. zus.str., 1 U., 3 M. re., ab * wdh. Enden mit 1 M. re.
2. Reihe: 6 M. re., *2 M. li. zus.str., 1 U., 6 M. re., ab * wdh. Enden mit 2 M. li. zus.str., 1 U., 2 M. re.
3. Reihe: 3 M. re., *1 U., 2 M. li. zus.str., 1 M. re., 2 M. li. zus.str., 1 U., 3 M. re., ab * wdh. Enden mit 1 U., 2 M. li. zus.str., 1 M. re., 2 M. li. zus.str., 1 U., 2 M. re.
4. Reihe: 4 M. re., *2 M. li. zus.str., 1 U., 6 M. re., ab * wdh. Enden mit 2 M. li. zus.str., 1 U., 4 M. re.
5. Reihe: *2 M. li. zus.str., 1 U., 3 M. re., 1 U., 2 M. li. zus.str., 1 M. re., ab * wdh. Enden mit 2 M. re.
6. Reihe: 2 M. re., *2 M. li. zus.str., 1 U., 6 M. re., ab * wdh.
7. Reihe: 2 M. re., *2 M. li. zus.str., 1 U., 3 M. re., 1 U., 2 M. li. zus.str., 1 M. re., ab * wdh.
8. Reihe: *2 M. li. zus.str., 1 U., 6 M. re., ab * wdh. Enden mit 2 M. re.
9. Reihe: Ab 1. Reihe wdh.

Lochmusterflächen

Kleines Vogelmuster

M.zahl teilbar durch 10 + 1 M.
1. Reihe (Vorders.): Re. str.
2., 4. und 6. Reihe: Li. str.
3. Reihe: 3 M. re., *2 M. re. zus.str., 1 U., 1 M. re., 1 U., 2 M. re. übz. zus.str., 5 M. re., ab * wdh. Enden mit 2 M. re. zus.str., 1 U., 1 M. re., 1 U., 2 M. re. übz. zus.str., 3 M. re.
5. Reihe: Re. str.
7. Reihe: 1 M. re., *1 U., 2 M. re. übz. zus.str., 5 M. re., 2 M. re. zus.str., 1 U., 1 M. re., ab * wdh.
8. Reihe: Li. str.
9. Reihe: Ab 1. Reihe wdh.

Schlangenmuster

M.zahl teilbar durch 8 + 2 M.
1. Reihe (Vorders.): 7 M. re., *2 M. re. zus.str., 1 U., 6 M. re., ab * wdh. Enden mit 2 M. re. zus.str., 1 U., 1 M. re. **2. Reihe:** 2 M. re., *1 M. li. verschr. zus.str., 6 M. re., ab * wdh. **3. Reihe:** 5 M. re., *2 M. re. zus.str., 1 U., 6 M. re., ab * wdh. Enden mit 2 M. re. zus.str., 1 U., 3 M. re. **4. Reihe:** 4 M. re., *1 U., 2 M. li. zus.str., 6 M. re., ab * wdh. Enden mit 1 U., 2 M. li. zus.str., 4 M. re. **5. Reihe:** 3 M. re., *2 M. re. zus.str., 1 U., 6 M. re., ab * wdh. Enden mit 2 M. re. zus.str., 1 U., 5 M. re. **6. Reihe:** *6 M. re., 1 U., 2 M. li. zus.str., ab * wdh. Enden mit 2 M. re. **7. Reihe:** 1 M. re., *2 M. re. zus.str., 1 U., 6 M. re., ab * wdh. Enden mit 1 M. re. **8. Reihe:** 7 M. re., *2 M. li. verschr. zus.str., 1 U.,6 M. re., ab * wdh. Enden mit 2 M. li. verschr. zus.str., 1 U., 1 M. re. **9. Reihe:** 2 M. re., *1 U., 2 M. re. verschr. zus.str., 6 M. re., ab * wdh. **10. Reihe:** 5 M. re., *2 M. li. verschr. zus.str., 1 U., 6 M. re., ab * wdh. Enden mit 2 M. li. verschr. zus.str., 1 U., 3 M. re. **11. Reihe:** 4 M. re., *1 U., 2 M. re. verschr. zus.str., 6 M. re., ab * wdh. Enden mit 1 U., 2 M. re. verschr. zus.str., 4 M. re. **12. Reihe:** 3 M. re., *2 M. li. verschr. zus.str., 1 U., 6 M. re., ab * wdh. Enden mit 2 M. li. verschr. zus.str., 1 U., 5 M. re. **13. Reihe:** *6 M. re., 1 U., 2 M. re. verschr. zus.str., ab * wdh. Enden mit 2 M. re. **14. Reihe:** 1 M. re., *2 M. li. verschr. zus.str., 1 U., 6 M. re., ab * wdh. Enden mit 1 M. re. **15. Reihe:** Ab 1. Reihe wdh.

Kleines Wabenmuster

M.zahl teilbar durch 6 + 2 M.
Anmerkung: Die Maschen nur nach der 2. und 4. Reihe zählen.
1. Reihe (Vorders.): 1 M. re., 1 U., *2 M. re. verschr. zus.str., 2 M. re., 2 M. re. zus.str., 1 U., ab * wdh. Enden mit 1 M. re. **2. Reihe:** 1 M. re., 5 M. li., *1 M. li. und 1 M. li. verschr. in die nächste M. str., 4 M. li., ab * wdh. Enden mit 1 M. li., 1 M. re. **3. Reihe:** 2 M. re., *2 M. re. zus.str., 1 U., 2 M. re. verschr. zus.str., 2 M. re., ab * wdh. **4. Reihe:** 1 M. re., 2 M. li., *1 M. li. und 1 M. li. verschr. in die nächste M. str., 4 M. li., ab * wdh. Enden mit 1 M. li. und 1 M. li. verschr. in die nächste M. str., 2 M. li., 1 M. re. **5. Reihe:** Ab 1. Reihe wdh.

Weinrebe

M.zahl teilbar durch 8 + 2 M.
Anmerkung: Die Maschen nur nach den Rückreihen zählen.
1. Reihe (Vorders.): 1 M. re., *1 U., 1 M. re. verschr. zus.str., 1 U., 2 M. re. verschr. zus.str., 5 M. re., ab * wdh. Enden mit 1 M. re. **2. Reihe:** 5 M. li., *2 M. li. verschr. zus.str., 7 M. li., ab * wdh. Enden mit 2 M. li. verschr. zus.str., 4 M. li. **3. Reihe:** 1 M. re., *1 U., 1 M. re. verschr., 1 U., 2 M. re., 2 M. re. verschr., 3 M. re., ab * wdh. Enden mit 1 M. re. **4. Reihe:** 3 M. li., *2 M. li. verschr. zus.str., 7 M. li., ab * wdh. Enden mit 2 M. li. verschr. zus.str., 6 M. li. **5. Reihe:** 1 M. re., *1 M. re. verschr., 1 U., 4 M. re., 2 M. re. verschr. zus.str., 1 U., 1 M. re., ab * wdh. Enden mit 1 M. re. **6. Reihe:** 2 M. li., *2 M. li. verschr., 7 M. li., ab * wdh. Enden mit 2 M. li. verschr., 1 M. li. **7. Reihe:** 6 M. re., *2 M. re. verschr. zus.str., 1 U., 1 M. re. verschr., 1 U., 5 M. re., ab * wdh. Enden mit 2 M. re. verschr. zus.str., 1 U., 1 M. re. verschr., 1 U., 1 M. re. **8. Reihe:** 4 M. li., *2 M. li. verschr., 7 M. li., ab * wdh. Enden mit 2 M. li. verschr., 5 M. li. **9. Reihe:** 4 M. re., *2 M. re. verschr. zus.str., 2 M. re., 1 U., 1 M. re. verschr., 1 U., 3 M. re., ab * wdh. Enden mit 2 M. re. zus.str., 2 M.

re., 1 U., 1 M. re. verschr., 1 U., 1 M. re. **10. Reihe:** 6 M. li., *2 M. li. zus.str., 7 M. li., ab * wdh. Enden mit 2 M. li. zus.str., 3 M. li. **11. Reihe:** 1 M. re., *1 U., 1 M. re., 2 M. re. zus.str., 4 M. re., 1 U., 1 M. re. verschr., ab * wdh. Enden mit 1 M. re. **12. Reihe:** *7 M. li., 2 M. li. zus.str., ab * wdh. Enden mit 2 M. li. **13. Reihe:** Ab 1. Reihe wdh.

Imitiertes Häkelmuster

M.zahl teilbar durch 6 + 3 M.
Anmerkung: Die Maschen *nicht* nach der 1. bzw. 5. Reihe zählen.
1. Reihe (Rücks.): 1 M. re., *1 U., 1 M. re., ab * wdh.
2. Reihe: Re. str., dabei die U. der Vorreihe fallen lassen.
3. Reihe: 1 M. re., 3 M. re. zus.str., *2 U., 1 M. re., 2 U., 2 M. abh., 3 M. re. zus.str. und die 2 abgeh. M. darüberziehen, ab * wdh. Enden mit 2 U., 1 M. re., 2 U., 3 M. re. zus.str., 1 M. re.
4. Reihe: 2 M. re., *1 M. re. in den 1. U. und 1 M. re. verschr. in den 2. U. der Vorreihe, 1 M. re., ab * wdh. Enden mit 1 M. re.
5. Reihe: Wie 1. Reihe.
6. Reihe: Wie 2. Reihe.
7. Reihe: 2 M. re., *2 U., 2 M. abh., 3 M. re zus.str. und die 2 abgeh. M. darüberziehen, 2 U., 1 M. re., ab * wdh. Enden mit 1 M. re.
8. Reihe: Wie 4. Reihe.
9. Reihe: Ab 1. Reihe wdh.

Efeuranke

M.zahl teilbar durch 16 + 1 M.
1. Reihe (Vorders.): 1 M. re., *1 U., 5 M. re., 2 M. re. zus.str., 1 M. re., 2 M. re. verschr. zus.str., 5 M. re., 1 U., 1 M. re., ab * wdh.
2., 4. und 6. Reihe: Li. str.
3. Reihe: Wie 1. Reihe.
5. Reihe: 1 M. re., *2 M. re. verschr. zus.str., 5 M. re., 1 U., 1 M. re., 1 U., 5 M. re., 2 M. re. zus.str., 1 M. re., ab * wdh.
7. Reihe: Wie 5. Reihe.
8. Reihe: Li. str.
9. Reihe: Ab 1. Reihe wdh.

Blumenmuster

M.zahl teilbar durch 12 + 7 M.
1. Reihe (Vorders.): 1 M. re., *2 M. li. zus.str., 1 U., 1 M. re., 1 U., 2 M. li. zus.str., 7 M. re., ab * wdh. Enden mit 2 M. li. zus.str., 1 U., 1 M. re., 1 U., 2 M. li. zus.str., 1 M. re. **2. und alle geraden Reihen**: Li. str. **3. Reihe**: 1 M. re., *1 U., 2 M. li. zus.str., 1 M. re., 2 M. li. zus.str., 1 U., 7 M. re., ab * wdh. Enden mit 1 U., 2 M. li. zus.str., 1 M. re., 2 M. li. zus.str., 1 U., 1 M. re. **5. Reihe**: Wie 3. Reihe. **7. Reihe**: Wie 1. Reihe. **9. Reihe**: 7 M. re., *2 M. li. zus.str., 1 U., 1 M. re., 1 U., 2 M. li. zus.str., 7 M. re., ab * wdh. **11. Reihe**: 7 M. re., * 1 U., 2 M. li. zus.str., 1 M. re., 2 M. li. zus.str., 1 U., 7 M. re., ab * wdh. **13. Reihe**: Wie 11. Reihe. **15. Reihe**: Wie 9. Reihe. **16. Reihe**: Li. str. **17. Reihe**: Ab 1. Reihe wdh.

Gotische Fenster

M.zahl teilbar durch 8 + 2 M.
Anmerkung: Die Maschen *nicht* nach der 3., 7., 9. und 11. Reihe zählen.
1. Reihe (Vorders.): 4 M. li., *2 M. re., 6 M. li., ab * wdh. Enden mit 2 M. re., 4 M. li. **2. Reihe**: 4 M. re., *2 M. li., 6 M. re., ab * wdh. Enden mit 2 M. li., 4 M. re. **3. Reihe**: 3 M. li., *2 M. re. zus.str., 1 U., 2 M. re. übz. zus.str., 4 M. li., ab * wdh. Enden mit 2 M. re. zus.str., 1 U., 2 M. re. übz. zus.str., 3 M. li. **4. Reihe**: 3 M. re., *1 M. li., 1 M. re. verschr. und 1 M. re. in die nächste M. str., 1 M. li., 4 M. re., ab * wdh. Enden mit 1 M. li., 1 M. re. verschr. und 1 M. re. in die nächste M. str., 1 M. li., 3 M. re. **5. Reihe**: 2 M. li., *2 M. re. zus.str., 1 U., 2 M. re. übz. zus.str., 2 M. li., ab * wdh. **6. Reihe**: 2 M. re., *6 M. li., 2 M. re., ab * wdh. **7. Reihe**: 1 M. re., *2 M. re. zus.str., 1 U., 2 M. re., 1 U., 2 M. re. übz. zus.str.] 2x, ab * wdh. **8. Reihe**: 4 M. li., *1 M. re. und 1 M. re. verschr. in die nächste M. str., 6 M. li., ab * wdh. Enden mit 1 M. re. und 1 M. re. verschr. in die nächste M. str., 4 M. li. **9. Reihe**: 2 M. re., *[1 U., 2 M. re. übz. zus.str.] 2x, 2 M. re. zus.str., 1 U., 2 M. re. zus.str., ab * wdh. Enden mit 1 U., 1 M. re. **10. Reihe**: 1 M. re. verschr., *6 M. li., 1 M. re. verschr.

und 1 M. re. in die nächste M. str., ab * wdh. Enden mit 6 M. li., 1 M. re. verschr. **11. Reihe**: 2 M. li., *2 M. re. verschr. zus.str., 1 U., 3 M. re. zus.str., 1 U., 2 M. li., ab * wdh. **12. Reihe**: 2 M. re., *1 M. re. verschr., 1 M. li., 1 M. re. verschr. und 1 M. re. in die nächste M. str., 1 M. li., 1 M. re. verschr., 2 M. re., ab * wdh. **13. Reihe**: 3 M. li., *1 U., 2 M. re. übz. zus.str., 2 M. re. zus.str., 1 U., 4 M. li., ab * wdh. Enden mit 1 U., 2 M. re. zus.str., 1 U., 3 M. li. **14. Reihe**: 3 M. re., *1 M. re. verschr., 2 M. li., 1 M. re. verschr., 4 M. re., ab * wdh. Enden mit 1 M. re. verschr., 2 M. li., 1 M. re. verschr., 3 M. re. **15. Reihe**: Ab 1. Reihe wdh.

Einfaches Rippenlochmuster

M.zahl teilbar durch 6 + 1 M.
1. Reihe (Vorders.): 2 M. re. verschr., *3 M. re., 3 M. re. verschr., ab * wdh. Enden mit 3 M. re., 2 M. re. verschr.
2. Reihe: 2 M. li. verschr., *3 M. li., 3 M. li. verschr., ab * wdh. Enden mit 3 M. li., 2 M. li. verschr.
3. Reihe: 2 M. re. verschr., *1 U., 3 M. re. übz. zus.str., 1 U., 3 M. re. verschr., ab * wdh. Enden mit 1 U., 3 M. re. übz. zus.str., 1 U., 2 M. re. verschr.
4. Reihe: Wie 2. Reihe.
5. Reihe: Ab 1. Reihe wdh.

Schräglaufendes Lochmuster

M.zahl teilbar durch 8 + 2 M.
1. Reihe (Vorders.): 1 M. re., *1 U., 2 M. re. verschr. zus.str., 6 M. re., ab * wdh. Enden mit 1 M. re. **2. Reihe**: 1 M. re., *1 U., 2 M. li. zus.str., 3 M. re., 2 M. li. verschr. zus.str., 1 U., 1 M. re., ab * wdh. Enden mit 1 M. re. **3. Reihe**: *3 M. re., 1 U., 2 M. re. verschr. zus.str., 1 M. re., 2 M. re. zus.str., 1 U., ab * wdh. Enden mit 2 M. re. **4. Reihe**: 3 M. re.,

*1 U., 3 M. li. verschr. zus.str., 1 U., 5 M. re., ab * wdh. Enden mit 1 U., 3 M. li. verschr. zus.str., 1 U., 4 M. re. **5. Reihe**: 5 M. re., *1 U., 2 M. re. verschr. zus.str., 6 M. re., ab * wdh. Enden mit 1 U., 2 M. re. verschr. zus.str., 3 M. re. **6. Reihe**: 2 M. re., *2 M. li. verschr. zus.str., 1 U., 1 M. re., 1 U., 2 M. li. zus.str., 3 M. re., ab * wdh. **7. Reihe**: 2 M. re., *2 M. re. verschr. zus.str., 1 U., 3 M. re., 1 U., 2 M. re. zus.str., 1 M. re., ab * wdh. **8. Reihe**: 2 M. li. verschr. zus.str., *1 U., 5 M. re., 1 U., 3 M. li. verschr. zus.str., ab * wdh. Enden mit 1 U., 5 M. re., 1 U., 2 M. li. zus.str., 1 M. re. **9. Reihe**: Ab 1. Reihe wdh.

Ährenmuster

M.zahl teilbar durch 8 + 6 M.
1. Reihe (Vorders.): 5 M. li., *2 M. re., 1 U., 2 M. re. übz. zus.str., 4 M. li., ab * wdh. Enden mit 1 M. li. **2. Reihe**: 5 M. re., *2 M. li., 1 U., 2 M. li. verschr. zus.str., 4 M. re., ab * wdh. Enden mit 1 M. re. Diese 2 Reihen 3x wdh. **9. Reihe**: 1 M. li., *2 M. re., 1 U., 2 M. re. übz. zus.str., 4 M. li., ab * wdh. Enden mit 2 M. re., 1 U., 2 M. re. übz. zus.str., 1 M. li. **10. Reihe**: 1 M. re., *2 M. li., 1 U., 2 M. li. verschr. zus.str., 4 M. re., ab * wdh. Enden mit 2 M. li., 1 U., 2 M. li. zus.str., 1 M. re. Diese 2 Reihen 3x wdh. **17. Reihe**: Ab 1. Reihe wdh.

Knospenmuster

M.zahl teilbar durch 8 + 5 M.
1. Reihe (Vorders.): 3 M. re., *1 U., 2 M. re., 3 M. li. zus.str., 2 M. re., 1 U., 1 M. re., ab * wdh. Enden mit 2 M. re.
2. Reihe: Li. str.
Diese 2 Reihen 2x wdh.
7. Reihe: 2 M. re., 2 M. li. zus.str., *2 M. re., 1 U., 1 M. re., 1 U., 2 M. re., 3 M. li. zus.str., ab * wdh. Enden mit 2 M. re., 1 U., 1 M. re., 1 U., 2 M. re., 2 M. li. zus.str., 2 M. re.
8. Reihe: Li. str. Diese 2 Reihen 2x wdh.
13. Reihe: Ab 1. Reihe wdh.

Lochmusterflächen

Zickzacklochmuster

M.zahl teilbar durch 4 + 3 M.
1. Reihe (Vorders.): 4 M. re., *2 M. re. zus.str., 1 U., 2 M. re., ab * wdh. Enden mit 2 M. re. zus.str., 1 U., 1 M. re.
2. Reihe: *2 M. li., 1 U., 2 M. li. zus.str., ab * wdh. Enden mit 3 M. li.
3. Reihe: *2 M. re., 2 M. re. zus.str., 1 U., ab * wdh. Enden mit 3 M. re.
4. Reihe: 4 M. li., *1 U., 2 M. li. zus.str., 2 M. li., ab * wdh. Enden mit 1 U., 2 M. li. zus.str., 1 M. li.
5. Reihe: 1 M. re., *1 U., 2 M. re. übz. zus.str., 2 M. re., ab * wdh. Enden mit 2 M. re.
6. Reihe: 3 M. li., *2 M. li. verschr. zus.str., 1 U., 2 M. li., ab * wdh.
7. Reihe: 3 M. re., *1 U., 2 M. re. übz. zus.str., 2 M. re., ab * wdh.
8. Reihe: 1 M. li., *2 M. li. verschr. zus.str., 1 U., 2 M. li., ab * wdh. Enden mit 2 M. li.
9. Reihe: Ab 1. Reihe wdh.

Horizontales Blattmuster

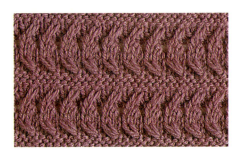

M.zahl teilbar durch 3.
1. Reihe (Vorders.): 2 M. re., *1 M. li. abh., 2 M. re., ab * wdh. Enden mit 1 M. re.
2. Reihe: 3 M. li., *1 M. li. abh., 2 M. li., ab * wdh.
3. Reihe: 2 M. re., *3 M. nach li. kreuzen, ab * wdh. Enden mit 1 M. re.
4. Reihe: Li. str.
5. Reihe: 2 M. re., *1 U., 2 M. re. zus.str., 1 M. re., ab * wdh. Enden mit 1 M. re.
6. Reihe: Li. str.
7. Reihe: 4 M. re., *1 M. li. abh., 2 M. re., ab * wdh. Enden mit 1 M. li. abh., 1 M. re.
8. Reihe: 1 M. li., *1 M. li. abh., 2 M. li., ab * wdh. Enden mit 2 M. li.
9. Reihe: 2 M. re., *3 M. nach re. kreuzen, ab * wdh. Enden mit 1 M. re.
10. Reihe: Re. str.
11. Reihe: Li. str.
12. Reihe: Li. str.
13. Reihe: Ab 1. Reihe wdh.

Durchbrochenes Zopfmuster

M.zahl teilbar durch 11 + 7 M.
1. Reihe (Vorders.): 1 M. re., *1 U., 2 M. re. übz. zus.str., 1 M. re., 2 M. re. zus.str., 1 U., 6 M. re., ab * wdh. Enden mit 1 U., 2 M. re. übz. zus.str., 1 M. re., 2 M. re. zus.str., 1 U., 1 M. re.
2., 4. und 6. Reihe: Li. str.
3. Reihe: 2 M. re., *1 U., 3 M. re. übz. zus.str., 1 U., 8 M. re., ab * wdh. Enden mit 1 U., 3 M. re. übz. zus.str., 1 U., 2 M. re.
5. Reihe: Wie 1. Reihe.
7. Reihe: 2 M. re., *1 U., 3 M. re. übz. zus.str., 1 U., 1 M. re., 6 M. hinten kreuzen, 1 M. re., ab * wdh. Enden mit 1 U., 3 M. re. übz. zus.str., 1 U., 2 M. re.
8. Reihe: Li. str. **9. Reihe:** Ab 1. Reihe wdh.

Wellenzopfmuster

M.zahl teilbar durch 14 + 1 M.
1. Reihe (Vorders.): 1 M. re., *1 U., 2 M. re., 3 M. li., 3 M. li. zus.str., 3 M. li., 2 M. re., 1 U., 1 M. re., ab * wdh. **2. Reihe:** 4 M. li., *7 M. re., 7 M. li., ab * wdh. Enden mit 7 M. re., 4 M. li. **3. Reihe:** 2 M. re., *1 U., 2 M. re., 2 M. li., 3 M. li., 3 M. li. zus.str., 2 M. li., 2 M. re., 1 U., 2 M. re., ab * wdh. Enden mit 1 U., 2 M. re., 2 M. li., 3 M. li. zus.str., 2 M. li., 2 M. re., 1 U., 2 M. re. **4. Reihe:** 5 M. li., *5 M. re., 9 M. li., ab * wdh. Enden mit 5 M. re., 5 M. li. **5. Reihe:** 3 M. re., *1 U., 2 M. re., 1 M. li., 3 M. li. zus.str., 1 M. li., 2 M. re., 1 U., 5 M. re., ab * wdh. Enden mit 1 U., 2 M. re., 1 M. li., 3 M. li. zus.str., 1 M. li., 2 M. re., 1 U., 3 M. re. **6. Reihe:** 6 M. li., *3 M. re., 11 M. li., ab * wdh. Enden mit 3 M. re., 6 M. li. **7. Reihe:** 4 M. re., *1 U., 2 M. re., 3 M. li. zus.str., 2 M. re., 1 U., 7 M. re., ab * wdh. Enden mit 1 U., 2 M. re., 3 M. li. zus.str., 2 M. re., 1 U., 4 M. re. **8. Reihe:** 7 M. li., *1 M. re., 13 M. li., ab * wdh. Enden mit 1 M. re., 7 M. li. **9. Reihe:** 2 M. li. zus.str., *3 M. li., 2 M. re., 1 U., 1 M. re., 1 U., 2 M. re., 3 M. li., 3 M. li. zus.str., ab * wdh. Enden mit 3 M. li., 2 M. re., 1 U., 1 M. re., 1 U., 2 M. re., 3 M. li., 2 M. li. zus.str. **10. Reihe:** 4 M. li., *7 M. re., 7 M. li., ab * wdh. Enden mit 7 M. re., 4 M. li. **11. Reihe:** 2 M. li. zus.str., *2 M. li., 2 M. re., 1 U., 3 M. re., 1 U., 2 M. re., 2 M. li., 3 M. li. zus.str., ab * wdh. Enden mit 2 M. li., 2 M. re., 1 U., 3 M. re., 1 U., 2 M. re., 2 M. li., 2 M. li. zus.str. **12. Reihe:** 3 M. re., *9 M. li., 5 M. re., ab * wdh. Enden mit 9 M. li., 3 M. re. **13. Reihe:** 2 M. li. zus.str., *1 M. li., 2 M. re., 1 U., 5 M. re., 1 U., 2 M. re., 1 M. li., 3 M. li. zus.str., ab * wdh. Enden mit 1 M. li., 2 M. re., 1 U., 5 M. re., 1 U., 2 M. re., 1 M. li., 2 M. li. zus.str. **14. Reihe:** 2 M. re., *11 M. li., 3 M. re., ab * wdh. Enden mit 11 M. li., 2 M. re. **15. Reihe:** 2 M. li. zus.str., *2 M. re., 1 U., 7 M. re., 1 U., 2 M. re., 3 M. li. zus.str., ab * wdh. Enden mit 2 M. re., 1 U., 7 M. re., 1 U., 2 M. re., 2 M. li. zus.str. **16. Reihe:** 1 M. re., *13 M. li., 1 M. re., ab * wdh. **17. Reihe:** Ab 1. Reihe wdh.

Wasserfall

M.zahl teilbar durch 6 + 3 M.
Anmerkung: Die Maschen nur nach der 4., 5. und 6. Reihe zählen.
1. Reihe (Vorders.): 3 M. li., *3 M. re., 1 U., 3 M. li., ab * wdh.
2. Reihe: 3 M. re., *4 M. li., 3 M. re., ab * wdh.
3. Reihe: 3 M. li., *1 M. re., 2 M. zus.str., 1 U., 1 M. re., 3 M. li., ab * wdh.
4. Reihe: 3 M. re., *2 M. li., 2 M. li. zus.str., 3 M. re., ab * wdh.
5. Reihe: 3 M. li., *1 M. re., 1 U., 2 M. re. zus.str., 3 M. li., ab * wdh.
6. Reihe: 3 M. re., *3 M. li., 3 M. re., ab * wdh.
7. Reihe: Ab 1. Reihe wdh.

Kugelmuster

M.zahl teilbar durch 6 + 3 M.
1. Reihe (Vorders.): Li. str.
2. Reihe: Re. str. **3. Reihe:** Li. str.
4. Reihe: 1 M. re., 3 M. li. zus.str., [1 M. re., 1 M. li., 1 M. re., 1 M. li., 1 M. re.] in die nächste M. str., *5 M. li. zus.str., [1 M. re., 1 M. li., 1 M. re., 1 M. li., 1 M. re.] in die nächste M. str., ab * wdh. Enden mit 3 M. li. zus.str., 1 M. re.

5. Reihe: Li. str.
6. Reihe: 1 M. re., [1 M. re., 1 M. li., 1 M. re.] in die nächste M. str., 5 M. li. zus.str., *[1 M. re., 1 M. li., 1 M. re., 1 M. li., 1 M. re.] in die nächste M. str., 5 M. li. zus.str., ab * wdh. Enden mit [1 M. re., 1 M. li., 1 M. re.] in die nächste M. str., 1 M. re.
7. Reihe: Li. str.
8. Reihe: Re. str.
9. Reihe: Ab 1. Reihe wdh.

Schneeflocken

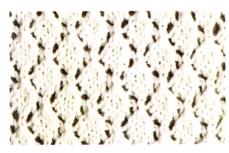

M.zahl teilbar durch 6 + 1 M.
1. Reihe (Vorders.): *1 M. re., 2 M. re. zus.str., 1 U., 1 M. re., 1 U., 2 M. re. verschr. zus.str., ab * wdh. Enden mit 1 M. re.
2., 4. und 6. Reihe: Li. str.
3. Reihe: 2 M. re. zus.str., *1 U., 3 M. re., 1 U., 2 M. abh., 1 M. re. und die 2 abgeh. M. darüberziehen, ab * wdh. Enden mit 1 U., 3 M. re., 1 U., 2 M. re. verschr. zus.str.
5. Reihe: *1 M. re., 1 U., 2 M. re. verschr. zus.str., 1 M. re., 2 M. re. zus.str., 1 U., ab * wdh. Enden mit 1 M. re.
7. Reihe: 2 M. re., *1 U., 2 M. abh., 1 M. re. und die 2 abgeh. M. darüberziehen, 1 U., 3 M. re., ab * wdh. Enden mit 1 U., 2 M. abh., 1 M. re. und die 2 abgeh. M. darüberziehen, 1 U., 2 M. re.
8. Reihe: Li. str. **9. Reihe:** Ab 1. Reihe wdh.

Zopf- und Leitermuster

M.zahl teilbar durch 7 + 6 M.
1. Reihe (Vorders.): 1 M. re, *2 M. re. zus.str., 2 U., 2 M. re. übz. zus.str., 3 M. re., ab * wdh. Enden mit 2 M. re. zus.str., 2 U., 2 M. re. übz. zus.str., 1 M. re.
2. Reihe: 2 M. re., *1 M. re. verschr. und 1 M. re. in die 2 U. der Vorreihe, 1 M. re., 3 M. li., 1 M. re., ab * wdh. Enden mit 1 M. re. verschr. und 1 M. re. in die 2 U. der Vorreihe, 2 M. re.
3. Reihe: 1 M. re., *2 M. re. zus.str., 2 U., 2 M. re. übz. zus.str., 1 M. re. auf der li. Nadel, dann 1 M. re. in die 3. M., gefolgt von 1 M. re. in die 1. M. und die 3 re. M. zus. auf die re. Nadel gleiten lassen, ab * wdh. Enden mit 2 M. re. zus.str., 2 U., 2 M. re. übz. zus.str., 1 M. re.
4. Reihe: Wie 2. Reihe.
5. Reihe: Ab 1. Reihe wdh.

Großes Gittermuster

M.zahl teilbar durch 6 + 2 M.
1. Reihe (Vorders.): 1 M. re., 1 M. li., *1 U., 2 M. re. verschr. zus.str., 2 M. re. zus.str., 1 U., 2 M. li., ab * wdh. Enden mit 1 U., 2 M. re. verschr. zus.str., 2 M. re. zus.str., 1 U., 1 M. li., 1 M. re. **2. Reihe:** 2 M. re., *4 M. li., 2 M. re., ab * wdh. **3. Reihe:** 1 M. re., 1 M. li., *2 M. re. zus.str., 2 U., 2 M. re. verschr. zus.str., 2 M. li., ab * wdh. Enden mit 2 M. re. zus.str., 2 U., 2 M. re. verschr. zus.str., 1 M. li., 1 M. re. **4. Reihe:** 2 M. re., *1 M. li., 1 M. re. und 1 M. li. in die 2 U. der Vorreihe str., 1 M. re., ab * wdh. **5. Reihe:** 1 M. re., *2 M. re. zus.str., 1 U., 2 M. li., 1 U., 2 M. re. verschr. zus.str., ab * wdh. Enden mit 1 M. re. **6. Reihe:** 1 M. re., 2 M. li., *2 M. re., 4 M. li., ab * wdh. Enden mit 2 M. re., 2 M. li., 1 M. re. **7. Reihe:** 1 M. re., 1 U., *2 M. re. verschr. zus.str., 2 M. li., 2 M. re. zus.str., 2 U., ab * wdh. Enden mit 2 M. re. verschr. zus.str., 2 M. li., 2 M. re. zus.str., 1 U., 1 M. re. **8. Reihe:** 1 M. re., 2 M. li., 2 M. re., 1 M. li., *1 M. re. und 1 M. li. in die 2 U. der Vorreihe str., 1 M. re., 2 M. li., 1 M. li., ab * wdh. Enden mit 1 M., 1 M. re. **9. Reihe:** Ab 1. Reihe wdh.

Fuchsienmuster

M.zahl teilbar durch 6.
Anmerkung: Die Maschen nur nach der 11. und 12. Reihe zählen.
1. Reihe (Vorders.): 2 M. li., *2 M. re., 1 U., 4 M. li., ab * wdh. Enden mit 2 M. re., 1 U., 2 M. li.
2. Reihe: 2 M. re., *3 M. li., 4 M. re., ab * wdh. Enden mit 3 M. li., 2 M. re.
3. Reihe: 2 M. li., *3 M. re., 1 U., 4 M. li., ab * wdh. Enden mit 3 M. re., 1 U., 2 M. li.
4. Reihe: 2 M. re., *4 M. li., 4 M. re., ab * wdh. Enden mit 4 M. li., 2 M. re.
5. Reihe: 2 M. li., *4 M. re., 1 U., 4 M. li., ab * wdh. Enden mit 4 M. re., 1 U., 2 M. li.
6. Reihe: 2 M. re., *5 M. li., 4 M. re., ab * wdh. Enden mit 5 M. li., 2 M. re.
7. Reihe: 2 M. li., *3 M. re., 2 M. re. zus.str., 4 M. li., ab * wdh. Enden mit 3 M. re., 2 M. re. zus.str., 2 M. li.
8. Reihe: Wie 4. Reihe.
9. Reihe: 2 M. li., *2 M. re., 2 M. re. zus.str., 4 M. li., ab * wdh. Enden mit 2 M. re., 2 M. re. zus.str., 2 M. li.
10. Reihe: Wie 2. Reihe.
11. Reihe: 2 M. li., *1 M. re., 2 M. re. zus.str., 4 M. li., ab * wdh. Enden mit 1 M. re., 2 M. re. zus.str., 2 M. li.
12. Reihe: 2 M. re., *2 M. li., 4 M. re., ab * wdh. Enden mit 2 M. li., 2 M. re.
13. Reihe: Ab 1. Reihe wdh.

Tautropfen

M.zahl teilbar durch 6 + 1 M.
1. Reihe (Rücks.): 2 M. re., *3 M. li., 3 M. re., ab * wdh. Enden mit 3 M. li., 2 M. re.
2. Reihe: 2 M. li., *3 M. re., 3 M. li., ab * wdh. Enden mit 3 M. re., 2 M. li.
3. Reihe: Wie 1. Reihe.
4. Reihe: 2 M. re., *1 U., 3 M. re. übz. zus.str., 1 U., 3 M. re., ab * wdh. Enden mit 1 U., 3 M. re. übz. zus.str., 1 U., 2 M. re.
5. Reihe: Wie 2. Reihe.
6. Reihe: 2 M. re., *3 M. li., 3 M. re., ab * wdh. Enden mit 3 M. li., 2 M. re.
7. Reihe: Wie 2. Reihe.
8. Reihe: 2 M. re. zus.str., *1 U., 3 M. re., 1 U., 3 M. re. übz. zus.str., ab * wdh. Enden mit 1 U., 3 M. re., 1 U., 2 M. re. übz. zus.str. **9. Reihe:** Ab 1. Reihe wdh.

Durchbrochenes Karomuster

M.zahl teilbar durch 8 + 7 M.
1. Reihe (Vorders.): 2 M. re., *3 M. li., 5 M. re., ab * wdh. Enden mit 3 M. li., 2 M. re.
2. Reihe: 2 M. li., *3 M. re., 5 M. li., ab * wdh. Enden mit 3 M. re., 2 M. li.
3. Reihe: 2 M. re., *1 M. li., 1 U., 2 M. li. zus.str., 5 M. re., ab * wdh. Enden mit 1 M. li., 1 U., 2 M. li. zus.str., 2 M. re.
4. Reihe: Wie 2. Reihe.
5. Reihe: Wie 1. Reihe.
6. Reihe: Li. str.
7. Reihe: 6 M. re., *3 M. li., 5 M. re., ab * wdh. Enden mit 3 M. li., 6 M. re.
8. Reihe: 6 M. li., *3 M. re., 5 M. li., ab * wdh. Enden mit 3 M. re., 6 M. li.
9. Reihe: 6 M. re., *1 M. li., 1 U., 2 M. li. zus.str., 5 M. re., ab * wdh. Enden mit 1 M. li., 1 U., 2 M. li. zus.str., 6 M. re.
10. Reihe: Wie 8. Reihe.
11. Reihe: 6 M. re., *3 M. li., 5 M. re., ab * wdh. Enden mit 3 M. li., 6 M. re.
12. Reihe: Li. str.
13. Reihe: Ab 1. Reihe wdh.

Lochmusterflächen

Abwechselndes Lochmuster

M.zahl teilbar durch 6 + 5 M.
1. Reihe (Vorders.): 1 M. re., *1 U., 3 M. re. übz. zus.str., 1 U., 3 M. re., ab * wdh. Enden mit 1 U., 3 M. re. übz. zus.str., 1 U., 1 M. re. **2. Reihe:** Li. str.
Die 1. und 2. Reihe 3x wdh.
9. Reihe: 4 M. re., *1 U., 3 M. re. übz. zus.str., 1 U., 3 M. re., ab * wdh. Enden mit 1 M. re. **10. Reihe:** Li. str.
Die 9. und 10. Reihe 3x wdh.
17. Reihe: Ab 1. Reihe wdh.

Welliges Rippenlochmuster

M.zahl teilbar durch 3.
Anmerkung: Die Maschen nur nach der 2. und 4. Reihe zählen.
1. Reihe (Vorders.): *1 M. re., 2 U., 2 M. re. zus.str., ab * wdh.
2. Reihe: 1 M. li., *1 M. li. in den 1. U. der Vorreihe, den 2. U. von der Nadel fallen lassen, 2 M. li., ab * wdh. Enden mit 1 M. li. in den 1. U., den 2. U. von der Nadel fallen lassen, 1 M. li.
3. Reihe: *2 M. re. zus.str., 2 U., 1 M. re., ab * wdh.
4. Reihe: Wie 2. Reihe.
5. Reihe: Ab 1. Reihe wdh.

Abwechselndes Karomuster

M.zahl teilbar durch 18 + 9 M.
1. Reihe (Rücks.): Li. str.
2. Reihe: 1 M. re., *[1 U., 2 M. re. zus.str.] 4x, 10 M. re., ab * wdh. Enden mit [1 U., 2 M. re. zus.str.] 4x.
3. Reihe: Li. str.
4. Reihe: *[2 M. re. übz. zus.str., 1 U.] 4x, 10 M. re., ab * wdh. Enden mit [2 M. re. übz. zus.str., 1 U.] 4x, 1 M. re.
Ab 1. Reihe 2x wdh.
13. Reihe: Li. str.
14. Reihe: *10 M. re., [1 U., 2 M. re. zus.str.] 4x, ab * wdh. Enden mit 9 M. re.
15. Reihe: Li. str.
16. Reihe: 9 M. re., *[2 M. re. übz. zus.str., 1 U.] 4x, 10 M. re., ab * wdh.
Ab 13. Reihe 2x wdh.
25. Reihe: Ab 1. Reihe wdh.

Einfaches Rippenlochmuster

M.zahl teilbar durch 4 + 1 M.
1. Reihe (Vorders.): 1 M. re., *1 U., 2 M. re. zus.str., 1 M. li., 1 M. re., ab * wdh.
2. Reihe: 1 M. li., *1 U., 2 M. li. zus.str., 1 M. re., 1 M. li., ab * wdh.
3. Reihe: Ab 1. Reihe wdh.

Durchbrochenes Streifenmuster

M.zahl teilbar durch 2 + 1 M.
Anmerkung: Die Maschen nur nach der 1., 3. und 4. Reihe des Musters zählen.
1. Reihe (Vorders.): Li. str.
2. Reihe: *2 M. li. zus.str., ab * wdh. Enden mit 1 M. li.
3. Reihe: 1 M. li., *1 M. li. in den Querfaden zwischen der gerade gestr. und der nächsten M. str., 1 M. li., ab * wdh.
4. Reihe: 1 M. li., *1 U., 2 M. li. zus.str., ab * wdh.
5. Reihe: Ab 1. Reihe wdh.

Pfauenauge

M.zahl teilbar durch 7 + 2 M.
1. Reihe (Vorders.): *2 M. li., 1 U., 2 M. re. übz. zus.str., 1 M. re., 2 M. re. zus.str., 1 U., ab * wdh. Enden mit 2 M. li.
2. Reihe: 2 M. re., *5 M. li., 2 M. re., ab * wdh.
Die 1. und 2. Reihe 2x wdh.
7. Reihe: *2 M. li., 5 M. re., ab * wdh. Enden mit 2 M. li.
8. Reihe: Wie 2. Reihe.
9. Reihe: *2 M. li., 2 M. re. zus.str., 1 U., 1 M. re., 1 U., 2 M. re. übz. zus.str., ab * wdh. Enden mit 2 M. li.
10. Reihe: Wie 2. Reihe.
Die 9. und 10. Reihe 2x wdh.
15. Reihe: Wie 7. Reihe.
16. Reihe: Wie 2. Reihe.
17. Reihe: Ab 1. Reihe wdh.

Loses Gittermuster

M.zahl teilbar durch 8 + 4 M.
Anmerkung: Die Maschen nur nach der 11. und 12. Reihe zählen.
1. Reihe (Vorders.): 1 M. re., *2 M. zus.str., 1 M. re., 1 U., 1 M. re., 2 M. re. übz. zus.str., 2 M. re., ab * wdh. Enden mit 3 M. re. **2. und alle geraden Reihen:** Li. str. **3. Reihe:** 2 M. re. zus.str., 1 U., *1 U., 1 M. re., 1 M. re., 2 M. übz. zus.str., 2 M. zus.str., 1 M. re., 1 U., ab * wdh. Enden mit 1 M. re. **5. Reihe:** 2 M. re., 1 U., *3 M. re., 1 U., 1 M. re., 2 M. re. übz. zus.str., 1 M. re., 1 U., ab * wdh. Enden mit 2 M. re. **7. Reihe:** 4 M. re., *2 M. re. zus.str., 1 U., 1 M. re., 2 M. re. übz. zus.str., 2 M. re., ab * wdh. Enden mit 1 M. re. **9. Reihe:** 3 M. re., *2 M. re. zus.str., 1 M. re., [1 U., 1 M. re.] 2x, 2 M. re. übz. zus.str., ab * wdh. Enden mit 2 M. re. **11. Reihe:** 2 M. re., 2 M. re. zus.str., *1 M. re., 1 U., 3 M. re., 1 U., 1 M. re., 2 M. re. übz. zus.str., ab * wdh. Enden mit 1 M. re. **12. Reihe:** Li. str. **13. Reihe:** Ab 1. Reihe wdh.

Tannenzapfen

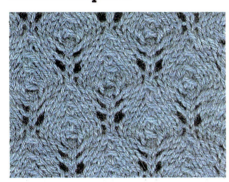

M.zahl teilbar durch 10 + 1 M.
1. Reihe (Rücks.): Li. str.
2. Reihe: 1 M. re., *1 U., 3 M. re., 3 M. re. übz. zus.str., 3 M. re., 1 U., 1 M. re., ab * wdh.
Die 1. und 2. Reihe 3x wdh.
9. Reihe: Li. str.
10. Reihe: 2 M. re., zus.str., *3 M. re., 1 U., 1 M. re., 1 U., 3 M. re., 3 M. re. übz. zus.str., ab * wdh. Enden mit 3 M. re., 1 U., 1 M. re., 1 U., 3 M. re., 2 M. re. übz. zus.str.
Die 9. und 10. Reihe 3x wdh.
17. Reihe: Ab 1. Reihe wdh.

Einfaches Lochmuster

M.zahl teilbar durch 4 + 3 M.
1. und 2. Reihe: Glatt re. str. (mit Hinr. re. beginnend).

3. Reihe (Vorders.): *2 M. re., 2 M. re. zus.str., 1 U., ab * wdh. Enden mit 3 M. re.
4., 5. und 6. Reihe: Glatt re. str. (mit Rückr. li. beginnend).
7. Reihe: *2 M. re. zus.str., 1 U., 2 M. re., ab * wdh. Enden mit 2 M. re. zus.str., 1 U., 1 M. re.
8. Reihe: Li. str.
9. Reihe: Ab 1. Reihe wdh.

Wickelmuster

M.zahl teilbar durch 4 + 1 M.
1. Reihe (Vorders.): 2 M. re., *1 M. li., 3 M. re., ab * wdh. Enden mit 1 M. li., 2 M. re.
2. Reihe: 2 M. li., *1 M. re., 3 M. li., ab * wdh. Enden mit 1 M. re., 2 M. li.
3. Reihe: 2 M. re. zus.str., 1 U., *1 M. li., 1 U., 3 M. re. zus.str., 1 U., ab * wdh. Enden mit 1 M. li., 1 U., 2 M. re. zus.str.
4. Reihe: 1 M. re., *3 M. li., 1 M. re., ab * wdh.
5. Reihe: 1 M. li., *3 M. re., 1 M. li., ab * wdh.
6. Reihe: Wie 4. Reihe.
7. Reihe: 1 M. li., *1 U., 3 M. re. zus.str., 1 U., 1 M. li., ab * wdh.
8. Reihe: Wie 2. Reihe.
9. Reihe: Ab 1. Reihe wdh.

Zickzacklochmuster

M.zahl teilbar durch 12 + 1 M.
1. Reihe (Vorders.): 4 M. re., *2 M. re. zus.str., 1 U., 1 M. re., 1 U., 2 M. re. übz. zus.str., 7 M. re., ab * wdh. Enden mit 2 M. re. zus.str., 1 U., 1 M. re., 1 U., 2 M. re. übz. zus.str., 4 M. re. **2. und alle geraden Reihen:** Li. str. **3. Reihe:** 3 M. re., *2 M. re. zus.str., 1 U., 3 M. re., 1 U., 2 M. re. übz. zus.str., 5 M. re., ab * wdh. Enden mit 2 M. re. zus.str., 1 U., 3 M. re., 1 U., 2 M. re. übz. zus.str., 3 M. re. **5. Reihe:** 2 M. re., *2 M. re. zus.str., 1 U., 5 M. re., 1 U., 2 M. re. übz. zus.str., 3 M. re., ab * wdh. Enden mit 2 M. re. zus.str., 1 U.,

5 M. re., 1 U., 2 M. re. übz. zus.str., 2 M. re. **7. Reihe:** 1 M. re., *2 M. re. zus.str., 1 U., 7 M. re., 1 U., 2 M. re. übz. zus.str., 1 M. re., ab * wdh. **9. Reihe:** 2 M. re., 1 U., 9 M. re., *1 U., 3 M. re. übz. zus.str., 1 U., 9 M. re., ab * wdh. Enden mit 1 U., 2 M. re. übz. zus.str. **10. Reihe:** Li. str. **11. Reihe:** Ab 1. Reihe wdh.

Tulpenmuster

M.zahl teilbar durch 8 + 7 M.
1. Reihe (Vorders.): Re. str.
2. und alle geraden Reihen: Li. str.
3. Reihe: 3 M. re., *1 U., 2 M. re. übz. zus.str., 6 M. re., ab * wdh. Enden mit 1 U., 2 M. re. übz. zus.str., 2 M. re.
5. Reihe: 1 M. re., *2 M. re. zus.str., 1 U., 1 M. re., 1 U., 2 M. re. übz. zus.str., 3 M. re., ab * wdh. Enden mit 2 M. re. zus.str., 1 U., 1 M. re., 1 U., 2 M. re. übz. zus.str., 1 M. re.
7. Reihe: Wie 3. Reihe.
9. Reihe: Re. str.
11. Reihe: 7 M. re., *1 U., 2 M. re. übz. zus.str., 6 M. re., ab * wdh.
13. Reihe: 5 M. re., *2 M. re. zus.str., 1 U., 1 M. re., 1 U., 2 M. re. übz. zus.str., 3 M. re., ab * wdh. Enden mit 2 M. re.
15. Reihe: Wie 11. Reihe.
16. Reihe: Li. str. **17. Reihe:** Ab 1. Reihe wdh.

Schneeglöckchen

M.zahl teilbar durch 8 + 5 M.
1. Reihe (Vorders.): 1 M. re., *1 U., 1 M. li. abh., 2 M. re. zus.str. und die abgeh. M. darüberziehen, 1 U., 5 M. re., ab * wdh. Enden mit 1 U., 1 M. li. abh., 2 M. re. zus.str. und die abgeh. M. darüberziehen, 1 U., 1 M. re. **2., 4. und 6. Reihe:** Li. str. **3. Reihe:** Wie 1. Reihe.
5. Reihe: 4 M. re., *1 U., 1 M. li. abh., 1 M. re. und die abgeh. M. darüberziehen, 1 M. re., 1 U., 3 M. re., ab * wdh. Enden mit 1 M. re. **7. Reihe:** 1 M. re., *1 U., 1 M. li. abh., 2 M. re. zus.str. und die abgeh. M. darüberziehen, 1 U., 1 M. re., ab * wdh. **8. Reihe:** Li. str. **9. Reihe:** Ab 1. Reihe wdh.

Lochmusterflächen

Diagonales Lochmuster

M.zahl teilbar durch 8 + 4 M.
1. Reihe (Vorders.): 2 M. re., *1 U., 2 M. re. übz. zus.str., 1 M. re., 2 M. re. zus.str., 1 U., 3 M. re., ab * wdh. Enden mit 2 M. re. **2. Reihe:** 7 M. li., *2 M. li. verschr. zus.str., 1 U., 6 M. li., ab * wdh. Enden mit 2 M. li. verschr. zus.str., 1 U., 3 M. li. **3. Reihe:** 4 M. re., *1 U., 2 M. re. übz. zus.str., 1 M. re., 2 M. re. zus.str. 1 U., 3 M. re., ab * wdh. **4. Reihe:** 5 M. li., *2 M. li. verschr. zus.str., 1 U., 6 M. li., ab * wdh. Enden mit 2 M. li. verschr. zus.str., 1 U., 5 M. li. **5. Reihe:** 1 M. re., *2 M. re. zus.str., 1 U., 3 M. re., 1 U., 2 M. re. übz. zus.str., 1 M. re., ab * wdh. Enden mit 2 M. re. zus.str., 1 U., 1 M. re. **6. Reihe:** 3 M. li., *2 M. li. verschr. zus.str., 1 U., 6 M. li., ab * wdh. Enden mit 1 M. li. **7. Reihe:** 3 M. re., *2 M. re. zus.str., 1 U., 3 M. re., 1 U., 2 M. re. übz. zus.str., 1 M. re., ab * wdh. Enden mit 1 M. re. **8. Reihe:** 1 M. li., *2 M. li. verschr. zus.str., 1 U., 6 M. li., ab * wdh. Enden mit 2 M. li. verschr. zus.str., 1 U., 1 M. li. **9. Reihe:** Ab 1. Reihe wdh.

Dornenmuster

M.zahl teilbar durch 3 + 1 M.
1. Reihe (Vorders.): 1 M. re., *2 M. re. zus.str., 1 U., 1 M. li., ab * wdh. Enden mit 2 M. re. zus.str., 1 U., 1 M. re.
2. Reihe: 3 M. li., *1 M. re., 2 M. li., ab * wdh. Enden mit 1 M. re., 3 M. li.
3. Reihe: 1 M. re., 1 U., 2 M. re. übz. zus.str., *1 M. li., 1 M. abh., 1 U., 1 M. re. und die abgeh. M. überziehen, ab * wdh. Enden mit 1 M. re.
4. Reihe: Wie 2. Reihe.
5. Reihe: Ab 1. Reihe wdh.

Zackenlochmuster

M.zahl teilbar durch 2 + 1 M.
Anmerkung: Die Maschen nur nach der 2. und 4. Reihe des Musters zählen.
1. Reihe (Vorders.): 1 M. re., *2 M. re. zus.str., ab * wdh.
2. Reihe: 1 M. re., *1 M. zun., 1 M. re., ab * wdh.
3. Reihe: *2 M. re. zus.str., ab * wdh. Enden mit 1 M. re.
4. Reihe: Wie 2. Reihe.
5. Reihe: Ab 1. Reihe wdh.

Farnmuster

M.zahl teilbar durch 10 + 1 M.
1. Reihe (Vorders.): 3 M. re., *2 M. re. zus.str., 1 U., 1 M. re., 1 U., 2 M. re. übz. zus.str., 5 M. re., ab * wdh. Enden mit 2 M. re. zus.str., 1 U., 1 M. re., 1 U., 2 M. re. übz. zus.str., 3 M. re. **2. und alle geraden Reihen:** Li. str. **3. Reihe:** 2 M. re., *2 M. re. zus.str., [1 M. re., 1 U.] 2x, 1 M. re., 2 M. re. übz. zus.str., 3 M. re., ab * wdh. Enden mit 2 M. re. zus.str., [1 M. re., 1 U.] 2x, 1 M. re., 2 M. re. übz. zus.str., 2 M. re. **5. Reihe:** 1 M. re., *2 M. re. zus.str., 2 M. re., 1 U., 1 M. re., 1 U., 2 M. re., 2 M. re. übz. zus.str., 1 M. re., ab * wdh. **7. Reihe:** 2 M. re. zus.str., *3 M. re., 1 U., 1 M. re., 1 U., 3 M. re., 3 M. re. übz. zus.str., ab * wdh. Enden mit 3 M. re., 1 U., 1 M. re., 1 U., 3 M. re., 2 M. re. übz. zus.str. **9. Reihe:** 1 M. re., *1 U., 2 M. re. übz. zus.str., 5 M. re., 2 M. re. zus.str., 1 U., 1 M. re., ab * wdh. **11.**
Reihe: 1 M. re., *1 U., 1 M. re., 2 M. re. übz. zus.str., 3 M. re., 2 M. re. zus.str., 1 M. re., 1 U., 1 M. re., ab * wdh. **13. Reihe:** 1 M. re., *1 U., 2 M. re., 2 M. re. übz. zus.str., 1 M. re., 2 M. re. zus.str., 2 M. re., 1 U., 1 M. re., ab * wdh. **15. Reihe:** 1 M. re., *1 U., 3 M. re., 3 M. re. übz. zus.str., 3 M. re., 1 U., 1 M. re., ab * wdh. **16. Reihe:** Li. str.
17. Reihe: Ab 1. Reihe wdh.

Sanduhr

M.zahl teilbar durch 6 + 1 M.
1. Reihe (Vorders.): 6 M. re., *1 M. li., 5 M. re., ab * wdh. Enden mit 1 M. re.
2. Reihe: 1 M. re., *5 M. li., 1 M. re., ab * wdh.
3. Reihe: 1 M. re., *1 U., 2 M. re. übz. zus.str., 1 M. li., 2 M. re. zus.str., 1 U., 1 M. re., ab * wdh.
4. Reihe: 1 M. re., 2 M. li., *1 M. re., 5 M. li., ab * wdh. Enden mit 1 M. re., 2 M. li., 1 M. re.
5. Reihe: 3 M. re., *1 M. li., 5 M. re., ab * wdh. Enden mit 1 M. li., 3 M. re.
6. Reihe: Wie 4. Reihe.
7. Reihe: 1 M. re., *2 M. re. zus.str., 1 U., 1 M. re., 1 U., 2 M. re. übz. zus.str., 1 M. re., ab * wdh. Enden mit 2 M. re. zus.str., 1 U., 1 M. re., 1 U., 2 M. re. übz. zus.str., 1 M. re.
8. Reihe: Wie 2. Reihe.
9. Reihe: Ab 1. Reihe wdh.

Bienenmuster

M.zahl teilbar durch 9 + 1 M.
1. Reihe (Vorders.): 1 M. re., *1 U., 2 M. re. übz. zus.str., 4 M. re., 2 M. re. zus.str., 1 U., 1 M. re., ab * wdh. **2. Reihe:** 2 M. li., *6 M. re., 3 M. li., ab * wdh. Enden mit 6 M. re., 2 M. li. **3. Reihe:** 2 M. re., *1 U., 2 M. re. übz. zus.str., 2 M. re., 2 M. re. zus.str., 1 U., 3 M. re., ab * wdh. Enden mit 1 U., 2 M. re. übz. zus.str., 2 M. re., 2 M. re. zus.str., 1 U., 2 M. re. **4. Reihe:** 3 M. li., *4 M. re., 5 M. li., ab * wdh. Enden mit 4 M. re., 3 M. li. **5. Reihe:** 3 M. re., *1 U., 2 M. re. übz. zus.str., 2 M. re. zus.str., 1 U., 5 M. re., ab * wdh. Enden mit 1 U., 2 M. re. übz. zus.str., 2 M. re. zus.str., 1 U., 3 M. re. **6. Reihe:** 4 M. li., *2 M. re., 7 M. li., ab * wdh. Enden mit 2 M. re., 4 M. li. **7. Reihe:** Ab 1. Reihe wdh.

Farnkraut

M.zahl teilbar durch 9 + 4 M.
1. Reihe (Rücks.): Li. str.
2. Reihe: 3 M. re., *1 U., 2 M. re., 2 M. re. übz. zus.str., 2 M. re. zus.str., 2 M. re., 1 U., 1 M. re., ab * wdh. Enden mit 1 M. re.
3. Reihe: Li. str.
4. Reihe: 2 M. re., *1 U., 2 M. re., 2 M. re. übz. zus.str., 2 M. re. zus.str., 2 M. re., 1 U., 1 M. re., ab * wdh. Enden mit 2 M. re.
5. Reihe: Ab 1. Reihe wdh.

Durchbrochenes Wellenmuster

M.zahl teilbar durch 6 + 1 M.
1. Reihe (Vorders.): *2 M. re. übz. zus.str., 2 M. re., 1 U., 2 M. re., ab * wdh. Enden mit 1 M. re.
2. Reihe: Li. str.
Die 1. und 2. Reihe 2x wdh.
7. Reihe: 3 M. re., *1 U., 2 M. re., 2 M. re. zus.str., 2 M. re., ab * wdh. Enden mit 1 U., 2 M. re., 2 M. re. zus.str.
8. Reihe: Li. str.
Die 7. und 8. Reihe 2x wdh.
13. Reihe: Ab 1. Reihe wdh.

Girlanden

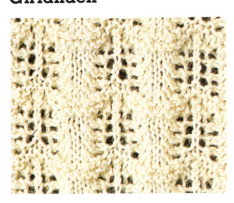

M.zahl teilbar durch 12 + 1 M.
1., 2., 3. und 4. Reihe: Re. str.
5. Reihe (Vorders.): 1 M. re., [2 M. re. zus.str.] 2x, [1 U., 1 M. re.] 3x, 1 U., [2 M. re. übz. zus.str.] 2x, 1 M. re., ab * wdh.
6. Reihe: Li. str.
Die 5. und 6. Reihe 3x wdh.
13. Reihe: Ab 1. Reihe wdh.

Pfeilspitzenmuster

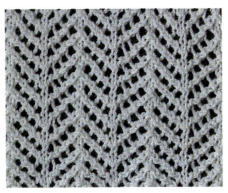

M.zahl teilbar durch 10 + 1 M.
1. Reihe (Vorders.): 1 M. re., *[1 U., 2 M. re. übz. zus.str.] 2x, 1 M. re., [2 M. re. zus.str., 1 U.] 2x, 1 M. re., ab * wdh.
2. Reihe: Li. str.
3. Reihe: 2 M. re., *1 U., 2 M. re. übz. zus.str., 1 U., 3 M. re. übz. zus.str., 1 U., 2 M. re. zus.str., 1 U., 3 M. re., ab * wdh. Enden mit 1 U., 2 M. re. übz. zus.str., 1 U., 3 M. re. übz. zus.str., 1 U., 2 M. re. zus.str., 1 U., 2 M. re.
4. Reihe: Li. str.
5. Reihe: Ab 1. Reihe wdh.

Blattlochmuster

M.zahl teilbar durch 10 + 1 M.
1. Reihe (Vorders.): 1 M. re. verschr., *9 M. li., 1 M. re. verschr., ab * wdh.
2. Reihe: 1 M. li., *9 M. re., 1 M. li., ab * wdh. **3. und 4. Reihe:** Wie 1. und 2. Reihe. **5. Reihe:** 1 M. re. verschr., *2 M. li., 2 M. li. zus.str., 1 U., 1 M. re. verschr., 1 U., 2 M. re., 2 M. li., 1 M. re. verschr., ab * wdh. **6. Reihe:** 1 M. li., *4 M. re., 1 M. li. verschr., 4 M. re., 1 M. li., ab * wdh. **7. Reihe:** 1 M. re. verschr., *1 M. li., 2 M. li. zus.str., 1 U., 3 M. re. verschr., 1 U., 2 M. li. zus.str., 1 M. li., 1 M. re. verschr., ab * wdh. **8. Reihe:** 1 M. li., *3 M. re., 3 M. li. verschr., 3 M. re., 1 M. li., ab * wdh.
9. Reihe: 1 M. re. verschr., *2 M. li., 1 U., 1 M. re. verschr., 1 U., 5 M. re. verschr., 1 U., 1 M. re. verschr., 1 U., 2 M. li., 1 M. re. verschr., ab * wdh. **10. Reihe:** 1 M. li., *2 M. re., 5 M. li. verschr., 2 M. re., 1 M. li., ab * wdh. **11. Reihe:** 1 M. re. verschr., *1 M. li., 1 U., 2 M. re. verschr., 3 M. re. übz. zus.str., 2 M. re. verschr., 1 U., 1 M. li., 1 M. re. verschr., ab * wdh. **12. Reihe:** Wie 10. Reihe. **13. Reihe:** 1 M. re. verschr., *2 M. li., 1 U., 1 M. re. verschr., 3 M. re. übz. zus.str., 1 U., 2 M. re. verschr., ab * wdh. **14. Reihe:** Wie 8. Reihe. **15. Reihe:** 1 M. re. verschr., *3 M. li., 1 U., 3 M. re. übz. zus.str., 1 U., 3 M. li., 1 M. re. verschr., ab * wdh. **16. Reihe:** Wie 6. Reihe. **17. Reihe:** Ab 1. Reihe wdh.

Kleines Pfeilspitzenmuster

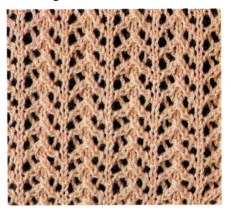

M.zahl teilbar durch 6 + 1 M.
1. Reihe (Vorders.): 1 M. re., *1 U., 2 M. re. übz. zus.str., 1 M. re., 2 M. re. zus.str., 1 U., 1 M. re., ab * wdh.
2. Reihe: Li. str.
3. Reihe: 2 M. re., *1 U., 3 M. re. übz. zus.str., 1 U., 3 M. re., ab * wdh. Enden mit 1 U., 3 M. re. übz. zus.str., 1 U., 2 M. re.
4. Reihe: Li. str.
5. Reihe: Ab 1. Reihe wdh.

Glockenblumen

M.zahl teilbar durch 5 + 2 M.
1. Reihe (Vorders.): 2 M. li., *3 M. re., 2 M. li., ab * wdh.
2. Reihe: 2 M. re., *3 M. li., 2 M. re., ab * wdh.
3. und 4. Reihe: Wie 1. und 2. Reihe.
5. Reihe: 2 M. li., *1 U., 3 M. re. übz. zus.str., 1 U., 2 M. li., ab * wdh.
6. Reihe: Wie 2. Reihe.
7. Reihe: Ab 1. Reihe wdh.

Lochmusterstreifen

Durchbrochene Rhombenborte

M.zahl teilbar durch 8.
Auf einem glatt rechts gestrickten Hintergrund gearbeitet.
1. Reihe (Vorders.): *1 M. re., 1 U., 3 M. re., die 3. M. auf der re. Nadel über die ersten 2 M. ziehen, ab * wdh.
2. und alle geraden Reihen: Li. str.
3. Reihe: Re. str.
5. Reihe: 3 M. re., *1 U., 2 M. re. übz. zus.str., 6 M. re., ab * wdh. Enden mit 1 U., 2 M. re. übz. zus.str., 3 M. re.
7. Reihe: 2 M. re., *[1 U., 2 M. re. übz. zus.str.] 2x, 4 M. re., ab * wdh. Enden mit [1 U., 2 M. re. übz. zus.str.] 2x, 2 M. re.
9. Reihe: 1 M. re., *[1 U., 2 M. re. übz. zus.str.] 3x, 2 M. re., ab * wdh. Enden mit [1 U., 2 M. re. übz. zus.str.] 3x, 1 M. re.
11. Reihe: Wie 7. Reihe.
13. Reihe: Wie 5. Reihe.
15. Reihe: Re. str.
17. Reihe: Wie 1. Reihe.

Kandelaber

Über 13 M. auf einem glatt rechts gestrickten Hintergrund gearbeitet.
1. Reihe (Vorders.): Re. str. **2. und alle geraden Reihen:** Li. str. **3. Reihe:** Re. str. **5. Reihe:** 4 M. re., 2 M. re. zus.str., 1 U., 1 M. re., 1 U., 2 M. re. übz. zus.str., 4 M. re. **7. Reihe:** 3 M. re., 2 M. re. zus.str., 1 U., 3 M. re., 1 U., 2 M. re. übz. zus.str., 3 M. re. **9. Reihe:** 2 M. re., [2 M. re. zus.str., 1 U.] 2x, 1 M. re., [1 U., 2 M. re. übz. zus.str.] 2x, 2 M. re. **11. Reihe:** 1 M. re., [2 M. re. zus.str., 1 U.] 2x, 3 M. re., [1 U., 2 M. re. übz. zus.str.] 2x, 1 M. re. **13. Reihe:** [2 M. re. zus.str., 1 U.] 3x, 1 M. re., [1 U., 2 M. re. übz. zus.str.] 3x. **14. Reihe:** Li. str. **15. Reihe:** Ab 1. Reihe wdh.

Lochmusterborte

M.zahl teilbar durch 2 + 1 M.
Auf einem glatt rechts gestrickten Hintergrund gearbeitet.
1., 2. und 3. Reihe: Re. str.
4. Reihe (Rücks.): *2 M. li. zus.str., 1 U., ab * wdh. Enden mit 1 M. li.
5., 6. und 7. Reihe: Re. str.
8. Reihe: Li. str.
Die ersten 6 Reihen 1x wdh.

Federmuster

Über 9 M. auf einem glatt rechts gestrickten Hintergrund gearbeitet.
1. Reihe (Vorders.): 1 M. li., 1 M. re., 2 M. re. zus.str., 1 U., 1 M. re., 1 U., 2 M. re. verschr. zus.str., 1 M. re., 1 M. li.
2. Reihe: 1 M. re., 7 M. li., 1 M. re.
3. Reihe: 1 M. li., 2 M. re. zus.str., 1 U., 3 M. re., 1 U., 2 M. re. verschr. zus.str., 1 M. li. **4. Reihe:** Wie 2. Reihe.
5. Reihe: Ab 1. Reihe wdh.

Blütenblätter

Über 11 M. auf einem glatt rechts gestrickten Hintergrundgearbeitet.
1. Reihe (Vorders.): 2 M. li., 2 M. re. zus.str., [1 M. re., 1 U.] 2x, 1 M. re., 2 M. re. übz. zus.str., 2 M. li.
2., 4. und 6. Reihe: 2 M. re., 7 M. li., 2 M. re.
3. Reihe: 2 M. li., 2 M. re. zus.str., 1 U., 3 M. re., 1 U., 2 M. re. übz. zus.str., 2 M. li.
5. Reihe: 2 M. li., 1 M. re., 1 U., 2 M. re. übz. zus.str., 1 M. re., 2 M. re. zus.str., 1 U., 1 M. re., 2 M. li.
7. Reihe: 2 M. li., 2 M. re., 1 U., 3 M. re. übz. zus.str., 1 U., 2 M. re., 2 M. li.
8. Reihe: Wie 2. Reihe.
9. Reihe: Ab 1. Reihe wdh.

Sonnenschirme

Über 17 M. auf einem glatt rechts gestrickten Hintergrund gearbeitet.
(**Anmerkung:** Die Maschen nur nach der 11. und 12. Reihe des Musters zählen.)
1. Reihe (Vorders.): 1 U., 1 M. re., [3 M. li., 1 M. re.] 4x, 1 U.
2. und alle geraden Reihen: Li. str.
3. Reihe: 1 M. re., 1 U., 1 M. re., [3 M. li., 1 M. re.] 4x, 1 U., 1 M. re.
5. Reihe: 2 M. re., 1 U., 1 M. re., [3 M. li., 1 M. re.] 4x, 1 U., 2 M. re.
7. Reihe: 3 M. re., 1 U., 1 M. re., [2 M. li. zus.str., 1 M. li., 1 M. re.] 4x, 1 U., 3 M. re.
9. Reihe: 4 M. re., 1 U., 1 M. re., [2 M. li. zus.str., 1 M. re.] 4x, 1 U., 4 M. re.
11. Reihe: 5 M. re., 1 U., 1 M. re., [3 M. re. zus.str., 1 M. re.] 2x, 1 U., 5 M. re.
12. Reihe: Li. str.
13. Reihe: Ab 1. Reihe wdh.

Blattmuster

Über 24 M. auf einem glatt rechts gestrickten Hintergrund gearbeitet.
1. Reihe (Vorders.): 3 M. übz. zus.str., 7 M. re., 1 U., 1 M. re., 1 U., 2 M. li., 1 M. re., 1 U., 7 M. re., 3 M. re. zus.str. **2., 4., 6. und 8. Reihe:** 11 M. li., 2 M. re., 11 M. li. **3. Reihe:** 3 M. re. übz. zus.str., 6 M. re., [1 U., 1 M. re.] 2x, 1 M. re., [1 M. re., 1 U.] 2x, 6 M. re., 3 M. re. zus.str. **5. Reihe:** 3 M.

re. übz. zus.str., 5 M. re., 1 U., 1 M. re., 1 U., 2 M. re., 2 M. li., 2 M. re., 1 U., 1 M. re., 1 U., 5 M. re., 3 M. re. zus.str. **7. Reihe:** 3 M. re. übz. zus.str., 4 M. re., 1 U., 1 M. re., 1 U., 3 M. re., 2 M. li., 3 M. re., 1 U., 1 M. re., 1 U., 4 M. re., 3 M. re. zus.str. **9. Reihe:** 3 M. re. übz. zus.str., 3 M. re., 1 U., 1 M. re., 1 U., 4 M. re., 2 M. li., 4 M. re., 1 U., 1 M. re., 1 U., 3 M. re., 3 M. re. zus.str. **10. Reihe:** Wie 2. Reihe. **11. Reihe:** Ab 1. Reihe wdh.

Fischschwanzstreifen

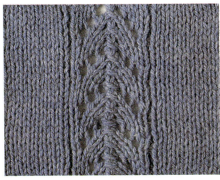

Über 11 M. auf einem glatt rechts gestrickten Hintergrund gearbeitet.
1. Reihe (Vorders.): 1 M. li., 1 M. re., 1 U., 2 M. re., 3 M. re. übz. zus.str., 2 M. re., 1 U., 1 M. re., 1 M. li.
2. Reihe: 1 M. re., 9 M. li., 1 M. re.
3. Reihe: 1 M. li., 2 M. re., 1 U., 1 M. re., 3 M. re. übz. zus.str., 1 M. re., 1 U., 2 M. re., 1 M. li.
4. Reihe: Wie 2. Reihe.
5. Reihe: 1 M. li., 3 M. re., 1 U., 3 M. re. übz. zus.str., 1 U., 3 M. re., 1 M. li.
6. Reihe: Wie 2. Reihe.
7. Reihe: Ab 1. Reihe wdh.

Vandyke-Streifen I

Über 17 M. auf einem glatt rechts gestrickten Hintergrund gearbeitet.
1. Reihe (Vorders.): *2 M. re. zus.str., 1 U., 1 M. re., 1 U., 2 M. re. übz. zus.str.*, 3 M. re., 1 U., 2 M. re. übz. zus.str., 2 M. re., ab * bis * 1x wdh. **2. Reihe:** Li. str. **3. Reihe:** [2 M. re. zus.str., 1 U., 1 M. re., 1 U., 2 M. re. übz. zus.str., 1 M. re.] 2x, 2 M. re. zus.str., 1 U., 1 M. re., 1 U., 2 M. re. übz. zus.str. **4. Reihe:** Li. str. **5. Reihe:** *2 M. re. zus.str., 1 U., 1 M. re., 1 U., 2 M. re. übz. zus.str.*, 2 M. re. zus.str., 1 U., 3 M. re., 1 U., 2 M. re. übz. zus.str., ab * bis * 1x wdh. **6. Reihe:** Li. str. **7. Reihe:** Ab 1. Reihe wdh.

Vandyke-Streifen II

Über 9 M. auf einem glatt rechts gestrickten Hintergrund gearbeitet.
1. Reihe (Vorders.): 4 M. re., 1 U., 2 M. re. übz. zus.str., 3 M. re.
2., 4. und 6. Reihe: Li. str.
3. Reihe: 2 M. re., 2 M. re. zus.str., 1 U., 1 M. re., 1 U., 2 M. re. übz. zus.str., 2 M. re.
5. Reihe: 1 M. re., 2 M. re. zus.str., 1 U., 3 M. re., 1 U., 2 M. re. übz. zus.str., 1 M. re.
7. Reihe: 2 M. re. zus.str., 1 U., 5 M. re., 1 U., 2 M. re. übz. zus.str.
8. Reihe: Li. str.
9. Reihe: Ab 1. Reihe wdh.

Bärentatzen

Über 23 M. auf einem glatt rechts gestrickten Hintergrund gearbeitet.
1. Reihe (Vorders.): 2 M. re., [4 M. li., 1 M. re.] 3x, 4 M. li., 2 M. re. **2. Reihe:** 2 M. li., [4 M. re., 1 M. li.] 3x, 4 M. re., 2 M. li. **3. Reihe:** 1 M. re., 1 U., 1 M. re., 2 M. li., 2 M. li. zus.str., [1 M. re., 4 M. li.] 2x, 1 M. re., 2 M. li. zus.str., 2 M. li., 1 U., 1 M. re. **4. Reihe:** 3 M. li., 2 M. re., 2 M. li., 4 M. re., 1 M. li., 2 M. re., 1 M. li., 2 M. re., 3 M. li. **5. Reihe:** 2 M. re., 1 U., 1 M. re., 3 M. li., 1 M. re., 2 M. li., 2 M. li. zus.str., 1 M. re., 2 M. li. zus.str., 2 M. li., 1 M. re., 3 M. li., 1 M. re., 1 U., 2 M. re. **6. Reihe:** 4 M. li., 2 M. re., 3 M. li., 1 M. re., 1 M. li., 3 M. li., 4 M. li. **7. Reihe:** 3 M. re., 1 U., 1 M. re., 1 M. re., 2 M. li., [1 M. re., 3 M. li.] 2x, 1 M. re., 2 M. li., 1 M. re., 1 U., 3 M. re. **8. Reihe:** 5 M. li., 1 M. re., 2 M. li., 1 M. re., 3 M. li., 1 M. re., 3 M. li., 2 M. li., 1 M. re., 5 M. li. **9. Reihe:** 4 M. re., 1 U., 1 M. re., 1 M. li., 2 M. li. zus.str., 2 M. li., 1 M. re., 1 M. li., 2 M. li. zus.str., 1 M. li., 1 M. re., 1 U., 4 M. re. **10. Reihe:** 6 M. li., 2 M. li., 1 M. li., 1 M. re., 3 M. li., 1 M. re., 1 M. li., 2 M. li., 6 M. li. **11. Reihe:** 5 M. re., 1 U., 1 M. re., 2 M. li. zus.str., [1 M. re., 2 M. li.] 2x, 1 M. re., 2 M. li. zus.str., 1 M. re., 1 U., 5 M. re. **12. Reihe:** 9 M. li., 2 M. re., 1 M. li., 2 M. re., 9 M. li. **13. Reihe:** 6 M. re., 1 U., 1 M. re., [2 M. li. zus.str., 1 M. re.] 2x, 1 M. li., 1 M. re., 1 U., 6 M. re. **14. Reihe:** 8 M. li., 2 M. re., 5 M. li., 1 M. re., 8 M. li. **15. Reihe:** Ab 1. Reihe wdh.

Durchbrochener Zopfstreifen

Über 21 M. auf einem glatt rechts gestrickten Hintergrund gearbeitet.
Sonderabkürzung
4 re. verschr. M. vorn oder hinten kreuzen = die nächsten 2 M. auf eine Hilfsnadel nach vorn oder nach hinten legen, 2 M. re. verschr. von der li. Nadel abstr., dann 2 M. re. verschr. von der Hilfsnadel abstr.
1. Reihe (Vorders.): 2 M. li., 4 M. re. verschr., 1 M. re., 1 U., 2 M. re. verschr. zus.str., 3 M. re., 2 M. re. zus.str., 1 U., 1 M. re., 4 M. re. verschr., 2 M. li.
2., 4. und 6. Reihe: 2 M. re., 4 M. li. verschr., 1 M. re., 7 M. li., 1 M. re., 4 M. li. verschr., 2 M. re.
3. Reihe: 2 M. li., 4 M. re. verschr., 2 M. re., 1 U., 2 M. re. verschr. zus.str., 1 M. re., 2 M. re. zus.str., 1 U., 2 M. re., 4 M. re. verschr., 2 M. li.
5. Reihe: 2 M. li., 4 re. verschr. M. vorn kreuzen (s. Sonderabkürzung), 3 M. re., 1 U., 3 M. re. übz. zus.str., 1 U., 3 M. re., 4 re. verschr. M. hinten kreuzen, 2 M. li.
7. Reihe: 2 M. li., 4 M. re. verschr., 9 M. re., 4 M. re. verschr., 2 M. li.
8. Reihe: Wie 2. Reihe.
9. Reihe: Ab 1. Reihe wdh.

Fächermuster

Über 11 M. auf einem glatt rechts gestrickten Hintergrund gearbeitet.
1. Reihe (Vorders.): 2 M. re. übz. zus.str., 3 M. re. verschr., 1 U., 1 M. re., 1 U., 3 M. re. verschr., 2 M. re. zus.str. **2., 4. und 6. Reihe:** Li. str. **3. Reihe:** 2 M. re. übz. zus.str., 2 M. re. verschr., 1 U., 1 M. re., 1 U., 2 M. re. übz. zus.str., 1 U., 1 M. re., 1 U., 2 M. re. verschr., 2 M. re. zus.str. **5. Reihe:** 2 M. re. übz. zus.str., 1 M. re. verschr., 1 U., 1 M. re., [1 U., 2 M. re. übz. zus.str.] 2x, 1 U., 1 M. re. verschr., 2 M. re. zus.str.
7. Reihe: 2 M. re. übz. zus.str., 1 U., 1 M. re., [1 U., 2 M. re. übz. zus.str.] 3x, 1 U., 2 M. re. zus.str. **8. Reihe:** Li. str.
9. Reihe: Ab 1. Reihe wdh.

Lochmusterstreifen

Rhombenstreifen

Über 11 M. auf einem glatt rechts gestrickten Hintergrund gearbeitet.
1. Reihe (Vorders.): 1 M. re., 1 U., 2 M. re. übz. zus.str., 5 M. re., 2 M. re. zus.str., 1 U., 1 M. re. **2. und alle geraden Reihen:** Li. str. **3. Reihe:** 2 M. re., 1 U., 2 M. re. übz. zus.str., 3 M. re., 2 M. re. zus.str., 1 U., 2 M. re. **5. Reihe:** 3 M. re., 1 U., 2 M. re. übz. zus.str., 1 M. re., 2 M. re. zus.str., 1 U., 3 M. re. **7. Reihe:** 4 M. re., 1 U., 3 M. re. übz. zus.str., 1 U., 4 M. re. **9. Reihe:** 3 M. re., 2 M. re. zus.str., 1 U., 1 M. re., 1 U., 2 M. re. übz. zus.str., 3 M. re. **11. Reihe:** 2 M. re., 2 M. re. zus.str., 1 U., 3 M. re., 1 U., 2 M. re. übz. zus.str., 2 M. re. **13. Reihe:** 1 M. re., 2 M. re. zus.str., 1 U., 5 M. re., 1 U., 2 M. re. übz. zus.str., 1 M. re. **15. Reihe:** 2 M. re. zus.str., 1 U., 7 M. re., 1 U., 2 M. re. übz. zus.str. **16. Reihe:** Li. str. **17. Reihe:** Ab 1. Reihe wdh.

Lochmusterketten

Über 10 M. auf einem glatt rechts gestrickten Hintergrund gearbeitet.
1. Reihe (Vorders.): 2 M. re., 2 M. re. zus.str., 1 U., 2 M. re. zus.str., die M. nicht von der Nadel gleiten lassen und die 1. M. noch einmal re. str., dann beide M. von der Nadel gleiten lassen, 1 U., 2 M. re. übz. zus.str., 2 M. re. **2. Reihe:** Li. str. **3. Reihe:** 1 M. re., 2 M. re. zus.str., 1 U., 4 M. re., 1 U., 2 M. re. übz. zus.str., 1 M. re. **4. Reihe:** Li. str. **5. Reihe:** 2 M. re. zus.str., 1 U., 1 M. re., 2 M. re. zus.str., 2 U., 2 M. re. übz. zus.str., 1 M. re., 1 U., 2 M. re. übz. zus.str. **6. Reihe:** 4 M. li., 1 M. re. in den 1. U., 1 M. li. in den 2. U., 4 M. li. **7. Reihe:** 2 M. re., 1 U., 2 M. re. übz. zus.str., 2 M. re. zus.str., 1 U., 2 M. re. **8. Reihe:** Li. str. **9. Reihe:** 3 M. re., 1 U., 2 M. re. übz. zus.str., 2 M. re. zus.str., 1 U., 3 M. re. **10. Reihe:** Li. str. **11. Reihe:** Ab 1. Reihe wdh.

Pagode

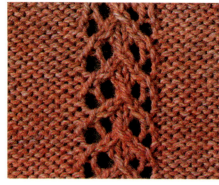

Über 7 M. auf einem glatt links gestrickten Hintergrund gearbeitet.
1. Reihe (Vorders.): 1 M. li., 1 U., 2 M. re. übz. zus.str., 1 M. re., 2 M. re. zus.str., 1 U., 1 M. li.
2. Reihe: 1 M. re., 5 M. li., 1 M. re.
3. Reihe: 1 M. li., 1 M. re., 1 U., 3 M. re. übz. zus.str., 1 U., 1 M. re., 1 M. li.
4. Reihe: 1 M. re., 5 M. li., 1 M. re.
5. Reihe: Ab 1. Reihe wdh.

Durchbrochenes Webmuster

Über 11 M. auf einem glatt rechts gestrickten Hintergrund gearbeitet.
1. Reihe (Vorders.): 2 M. li., den Faden hinter die M. legen, 2 M. re. übz. zus.str., 1 U., 3 M. re., 1 U., 2 M. re. zus.str., 2 M. li.
2. Reihe: 2 M. re., 7 M. li., 2 M. re.
3. Reihe: 2 M. li., 2 M. re., 1 U., 3 M. re. übz. zus.str., 1 U., 2 M. re., 2 M. li.
4. Reihe: 2 M. re., 7 M. li., 2 M. re.
5. Reihe: Ab 1. Reihe wdh.

Bogenmuster

Über 11 M. auf einem glatt rechts gestrickten Hintergrund gearbeitet.
1. Reihe (Vorders.): 1 M. re., 1 U., 2 M. re. übz. zus.str., 5 M. re., 2 M. re. übz. zus.str., 1 U., 1 M. re.
2. und alle geraden Reihen: Li. str.
3. Reihe: Wie 1. Reihe.
5. Reihe: Wie 1. Reihe.
7. Reihe: 1 M. re., 1 U., 3 M. re., 3 M. re. übz. zus.str., 3 M. re., 1 U., 1 M. re.
9. Reihe: 2 M. re., 1 U., 2 M. re., 3 M. re. übz. zus.str., 2 M. re., 1 U., 2 M. re.
11. Reihe: 3 M. re., 1 U., 1 M. re., 3 M. re. übz. zus.str., 1 M. re., 1 U., 3 M. re.
13. Reihe: 4 M. re., 1 U., 3 M. re. übz. zus.str., 1 U., 4 M. re.
14. Reihe: Li. str.
15. Reihe: Ab 1. Reihe wdh.

Kleiner Lochmusterstreifen

Über 5 M. auf einem glatt rechts gestrickten Hintergrund gearbeitet.
Anmerkung: Die M. nicht nach der 1. und 2. Reihe des Musters zählen.
1. Reihe (Vorders.): 1 M. re., 1 U., 3 M. re., 1 U., 1 M. re.
2. Reihe: Li. str.
3. Reihe: 2 M. re., 3 M. re. übz. zus.str., 2 M. re.
4. Reihe: Li. str.
5. Reihe: Ab 1. Reihe wdh.

Vierblattmuster

Über 15 M. auf einem glatt rechts gestrickten Hintergrund gearbeitet.
Anmerkung: Die M. nicht nach der 6., 7., 8. und 9. Reihe zählen.
1. Reihe (Vorders.): 5 M. re., 2 M. re. zus.str., 1 U., 1 M. re., 1 U., 2 M. re. übz. zus.str., 5 M. re. **2. Reihe:** 4 M. li., 2 M. li. verschr. zus.str., 1 U., 3 M. li., 1 U., 2 M. li. zus.str., 4 M. li. **3. Reihe:** 3 M. re., 2 M. re. zus.str., 1 U., 5 M. re., 1 U., 2 M. re. übz. zus.str., 3 M. re.

4. Reihe: 2 M. li., 2 M. li. verschr. zus.str., 1 U., 1 M. li., 1 U., 2 M. li. zus.str., 1 U., 1 M. li., 1 U., 2 M. li. verschr. zus.str., 2 M. li. **5. Reihe:** 1 M. re., 2 M. re. zus.str., 1 U., 3 M. re., 1 U., 3 M. re. zus.str., 1 U., 1 M. re., 1 U., 2 M. re. übz. zus.str., 1 M. re. **6. Reihe:** 2 M. li., 1 U., 5 M. li., 1 U., 1 U., 5 M. li., 1 U., 2 M. li. **7. Reihe:** [3 M. re., 1 U., 2 M. re. übz. zus.str., 1 M. re., 2 M. re. zus.str., 1 U.] 2x, 3 M. re. **8. Reihe:** 4 M. li., 3 M. li. zus.str., 1 U., 5 M. li., 1 U., 3 M. li. zus.str., 4 M. li. **9. Reihe:** 6 M. re., 1 U., 2 M. re. übz. zus.str., 1 M. re., 2 M. re. zus.str., 1 U., 6 M. re. **10. Reihe:** 3 M. li., 2 M. li. verschr. zus.str., 2 M. li., 1 U., 3 M. li. zus.str., 1 U., 2 M. li., 2 M. li. zus.str., 3 M. li. **11. Reihe:** Ab 1. Reihe wdh.

Zweigmuster

Über 14 M. auf einem glatt rechts gestrickten Hintergrund gearbeitet.

1. Reihe (Vorders.): 1 M. re., 1 U., 3 M. re. zus.str., 1 U., 3 M. re., 1 U., 3 M. re. übz. zus.str., 1 U., 4 M. re.

2. und alle geraden Reihen: Li. str.

3. Reihe: 1 U., 3 M. re. zus.str., 1 U., 5 M. re., 1 U., 3 M. re. übz. zus.str., 1 U., 3 M. re.

5. Reihe: 5 M. re., 1 U., 3 M. re. zus.str., 1 U., 1 M. re., 1 U., 3 M. re. übz. zus.str., 1 U., 2 M. re.

7. Reihe: 4 M. re., 1 U., 3 M. re. zus.str., 1 U., 3 M. re., 1 U., 3 M. re. übz. zus.str., 1 U., 1 M. re.

9. Reihe: 3 M. re., 1 U., 3 M. re. zus.str., 1 U., 5 M. re., 1 U., 3 M. re. übz. zus.str., 1 U.

11. Reihe: 2 M. re., 1 U., 3 M. re. zus.str., 1 U., 1 M. re., 1 U., 3 M. re. übz. zus.str., 1 U., 5 M. re. **12. Reihe:** Li. str.

13. Reihe: Ab 1. Reihe wdh.

Medaillonmotiv

Über 17 M. auf einem glatt rechts gestrickten Hintergrund gearbeitet.

1. Reihe (Vorders.): 6 M. re., 2 M. re. zus.str., 1 U., 1 M. re., 1 U., 2 M. re. übz. zus.str., 6 M. re. **2. und alle geraden Reihen:** Li. str. **3. Reihe:** 5 M. re., 2 M. re. zus.str., 1 U., 3 M. re., 1 U., 2 M. re. übz. zus.str., 5 M. re. **5. Reihe:** 4 M. re., [2 M. re. zus.str., 1 U.] 2x, 1 M. re., [1 U., 2 M. re. übz. zus.str.] 2x, 4 M. re. **7. Reihe:** 3 M. re., [2 M. re. zus.str., 1 U.] 2x, 3 M. re., [1 U., 2 M. re. übz. zus.str.] 2x, 3 M. re. **9. Reihe:** 2 M. re., [2 M. re. zus.str., 1 U.] 3x, 1 M. re., [1 U., 2 M. re. übz. zus.str.] 3x, 2 M. re. **11. Reihe:** 1 M. re., [2 M. re. zus.str., 1 U.] 3x, 3 M. re., [1 U., 2 M. re. übz. zus.str.] 3x, 1 M. re. **13. Reihe:** [2 M. re. zus.str., 1 U.] 3x, 5 M. re., [1 U., 2 M. re. übz. zus.str.] 3x. **15. Reihe:** 1 M. re., [1 U., 2 M. re. übz. zus.str.] 3x, 3 M. re., [2 M. re. zus.str., 1 U.] 3x, 1 M. re. **17. Reihe:** 2 M. re., [1 U., 2 M. re. übz. zus.str.] 3x, 1 M. re., [2 M. re. zus.str., 1 U.] 3x, 2 M. re. **19. Reihe:** 3 M. re., [1 U., 2 M. re. übz. zus.str.] 2x, 1 U., 3 M. re. übz. zus.str., 1 U., [2 M. re. zus.str., 1 U.] 2x, 3 M. re. **21. Reihe:** 4 M. re., [1 U., 2 M. re. übz. zus.str.] 2x, 1 M. re., [2 M. re. zus.str., 1 U.] 2x, 4 M. re. **23. Reihe:** 5 M. re., 1 U., 2 M. re. übz. zus.str., 1 U., 3 M. re. übz. zus.str., 1 U., 2 M. re. zus.str., 1 U., 5 M. re. **25. Reihe:** 6 M. re., 1 U., 2 M. re. übz. zus.str., 1 M. re., 2 M. re. zus.str., 1 U., 6 M. re. **27. Reihe:** 7 M. re., 1 U., 3 M. re. übz. zus.str., 1 U., 7 M. re. **28. Reihe:** Li. str.

Tulpenknospe

Über 33 M. auf einem kraus rechts gestrickten Hintergrund gearbeitet.

1. Reihe (Rücks.): 16 M. re., 1 M. li., 16 M. re. **2. Reihe:** 14 M. re., 2 M. re. zus.str., 1 U., 1 M. re., 1 U., 2 M. re. übz. zus.str., 14 M. re. **3. Reihe:** 14 M. re., 5 M. li., 14 M. re. **4. Reihe:** 13 M. re., 2 M. re. zus.str., 1 U., 3 M. re., 1 U., 2 M. re. übz. zus.str., 13 M. re. **5. Reihe:** 13 M. re., 7 M. li., 13 M. re. **6. Reihe:** 12 M. re., [2 M. re. zus.str., 1 U.] 2x, 1 M. re., [1 U., 2 M. re. übz. zus.str.] 2x, 12 M. re. **7. Reihe:** 12 M. re., 9 M. li., 12 M. re. **8. Reihe:** 11 M. re., [2 M. re. zus.str., 1 U.] 2x, 3 M. re., [1 U., 2 M. re. übz. zus.str.] 2x, 11 M. re. **9. Reihe:** 11 M. re., 4 M. li., 1 M. re., 4 M. li., 11 M. re. **10. Reihe:** 10 M. re., [2 M. re. zus.str., 1 U.] 2x, 5 M. re., [1 U., 2 M. re. übz. zus.str.] 2x, 10 M. re. **11. Reihe:** 10 M. re., 4 M. li., 2 M. re., 1 M. li., 2 M. re., 4 M. li., 10 M. re. **12. Reihe:** 9 M. re., [2 M. re. zus.str., 1 U.] 2x, 3 M. re., 1 U., 2 M. re. übz. zus.str.] 2x, 9 M. re. (35 M.). **13.** Reihe: 9 M. re., 4 M. li., 3 M. re., 3 M. re., 4 M. li., 9 M. re. **14. Reihe:** 1 M. re., 1 U., 1 M. re. übz. zus.str., 5 M. re., [2 M. re. zus.str., 1 U.] 2x, 5 M. re., 1 U., 1 M. re., 1 U., 5 M. re., [1 U., 2 M. re. übz. zus.str.] 2x, 5 M. re., 2 M. re. zus.str., 1 U., 1 M. re. (37 M.). **15. Reihe:** 1 M. re., 2 M. li., 5 M. re., 4 M. li., 4 M. re., 5 M. li., 4 M. re., 4 M. li., 5 M. re., 2 M. li., 1 M. re. **16. Reihe:** 2 M. re., 1 U., 2 M. re. übz. zus.str., 3 M. re., [2 M. re. zus.str., 1 U.] 2x, 7 M. re., 1 U., 1 M. re., 1 U., 7 M. re., [1 U., 2 M. re. übz. zus.str.] 2x, 3 M. re., 2 M. re. zus.str., 1 U., 2 M. re. (39 M.). **17. Reihe:** 2 M. re., 2 M. li., 5 M. re., 4 M. li., 5 M. re., 7 M. li., 5 M. re., 4 M. li., 5 M. re., 2 M. li., 2 M. re. **18. Reihe:** 3 M. re., 1 U., 2 M. re. übz. zus.str., 1 M. re., [2 M. re. zus.str., 1 U.] 2x, 9 M. re., 1 U., 1 M. re., 1 U., 9 M. re., [1 U., 2 M. re. übz. zus.str.] 2x, 1 M. re., 2 M. re. zus.str., 1 U., 3 M. re. (41 M.). **19. Reihe:** 3 M. re., 2 M. li., 1 M. re., 4 M. li., 6 M. re., 9 M. li., 6 M. re., 4 M. li., 1 M. re., 2 M. li., 3 M. re. **20. Reihe:** 4 M. re., 1 U., 3 M. re. übz. zus.str., 1 U., 2 M. re. zus.str., 1 U., 7 M. re., 2 M. re. übz. zus.str., 5 M. re., 2 M. re. zus.str., 7 M. re., 1 U., 2 M. re. übz. zus.str., 1 U., 2 M. re. zus.str., 1 U., 4 M. re. (39 M.). **21. Reihe:** 4 M. re., 5 M. li., 7 M. re., 7 M. li., 7 M. re., 5 M. li., 4 M. re. **22. Reihe:** 16 M. re., 2 M. re. übz. zus.str., 3 M. re., 2 M. re. zus.str., 16 M. re. (37 M.). **23. Reihe:** 16 M. re., 5 M. li., 16 M. re. **24. Reihe:** 16 M. re., 2 M. re. übz. zus.str., 1 M. re., 2 M. re. zus.str., 16 M. re. (35 M.). **25. Reihe:** 16 M. re., 3 M. li., 16 M. re. **26. Reihe:** 16 M. re., 3 M. re. übz. zus.str., 16 M. re. (33 M.). **27. Reihe:** Wie 1. Reihe.

Zweiblättriges Muster

Über 23 M. auf einem glatt rechts gestrickten Hintergrund gearbeitet.

1. Reihe (Vorders.): 8 M. re., 2 M. re. zus.str., 1 U., 1 M. re., 1 M. li., 1 M. re., 1 U., 2 M. re. übz. zus.str., 8 M. re. **2. Reihe:** 7 M. li., 2 M. li. verschr. zus.str., 2 M. li., 1 U., 2 M. li., 2 M. li. zus.str., 7 M. li. **3. Reihe:** 6 M. re., 2 M. re. zus.str., 1 U., 1 M. re., 1 U., 2 M. re. übz. zus.str., 6 M. re. **4. Reihe:** 5 M. li., 2 M. li. verschr. zus.str., 3 M. li., 1 U., 1 M. li., 1 M. re., 1 M. li., 1 U., 3 M. li., 2 M. li. zus.str., 5 M. li. **5. Reihe:** 4 M. re., 2 M. re. zus.str., 2 M. re., 3 M. li., 1 M. re., 3 M. li., 2 M. re., 2 M. re. übz. zus.str., 4 M. re. **6. Reihe:** 3 M. li., 2 M. li. verschr. zus.str., 4 M. li., 1 U., 1 M. li., 1 M. re., 1 M. li., 1 U., 4 M. li., 2 M. li. zus.str., 3 M. li. **7. Reihe:** 2 M. re., 2 M. re. zus.str., 1 U., 4 M. li., 1 M. re., 4 M. li., 1 U., 3 M. re., 2 M. re. übz. zus.str., 2 M. re. **8. Reihe:** 1 M. li., 2 M. li. verschr. zus.str., 5 M. li., 1 U., 3 M. li., 1 U., 5 M. li., 1 M. li., 1 U., 5 M. li., 1 U., 4 M. li., 2 M. li. zus.str., 1 M. li. **9. Reihe:** 2 M. re., 4 M. li., 1 M. re., 5 M. li., 1 M. re., 5 M. li., 1 M. re., 4 M. li., 2 M. re. übz. zus.str. **10. Reihe:** 11 M. li., 1 M. re., 11 M. li. **11. Reihe:** 11 M. re., 1 M. li., 11 M. re. **12. Reihe:** 11 M. re., 1 M. li., 11 M. re. **13. Reihe:** Ab 1. Reihe wdh.

Lochmusterstreifen

Shetland-Farnmuster

Über 13 M. auf einem glatt rechts gestrickten Hintergrund gearbeitet.
1. Reihe (Vorders.): 6 M. re., 1 U., 2 M. re. übz. zus.str., 5 M. re. **2. Reihe:** Li. str.
3. Reihe: 4 M. re., 2 M. re. zus.str., 1 U., 1 M. re., 1 U., 2 M. re. übz. zus.str., 4 M. re. **4. Reihe:** Li. str. **5. Reihe:** 3 M. re., 2 M. re. zus.str., 1 U., 3 M. re., 1 U., 2 M. re. übz. zus.str., 3 M. re. **6. Reihe:** Li. str.
7. Reihe: 3 M. re., 1 U., 2 M. re. übz. zus.str., 1 U., 3 M. re. übz. zus.str., 1 U., 2 M. re. zus.str., 1 U., 3 M. re. **8. Reihe:** Li. str. **9. Reihe:** 1 M. re., 2 M. re. zus.str., 1 U., 1 M. re., 1 U., 2 M. re. übz. zus.str., 1 M. re., 2 M. re. zus.str., 1 U., 1 M. re., 1 U., 2 M. re. übz. zus.str., 1 M. re. **10. Reihe:** Li. str. **11. Reihe:** 1 M. re., [1 U., 2 M. re. übz. zus.str.] 2x, 3 M. re., [2 M. re. zus.str., 1 U.] 2x, 1 M. re. **12. Reihe:** 2 M. li., [1 U., 2 M. li. zus.str.] 2x, 1 M. li., [2 M. li. verschr. zus.str., 1 U.] 2x, 2 M. li.
13. Reihe 3 M. re., 1 U., 2 M. re. übz. zus.str., 1 U., 3 M. re. übz. zus.str., 1 U., 2 M. re. zus.str., 1 U., 3 M. re. **14. Reihe:** 4 M. li., 1 U., 2 M. li. zus.str., 1 M. li., 2 M. li. verschr. zus.str., 1 U., 4 M. li. **15. Reihe:** 5 M. re., 1 U., 3 M. re. übz. zus.str., 1 U., 5 M. re. **16. Reihe:** Li. str. **17. Reihe:** Ab 1. Reihe wdh.

Versetzte Farnblätter

Über 20 M. auf einem glatt rechts gestrickten Hintergrund gearbeitet.
1. Reihe (Vorders.): 2 M. li., 9 M. re., 1 U., 1 M. re., 1 U., 3 M. re., 3 M. re. übz. zus.str., 2 M. li.
2. und alle geraden Reihen: Li. str.
3. Reihe: 2 M. li., 10 M. re., 1 U., 1 M. re., 1 U., 2 M. re., 3 M. re. übz. zus.str., 2 M. li.
5. Reihe: 2 M. li., 3 M. re. zus.str., 4 M. re., 1 U., 1 M. re., 1 U., 3 M. re., [1 U., 1 M. re.] 2x, 3 M. re. übz. zus.str., 2 M. li.
7. Reihe: 2 M. li., 3 M. re. zus.str., 3 M. re., 1 U., 1 M. re., 1 U., 9 M. re., 2 M. li.
9. Reihe: 2 M. li., 3 M. re. zus.str., 1 U., 1 M. re., 1 U., 10 M. re., 2 M. li.
11. Reihe: 2 M. li., 3 M. re. zus.str., [1 M. re., 1 U.] 2x, 3 M. re., 1 U., 1 M. re., 1 U., 4 M. re., 3 M. re. übz. zus.str., 2 M. li.
12. Reihe: Li. str.
13. Reihe: Ab 1. Reihe wdh.

Shetland-Lochmuster

Über 9 M. auf einem glatt rechts gestrickten Hintergrund gearbeitet.
1. Reihe (Vorders.): 2 M. re., 2 M. re. zus.str., 1 U., 1 M. re., 1 U., 2 M. re. übz. zus.str., 2 M. re.
2., 4. und 6. Reihe: Li. str.
3. Reihe: 1 M. re., 2 M. re. zus.str., 1 U., 3 M. re., 1 U., 2 M. re. zus.str., 1 M. re.
5. Reihe: 1 M. re., 1 U., 2 M. re. übz. zus.str., 1 U., 2 M. re. abh., 1 M. re. und die 2 abgeh. M. darüberziehen, 1 U., 2 M. re. zus.str., 1 U., 1 M. re.
7. Reihe: 3 M. re., 1 U., 2 M. re. abh., 1 M. re. und die 2 abgeh. M. darüberziehen, 1 U., 3 M. re.
8. Reihe: Li. str.
9. Reihe: Ab 1. Reihe wdh.

Rippe mit Blumenmotiv

Über 13 M. auf einem glatt rechts gestrickten Hintergrund gearbeitet.
1. Reihe (Vorders.): 2 M. re., 2 M. li., 1 U., 2 M. re. übz. zus.str., 1 M. re., 2 M. re. zus.str., 1 U., 2 M. li., 2 M. re. **2. Reihe:** 4 M. re., 5 M. li., 4 M. re. Die 1. und 2. Reihe 2x wdh. **7. Reihe:** 2 M. re., 2 M. li., 5 M. re., 2 M. li., 2 M. re. **8. Reihe:** Wie 2. Reihe. **9. Reihe:** 2 M. re., 2 M. li., 2 M. re. zus.str., 1 U., 1 M. re., 1 U., 2 M. re. übz. zus.str., 2 M. li., 2 M. re. **10. Reihe:** Wie 2. Reihe. Die 9. und 10. Reihe 2x wdh. **15. Reihe:** Wie 7. Reihe. **16. Reihe:** Wie 2. Reihe. **17. Reihe:** Ab 1. Reihe wdh.

Durchbrochener Zickzackstreifen

Über 11 M. auf einem glatt rechts gestrickten Hintergrund gearbeitet.
1. Reihe (Vorders.): 6 M. re., 1 U., 2 M. re. übz. zus.str., 3 M. re.
2. und alle geraden Reihen: Li. str.
3. Reihe: 7 M. re., 1 U., 2 M. re. übz. zus.str., 2 M. re.
5. Reihe: 3 M. re., 2 M. re. zus.str., 1 U., 3 M. re., 1 U., 2 M. re. übz. zus.str., 1 M. re.
7. Reihe: 2 M. re., 2 M. re. zus.str., 1 U., 5 M. re., 1 U., 2 M. re. übz. zus.str.
9. Reihe: 1 M. re., 2 M. re. zus.str., 1 U., 8 M. re.
11. Reihe: 2 M. re. zus.str., 1 U., 9 M. re.
12. Reihe: Li. str.
13. Reihe: Ab 1. Reihe wdh.

Pyramiden

Über 25 M. auf einem glatt rechts gestrickten Hintergrund gearbeitet.
1. Reihe (Vorders.): Li. str.
2. Reihe: Re. str.
3. Reihe: 3 M. re., 1 U., 8 M. re., 3 M. re. übz. zus.str., 8 M. re., 1 U., 3 M. re.
4. und alle geraden Reihen bis zur 18. Reihe: Li. str.
5. Reihe: 4 M. re., 1 U., 7 M. re., 3 M. re. übz. zus.str., 7 M. re., 1 U., 4 M. re.
7. Reihe: 2 M. re., 2 M. re. zus.str., 1 U., 1 M. re., 1 U., 6 M. re., 3 M. re. übz. zus.str., 6 M. re., 1 U., 1 M. re., 1 U., 2 M. re. übz. zus.str., 2 M. re.
9. Reihe: 6 M. re., 1 U., 5 M. re., 3 M. re. übz. zus.str., 5 M. re., 1 U., 6 M. re.
11. Reihe: 3 M. re., 1 U., 3 M. re. übz. zus.str., 1 U., 1 M. re., 1 U., 4 M. re., 3 M. re. übz. zus.str., 4 M. re., 1 U., 1 M. re., 1 U., 3 M. re. übz. zus.str., 1 U., 3 M. re.
13. Reihe: 8 M. re., 1 U., 3 M. re., 3 M. re. übz. zus.str., 3 M. re., 1 U., 8 M. re.
15. Reihe: 2 M. re., 2 M. re. zus.str., 1 U., 1 M. re., 1 U., 3 M. re. übz. zus.str., 1 U., 1 M. re., 1 U., 2 M. re., 3 M. re. übz. zus.str., 2 M. re., 1 U., 1 M. re., 1 U., 3 M. re. übz. zus.str., 1 U., 1 M. re., 1 U., 2 M.

re. übz. zus.str., 2 M. re.
17. Reihe: 10 M. re., 1 U., 1 M. re., 3 M. re. übz. zus.str., 1 M. re., 1 U., 10 M. re.
19. Reihe: 3 M. re., [1 U., 3 M. re. übz. zus.str., 1 U., 1 M. re.] 4x, 1 U., 3 M. re. übz. zus.str., 1 U., 3 M. re.
20. Reihe: Re. str.
21. Reihe: Ab 1. Reihe wdh.

Fischschuppen

Über 17 M. auf einem glatt rechts gestrickten Hintergrund gearbeitet.
1. Reihe (Vorders.): 1 M. re., 1 U., 3 M. re., 2 M. re. übz. zus.str., 5 M. li., 2 M. re. zus.str., 3 M. re., 1 U., 1 M. re.
2. Reihe: 6 M. li., 5 M. re., 6 M. li.
3. Reihe: 2 M. re., 1 U., 3 M. re., 2 M. re. übz. zus.str., 3 M. li., 2 M. re. zus.str., 3 M. re., 1 U., 2 M. re.
4. Reihe: 7 M. li., 3 M. re., 7 M. li.
5. Reihe: 3 M. re., 1 U., 3 M. re. übz. zus.str., 1 M. li., 2 M. re. zus.str., 3 M. re., 1 U., 3 M. re.
6. Reihe: 8 M. li., 1 M. re., 8 M. li.
7. Reihe: 4 M. re., 1 U., 3 M. re., 3 M. re. übz. zus.str., 3 M. re., 1 U., 4 M. re.
8. Reihe: Li. str.
9. Reihe: Ab 1. Reihe wdh.

Rhombenstreifen mit Noppen

Über 11 M. auf einem glatt links gestrickten Hintergrund gearbeitet.
1. Reihe (Vorders.): 1 M. li., 1 U., 2 M. re. übz. zus.str., 5 M. li., 2 M. re. zus.str., 1 U., 1 M. li. **2. Reihe:** 2 M. re., 1 M. li., 5 M. re., 1 M. li. **3. Reihe:** 2 M. li., 1 U., 2 M. re. übz. zus.str., 3 M. li., 2 M. re. zus.str., 1 U., 2 M. li. **4. Reihe:** 3 M. re., [1 M. li., 3 M. re.] 2x. **5. Reihe:** 3 M. li., 1 U., 2 M. re. übz. zus.str., 1 M. li., 2 M. re. zus.str., 1 U., 3 M. li. **6. Reihe:** 4 M. re., 1 M. li., 1 M. re., 1 M. li., 4 M. re. **7. Reihe:** 4 M. li., 1 U., 3 M. re. übz. zus.str., 1 U., 4 M. li. **8. Reihe:** 5 M. re., 1 M. li., 5 M. re. **9. Reihe:** 3 M. li., 2 M. re. zus.str., 1 U., 1 M. li., 1 U., 2 M. re. übz. zus.str., 3 M. li. **10. Reihe:** Wie 4. Reihe. **11. Reihe:** 2 M. li., 2 M. re. zus.str., 1 U., 3 M. li., 1 U., 2 M. re. übz. zus.str., 2 M. li. **12.**

Reihe: Wie 2. Reihe. **13. Reihe:** 1 M. li., 2 M. re. zus.str., 1 U., 5 M. li., 1 U., 2 M. re. übz. zus.str., 1 M. li. **14. Reihe:** 1 M. re., 1 M. li., 7 M. re., 1 M. li., 1 M. re. **15. Reihe:** 2 M. re. zus.str., 1 U., 3 M. li., 1 Noppe wie folgt arbeiten: [1 M. re., 1 U., 1 M. re., 1 U., 1 M. re.] in die nächste M. einstr., wenden, 5 M. li., wenden, 5 M. re., wenden, 2 M. li. zus.str., 1 M. li., 2 M. li. verschr., wenden, 3 M. re. übz. zus.str. (Noppe fertig), 3 M. li., 1 U., 2 M. re. übz. zus.str. **16. Reihe:** 1 M. re., 1 M. li., 3 M. re., 1 M. re. verschr., 3 M. re., 1 M. li., 1 M. re. **17. Reihe:** Ab 1. Reihe wdh.

Zweigmuster mit Noppen

Über 16 M. auf einem glatt rechts gestrickten Hintergrund gearbeitet.
1. Reihe (Vorders.): 2 M. re., 1 U., 3 M. re. zus.str., 1 U., 3 M. re., 1 U., 3 M. re. übz. zus.str., 1 U., 5 M. re. **2. und alle geraden Reihen:** Li. str. **3. Reihe:** 1 M. re., 1 U., 3 M. re. zus.str., 1 U., 5 M. re., 1 U., 3 M. re. übz. zus.str., 1 U., 4 M. re. **5. Reihe:** 1 Noppe, 5 M. re., 1 U., 3 M. re. zus.str., 1 U., 1 M. re., 1 U., 3 M. re. übz. zus.str., 1 U., 3 M. re. **7. Reihe:** 5 M. re., 1 U., 3 M. re. zus.str., 1 U., 3 M. re., 1 U., 3 M. re. übz. zus.str., 1 U., 2 M. re. **9. Reihe:** 4 M. re., 1 U., 3 M. re. zus.str., 1 U., 5 M. re., 1 U., 3 M. re. übz. zus.str., 1 U., 1 Noppe. **11. Reihe:** 3 M. re., 1 U., 3 M. re. zus.str., 1 U., 1 M. re., 1 U., 3 M. re. übz. zus.str., 1 U., 6 M. re. **12. Reihe:** Li. str. **13. Reihe:** Ab 1. Reihe wdh.

Kelchmuster

Über 13 M. auf einem glatt rechts gestrickten Hintergrund gearbeitet.
Anmerkung: Die M. nicht nach der 7., 8., 15. und 16. Reihe des Musters zählen.
1. Reihe (Vorders.): 1 M. li., 3 M. re., 2 M. re. übz. zus.str., 1 U., 1 M. re., 1 U., 2 M. re. übz. zus.str., 3 M. re., 1 M. li. **2. Reihe:** 1 M. re., 11 M. li., 1 M. re. **3. Reihe:** 1 M. li., 2 M. re. zus.str., 2 M. re., 1 U., 3 M. re., 1 U., 2 M. re. übz. zus.str., 2 M. re., 1 M. li. **4. Reihe:** Wie 2. Reihe. **5. Reihe:** 1 M. li., 3 M. re., 2 M. re. zus.str., 1 U., 1 M. re., 1 U., 3 M. re. übz. zus.str., 1 U., 1 M. re., 1 U., 3 M. re. übz. zus.str., 3 M. re., 1 M. li. **6. Reihe:** Wie 2. Reihe. **7. Reihe:** 1 M. li., 2 M. re. zus.str., 1 U., 3 M. re., 1 U., 1 M. re., 1 U., 3 M. re., 1 U., 2 M. re. übz. zus.str., 1 M. li. **8. Reihe:** 1 M. re., 13 M. li., 1 M. re. **9. Reihe:** 1 M. li., 2 M. re. zus.str., 1 U., 2 M. re. übz. zus.str., 5 M. re., 2 M. re. zus.str., 1 U., 2 M. re. übz. zus.str., 1 M. li. **10. Reihe:** Wie 2. Reihe. **11. Reihe:** 1 M. li., 2 M. re. zus.str., 1 U., 1 M. re., 2 M. re. übz. zus.str., 1 U., 2 M. re. zus.str., 1 M. re., 1 U., 2 M. re. übz. zus.str., 1 M. li. **12. Reihe:** Wie 2. Reihe. Die 11. und 12. Reihe 1x wdh. **15. Reihe:** 1 M. li., 1 M. re., 1 U., 3 M. re., 1 U., 3 M. re. übz. zus.str., 1 U., 3 M. re., 1 U., 1 M. re., 1 M. li. **16. Reihe:** Wie 8. Reihe. **17. Reihe:** 1 M. li., 3 M. re., 2 M. re. zus.str., 1 U., 3 M. re., 1 U., 2 M. re. übz. zus.str., 3 M. re., 1 M. li. **18. Reihe:** Wie 2. Reihe. **19. Reihe:** Ab 1. Reihe wdh.

Kettenlochmuster

Über 16 M. auf einem glatt rechts gestrickten Hintergrund gearbeitet.
1. Reihe (Vorders.): 5 M. re., 1 U., 2 M. re. übz. zus.str., 2 M. re. zus.str., 5 M. re. **2. und alle geraden Reihen:** Li. str. **3. Reihe:** 3 M. re., 2 M. re. zus.str., 1 U., 1 M. re., 2 M. re. übz. zus.str., 2 M. re., 1 U., 2 M. re. zus.str., 4 M. re. **5. Reihe:** 2 M. re., 2 M. re. zus.str., 1 U., 3 M. re., 1 U., 2 M. re. übz. zus.str., 2 M. re., 1 U., 2 M. re. zus.str., 3 M. re. **7. Reihe:** 1 M. re., 2 M. re. zus.str., 1 U., 2 M. re., 1 M. re., 1 U., 2 M. re. übz. zus.str., 2 M. re., 1 U., 2 M. re. zus.str., 2 M. re. **9. Reihe:** 2 M. re. zus.str., 1 U., 2 M. re., 2 M. re. zus.str., 1 U., 3 M. re., 1 U., 2 M. re. übz. zus.str., 2 M. re., 1 U., 2 M. re. übz. zus.str., 1 M. re. **11. Reihe:** 2 M. re., 2 M. re. übz. zus.str., 2 M. re., 2 M. re. zus.str., 1 U., 3 M. re., 1 U., 2 M. re. übz. zus.str., 1 U., 2 M. re. übz. zus.str., 2 M. re. **13. Reihe:** 3 M. re., 2 M. re. übz. zus.str., 2 M. re., 1 U., 3 M. re. übz. zus.str., 1 U., 2 M. re., 1 U., 2 M. re. übz. zus.str., 2 M. re. **15. Reihe:** 4 M. re., 1 U., 2 M. re. übz. zus.str., 2 M. re., 1 U., 2 M. re. zus.str., 1 U., 1 M. re., 1 U., 3 M. re. **16. Reihe:** Li. str. **17. Reihe:** Ab 1. Reihe wdh.

Rippenmuster

Gedrehtes Rippenmuster

M.zahl teilbar durch 5 + 2 M.
1. Reihe (Rücks.): 2 M. re., *3 M. li., 2 M. re., ab * wdh.
2. Reihe: 2 M. li., *3 M. kreuzen, 2 M. li., ab * wdh.
3. Reihe: Ab 1. Reihe wdh.

Unterbrochenes Rippenmuster

M.zahl teilbar durch 2 + 1 M.
1. Reihe (Vorders.): Re. str.
2. Reihe: 1 M. li., *1 M. re., 1 M. li., ab * wdh.
3. Reihe: Ab 1. Reihe wdh.

Reliefrippenmuster

M.zahl teilbar durch 6 + 2 M.
1. Reihe (Vorders.): 2 M. li., *1 M. re. verschr., 1 M. re., 1 M. li., 1 M. re. verschr., 2 M. li., ab * wdh. **2. Reihe:** 2 M. re., *1 M. li. verschr., 1 M. re., 1 M. li., 1 M. li. verschr., 2 M. re., ab * wdh. **3. Reihe:** 2 M. li., *1 M. re. verschr., 1 M. li., 1 M. re., 1 M. re. verschr., 2 M. li., ab * wdh. **4. Reihe:** 2 M. re., *1 M. li. verschr., 1 M. re., 1 M. li., 1 M. li. verschr., 2 M. re., ab * wdh. **5. Reihe:** Ab 1. Reihe wdh.

Kordelrippenmuster

M.zahl teilbar durch 4 + 2 M.
1. Reihe: 1 M. re., *2 M. re. verschr. zus.str., den Querfaden zwischen der gerade gestr. M. und der nächsten M. aufheben und re. verschr. abstr., 2 M. li., ab * wdh. Enden mit 1 M. re.
2. Reihe: Die 1. Reihe wdh.

Falsches Patentmuster

M.zahl teilbar durch 4 + 1 M.
1. Reihe: 2 M. re., *1 M. li., 3 M. re., ab * wdh. Enden mit 1 M. li., 2 M. re.
2. Reihe: 1 M. li., *3 M. re., 1 M. li., ab * wdh.
3. Reihe: Ab 1. Reihe wdh.

Schräglaufendes Rippenmuster

M.zahl teilbar durch 4.
1. Reihe (Vorders.): *2 M. re., 2 M. li., ab * wdh.
2. Reihe: Wie 1. Reihe.
3. Reihe: 1 M. re., *2 M. li., 2 M. re., ab * wdh. Enden mit 2 M. li., 1 M. re.
4. Reihe: 1 M. li., *2 M. re., 2 M. li., ab * wdh. Enden mit 2 M. re., 1 M. li.
5. Reihe: *2 M. li., 2 M. re., ab * wdh.
6. Reihe: Wie 5. Reihe.
7. Reihe: Wie 4. Reihe.
8. Reihe: Wie 3. Reihe.
9. Reihe: Ab 1. Reihe wdh.

Gedrehtes Rippenlochmuster

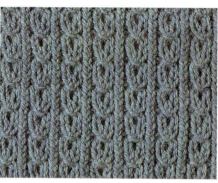

M.zahl teilbar durch 5 + 3 M.
Anmerkung: Die Maschen nicht nach der 2. und 3. Reihe des Musters zählen.
1. Reihe (Rücks.): 1 M. re., 1 M. li. verschr., 1 M. re., *2 M. li., 1 M. re., 1 M. li. verschr., 1 M. re., ab * wdh. **2. Reihe:** 1 M. li., 1 M. re. verschr., 1 M. li., *1 M. re., 1 U., 1 M. re., 1 M. li., 1 M. re. verschr., 1 M. li., ab * wdh. **3. Reihe:** 1 M. re., 1 M. li. verschr., 1 M. re., *3 M. li., 1 M. re., 1 M. li. verschr., 1 M. re., ab * wdh. **4. Reihe:** 1 M. li., 1 M. re. verschr., 1 M. li., *3 M. re., die 3. M. auf der re. Nadel über die ersten 2 M. ziehen, 1 M. li., 1 M. re. verschr., 1 M. li., ab * wdh. **5. Reihe:** Ab 1. Reihe wdh.

Unterbrochene Diagonalrippen

M.zahl teilbar durch 6.
1. Reihe (Vorders.): *4 M. re., 2 M. li., ab * wdh.
2. Reihe: *2 M. re., 4 M. li., ab * wdh.
3. Reihe: Wie 1. Reihe.
4. Reihe: Wie 2. Reihe.
5. Reihe: 2 M. re., *2 M. li., 4 M. re., ab * wdh. Enden mit 2 M. li., 2 M. re.
6. Reihe: 2 M. li., *2 M. re., 4 M. li., ab * wdh. Enden mit 2 M. re., 2 M. li.
7. Reihe: Wie 5. Reihe.
8. Reihe: Wie 6. Reihe.
9. Reihe: *2 M. li., 4 M. re., ab * wdh.
10. Reihe: *4 M. li., 2 M. re., ab * wdh.
11. Reihe: Wie 9. Reihe.
12. Reihe: Wie 10. Reihe.
13. Reihe: Ab 1. Reihe wdh.

Pikeerippenmuster

M.zahl teilbar durch 10 + 3 M.
1. Reihe (Vorders.): 3 M. re., *3 M. li., 1 M. re., 3 M. li., 3 M. re., ab * wdh.
2. Reihe: 3 M. li., *3 M. re., 1 M. li., 3 M. re., 3 M. li., ab * wdh.
3. Reihe: Wie 1. Reihe.
4. Reihe: Re. str.
5. Reihe: Ab 1. Reihe wdh.

Rippenmuster mit Noppen

M.zahl teilbar durch 8 + 3 M.
1. Reihe (Vorders.): 3 M. re., *2 M. li., [1 M. li., 1 M. re.] 2x in die nächste M., die ersten 3 M. nacheinander über die 4. M. ziehen (Noppe fertig), 2 M. li., 3 M. re., ab * wdh.
2. Reihe: 3 M. li., *2 M. re., 1 M. li., 2 M. re., 3 M. li., ab * wdh.
3. Reihe: 3 M. re., *2 M. li., 1 M. re., 2 M. li., 3 M. re., ab * wdh.
4. Reihe: Wie 2. Reihe.
5. Reihe: Ab 1. Reihe wdh.

Körniges Rippenmuster

M.zahl teilbar durch 8 + 2 M.
1. Reihe (Vorders.): 2 M. re., *[2 M. vorn kreuzen] 3x, 2 M. re., ab * wdh.
2. Reihe: Li. str.
3. Reihe: 2 M. re., *[die 3. M. auf der li. Nadel re. abstr., dann die 2. M. re. abstr., danach die 1. M. re. abstr. und alle 3 M. zus. von der Nadel gleiten lassen] 2x, 2 M. re., ab * wdh.
4. Reihe: Li. str.
5. Reihe: Ab 1. Reihe wdh.

Gewobenes Rippenmuster

M.zahl teilbar durch 15 + 8 M.
1. Reihe (Vorders.): *3 M. li., 2 M. re., 3 M. li., 1 M. re., [2 M. vorn kreuzen] 3x, ab * wdh. Enden mit 3 M. li., 2 M. re., 3 M. li.
2. Reihe: *3 M. re., die 2. M. auf der li. Nadel li. abstr., dann die 1. M. li. abstr. und beide M. zus. von der Nadel gleiten lassen (= 2 li. M. kreuzen), 3 M. re., 1 M. li.,[2 li. M. kreuzen] 3x, ab * wdh. Enden mit 3 M. re., 2 li. M. kreuzen, 3 M. re.
3. Reihe: Ab 1. Reihe wdh.

Spiralrippenmuster

M.zahl teilbar durch 6 + 3 M.
1. Reihe (Vorders.): 3 M.re., *3 M. li., 3 M. re., ab * wdh.
2. Reihe: 3 M. li., *3 M. re., 3 M. li., ab * wdh.
3. Reihe: Wie 1. Reihe.
4. Reihe: 1 M. re., *3 M. li., 3 M. re., ab * wdh. Enden mit 2 M. li.
5. Reihe: 2 M. re., *3 M. li., 3 M. re., ab * wdh. Enden mit 1 M. li.
6. Reihe: Wie 4. Reihe.
7. Reihe: Wie 4. Reihe.
8. Reihe: Wie 5. Reihe.
9. Reihe: Wie 4. Reihe.
10. Reihe: 3 M. re., *3 M. li., 3 M. re., ab * wdh.
11. Reihe: Wie 2. Reihe.
12. Reihe: Wie 10. Reihe.
13. Reihe: 2 M. li., *3 M. re., 3 M. li., ab * wdh. Enden mit 1 M. re.
14. Reihe: 1 M. li., *3 M. re., 3 M. li., ab * wdh. Enden mit 2 M. re.
15. Reihe: Wie 13. Reihe.
16. Reihe: Wie 13. Reihe.
17. Reihe: Wie 14. Reihe.
18. Reihe: Wie 13. Reihe.
19. Reihe: Ab 1. Reihe wdh.

Kettenstichrippen

M.zahl teilbar durch 3 + 2 M.
1. Reihe (Rücks.): 2 M. re., *1 M. li., 2 M. re., ab * wdh.
2. Reihe: 2 M. li., *1 M. re., 2 M. li., ab * wdh.
3. Reihe: Wie 1. Reihe.
4. Reihe: 2 M. li., *den Faden hinter die M. legen, die Nadel in die M. 3 R. unter der nächsten M. einstechen und in der üblichen Weise re. abstr., dabei die darüberliegende M. von der Nadel gleiten lassen, 2 M. li., ab * wdh.
5. Reihe: Ab 1. Reihe wdh.

Falsches Zopfrippenmuster

M.zahl teilbar durch 7 + 2 M.
1. Reihe (Vorders.): 2 M. li., *2 M. hinten kreuzen, 3 M. re., 2 M. li., ab * wdh. **2., 4. und 6. Reihe:** 2 M. re., *5 M. li., 2 M. re., ab * wdh. **3. Reihe:** 2 M. li., *1 M. re., 2 M. hinten kreuzen, 2 M. re., 2 M. li., ab * wdh. **5. Reihe:** 2 M. li., *2 M. re., 2 M. hinten kreuzen, 1 M. re., 2 M. li., ab * wdh. **7. Reihe:** 2 M. li., *3 M. re., 2 M. hinten kreuzen, 2 M. li., ab * wdh. **8. Reihe:** 2 M. re., *5 M. li., 2 M. re., ab * wdh. **9. Reihe:** Ab 1. Reihe wdh.

69

Rippenmuster

Welliges Rippenmuster

M.zahl teilbar durch 3 + 1 M.
1. Reihe (Rücks.): 1 M. re., *2 M. li., 1 M. re., ab * wdh.
2. Reihe: 1 M. li., *2 M. vorn kreuzen, 1 M. li., ab * wdh.
3. Reihe: Wie 1. Reihe.
4. Reihe: 1 M. li., *2 M. hinten kreuzen, 1 M. li., ab * wdh.
5. Reihe: Ab 1. Reihe wdh.

Quadratisches Rippenmuster

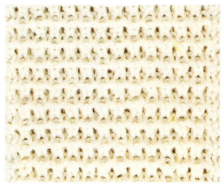

M.zahl teilbar durch 2 + 1 M.
1. Reihe (Vorders.): 2 M. re., 1 M. li., *1 M. re., 1 M. li., ab * wdh. Enden mit 2 M. re. **2. Reihe:** 1 M. re., *1 M. li., 1 M. re., ab * wdh. **3. Reihe:** Wie 1. Reihe. **4. Reihe:** 1 M. re., 1 M. li., *den Faden hinter die M. legen, die Nadel in die M. 2 R. unter der nächsten M. einstechen und in der üblichen Weise re. abstr., dabei die darüberliegende M. von der Nadel gleiten lassen, 1 M. li., ab * wdh. Enden mit 1 M. re. **5. Reihe:** Ab 1. Reihe wdh.

Einfaches Rippenlochmuster

M.zahl teilbar durch 5 + 2 M.
1. Reihe (Vorders.): 2 M. li., *3 M. re., 2 M. li., ab * wdh.
2., 4. und 6. Reihe: 2 M. re., *3 M. li., 2 M. re., ab * wdh.
3. Reihe: 2 M. li., *2 M. re. zus.str., 1 U., 1 M. re., 2 M. li., ab * wdh.
5. Reihe: Wie 1. Reihe.
7. Reihe: 2 M. li., *1 M. re., 1 U., 2 M. re. übz. zus.str., 2 M. li., ab * wdh.
8. Reihe: Wie 2. Reihe.
9. Reihe: Ab 1. Reihe wdh.

Doppeltes Rippenlochmuster

M.zahl teilbar durch 7 + 2 M.
1. Reihe (Vorders.): 2 M. li., *5 M. re., 2 M. li., ab * wdh.
2. Reihe: 2 M. re., *5 M. li., 2 M. re., ab * wdh.
3. Reihe: 2 M. li., *2 M. re. zus.str., 1 U., 1 M. re., 1 U., 2 M. re. übz. zus.str., 2 M. li., ab * wdh.
4. Reihe: Wie 2. Reihe.
5. Reihe: Ab 1. Reihe wdh.

Kleine Sanduhrrippen

M.zahl teilbar durch 4 + 2 M.
Anmerkung: Die M. nicht nach der 3. Reihe zählen.
1. Reihe (Rücks.): 2 M. re., *2 M. li., 2 M. re., ab * wdh.
2. Reihe: 2 M. li., *2 M. re. verschr. zus.str., dann dieselben 2 M. re. zus.str., 2 M. li., ab * wdh.
3. Reihe: 2 M. re., *1 M. li., 1 U., 1 M. li., 2 M. re., ab * wdh.
4. Reihe: 2 M. li., *den Faden hinter die M. legen, 2 M. re. übz. zus.str., 1 M. re., 2 M. li., ab * wdh.
5. Reihe: Ab 1. Reihe wdh.

Patentmuster

Anmerkung: Die nachstehenden Strickanleitungen ergeben das gleiche optische Resultat, doch einen unterschiedlichen 'Griff', z.B. (C) fühlt sich fester an als (A).

(A) M.zahl teilbar durch 2 + 1 M.
Grundreihe: Re. str.
1. Reihe (Vorders.): 1 M. abh., *1 M. re. 1 R. tiefer einstechen, 1 M. li., ab * wdh.
2. Reihe: 1 M. abh., *1 M. li., 1 M. re. 1 R. tiefer einstechen, ab * wdh. Enden mit 1 M. li., 1 M. re. **3. Reihe:** Ab 1. Reihe wdh.

(B) M.zahl teilbar durch 2 + 1 M.
Grundreihe: Re. str.
1. Reihe (Vorders.): 1 M. abh., *1 M. re. 1 R. tiefer einstechen, 1 M. re., ab * wdh.
2. Reihe: 1 M. abh., *1 M. re., 1 M. re. 1 R. tiefer einstechen, ab * wdh. Enden mit 2 M. re.
3. Reihe: Ab 1. Reihe wdh.

(C) M.zahl teilbar durch 3 + 1 M.
1. Reihe (Vorders.): 1 M. abh., *2 M. re. zus.str., 1 U., 1 M. li. abh., ab * wdh. Enden mit 2 M. re. zus.str., 1 M. re.
2. Reihe: 1 M. abh., *1 U., 1 M. li. abh., 2 M. re. zus.str. (U. und abgeh. M. der Vorreihe), ab * wdh. Enden mit 1 U., 1 M. li. abh., 1 M. re. **3. Reihe:** Ab 1. Reihe wdh.

Halbpatentmuster

Anmerkung: Beide Strickanleitungen ergeben das gleiche optische Resultat, doch einen unterschiedlichen 'Griff'. (B) fühlt sich fester an als (A).

(A) M.zahl teilbar durch 2 + 1 M.
1. Reihe (Vorders.): 1 M. abh., dann re. str. **2. Reihe:** 1 M. abh., *1 M. re. 1 R. tiefer einstechen, 1 M. li., ab * wdh. **3. Reihe:** Ab 1. Reihe wdh.

(B) M.zahl teilbar durch 2 + 1 M.
1. Reihe (Vorders.): 1 M. abh., *1 M. li., 1 M. re., ab * wdh. **2. Reihe:** 1 M. abh., *1 M. re. 1 R. tiefer einstechen, 1 M. li., ab * wdh. **3. Reihe:** Ab 1. Reihe wdh.

'Hexenstich'-Rippen

M.zahl teilbar durch 4 + 2 M.
1. Reihe: 3 M. re., *1 U., 2 M. re. übz. zus.str., 2 M. re., ab * wdh. Enden mit 1 U., 2 M. re. übz. zus.str., 1 M. re.
2. Reihe: 3 M. li., *1 U., 2 M. li. zus.str., 2 M. li., ab * wdh. Enden mit 1 U., 2 M. li. zus.str., 1 M. li.
3. Reihe: Ab 1. Reihe wdh.

Rippen mit abgehobenen Maschen

M.zahl teilbar durch 2 + 1 M.
1. Reihe (Vorders.): 1 M. re., *den Faden vor die M. legen, 1 M. li. abh., 1 M. re., ab * wdh.
2. Reihe: Li. str.
3. Reihe: Ab 1. Reihe wdh.

Umgekehrtes Patentmuster

M.zahl teilbar durch 2 + 1 M.
Grundreihe: Re. str.
1. Reihe (Vorders.): 1 M. abh., *1 M. re. 1 R. tiefer einstechen, 1 M. re., ab * wdh.
2. Reihe: 1 M. abh., *1 M. re., 1 M. re. 1 R. tiefer einstechen, ab * wdh. Enden mit 2 M. re.
3. Reihe: Wie 1. Reihe.
4. Reihe: Wie 2. Reihe.
5. Reihe: Wie 1. Reihe.
6. Reihe: 1 M. abh., *1 M. re. 1 R. tiefer einstechen, 1 M. re., ab * wdh.
7. Reihe: Wie 2. Reihe.
8. Reihe: Wie 6. Reihe.
9. Reihe: Wie 2. Reihe.
10. Reihe: Wie 6. Reihe.
11. Reihe: Ab 1. Reihe wdh.

Welliges Rippenmuster mit falschem Zopf

M.zahl teilbar durch 4 + 2 M.
1. Reihe (Vorders.): 2 M. li., *2 M. re., 2 M. li., ab * wdh.
2., 4. und 6. Reihe: 2 M. re., *2 M. li., 2 M. re., ab * wdh.
3. Reihe: 2 M. li., *2 M. hinten kreuzen, 2 M. li., ab * wdh.
5. Reihe: Wie 1. Reihe.
7. Reihe: 2 M. li., *2 M. re. zus.str., diese M. jedoch nicht von der Nadel gleiten lassen, sondern die erste M. noch einmal re. str. und dann beide M. von der Nadel gleiten lassen, 2 M. li., ab * wdh.
8. Reihe: Wie 2. Reihe.
9. Reihe: Ab 1. Reihe wdh.

Falscher Zopf nach rechts

M.zahl teilbar durch 4 + 2 M.
1. Reihe (Vorders.): 2 M. li., *2 M. re., 2 M. li., ab * wdh.
2. Reihe: 2 M. re., *2 M. li., 2 M. re., ab * wdh.
3. Reihe: 2 M. li., *2 M. vorn kreuzen, 2 M. li., ab * wdh.
4. Reihe: Wie 2. Reihe.
5. Reihe: Ab 1. Reihe wdh.

Falscher Zopf nach links

M.zahl teilbar durch 4 + 2 M.
1. Reihe (Vorders.): 2 M. li., *2 M. re., 2 M. li., ab * wdh.
2. Reihe: 2 M. re., *2 M. li., 2 M. re., ab * wdh.
3. Reihe: 2 M. li., *2 M. hinten kreuzen, 2 M. li., ab * wdh.
4. Reihe: Wie 2. Reihe.
5. Reihe: Ab 1. Reihe wdh.

Phantasie-Rippenmuster

M.zahl teilbar durch 5 + 2 M.
1. Reihe (Vorders.): 2 M. li., *1 M. re., 1 M. li. abh., 1 M. re., 2 M. li., ab * wdh.
2. Reihe: 2 M. re., *3 M. li., 2 M. re., ab * wdh.
3. Reihe: Ab 1. Reihe wdh.

Geschmeidiges Rippenmuster

M.zahl teilbar durch 3 + 1 M.
1. Reihe (Vorders.): 1 M. re., *1 M. re., diese M. jedoch nicht von der Nadel gleiten lassen, sondern mit der nächsten M. li. zus.str., 1 M. re., ab * wdh.
2. Reihe: Li. str.
3. Reihe: Ab 1. Reihe wdh.

Rippenmuster

Gefurchtes Rippenmuster

M.zahl teilbar durch 3 + 1 M.
1. **Reihe** (Vorders.): *2 M. re., 1 M. li., ab * wdh. Enden mit 1 M. re.
2. **Reihe:** 1 M. li., *2 M. re., 1 M. li., ab * wdh.
3. **Reihe:** Ab 1. Reihe wdh.

Diagonalrippenmuster

M.zahl teilbar durch 4.
1. **Reihe** (Vorders.): *2 M. re., 2 M. li., ab * wdh.
2. **Reihe:** 1 M. re., *2 M. li., 2 M. re., ab * wdh. Enden mit 2 M. li., 1 M. re.
3. **Reihe:** *2 M. li., 2 M. re., ab * wdh.
4. **Reihe:** 1 M. li., *2 M. li., 2 M. re., ab * wdh. Enden mit 2 M. re., 1 M. li.
5. **Reihe:** Ab 1. Reihe wdh.

Durchbrochenes Kettenmuster

M.zahl teilbar durch 6 + 2 M.
1. **Reihe** (Rücks.): 2 M. re., *4 M. li., 2 M. re., ab * wdh.
2. **Reihe:** 2 M. li., *2 M. re. zus.str., 2 U., 2 M. re. übz. zus.str., 2 M. li., ab * wdh.
3. **Reihe:** 2 M. re., *1 M. li., 1 M. li. in ersten U., 1 M. li. verschr. in zweiten U., 1 M. li., 2 M. re., ab * wdh.
4. **Reihe:** 2 M. li., *1 U., 2 M. re. übz. zus.str., 2 M. re. zus.str., 1 U., 2 M. li., ab * wdh.
5. **Reihe:** Ab 1. Reihe wdh.

Perlrippenmuster

M.zahl teilbar durch 5 + 2 M.
1. **Reihe** (Vorders.): 2 M. li., *1 M. re., 1 M. li., 1 M. re., 2 M. li., ab * wdh.
2. **Reihe:** 2 M. re., *3 M. li., 2 M. re., ab * wdh.
3. **Reihe:** Ab 1. Reihe wdh.

Rippenlochmuster mit falschem Zopf

M.zahl teilbar durch 5 + 2 M.
1. **Reihe** (Vorders.): 2 M. li., *1 M. abh., 2 M. re., die abgeh. M. darüberziehen, 2 M. li., ab * wdh. 2. **Reihe:** 2 M. re., *1 M. li., 1 U., 1 M. li., 2 M. re., ab * wdh. 3. **Reihe:** 2 M. li., *3 M. li., 2 M. li., ab * wdh. 4. **Reihe:** 2 M. re., *3 M. li., 2 M. re., ab * wdh.
5. **Reihe:** Ab 1. Reihe wdh.

Karorippenmuster

M.zahl teilbar durch 10 + 5 M.
1. **und 3. Reihe** (Vorders.): 5 M. li., *[1 M. re. verschr., 1 M. li.] 2x, 1 M. re. verschr., 5 M. li., ab * wdh.
2. **und 4. Reihe:** 5 M. re., *[1 M. li. verschr., 1 M. re.] 2x, 1 M. li. verschr., 5 M. re., ab * wdh.
5. **Reihe:** Wie 1. Reihe.
6. **und 8. Reihe:** [1 M. li. verschr., 1 M. re.] 2x, 1 M. li. verschr., *5 M. re., [1 M. li. verschr., 1 M. re.] 2x, 1 M. li. verschr., ab * wdh.
7. **und 9. Reihe:** [1 M. re. verschr., 1 M. li.] 2x, 1 M. re. verschr., *5 M. li., [1 M. re. verschr., 1 M. li.] 2x, 1 M. re. verschr., ab * wdh. 10. **Reihe:** Wie 6. Reihe.
11. **Reihe:** Ab 1. Reihe wdh.

Großes Rippenlochmuster

M.zahl teilbar durch 6 + 2 M.
1. **Reihe** (Vorders.): *2 M. li., 2 M. re. zus.str., 2 U., 2 M. re. übz. zus.str., ab * wdh. Enden mit 2 M. li.
2. **Reihe:** 2 M. re., *1 M. li., 1 M. re. in ersten U., 1 M. li. in zweiten U., 1 M. li., 2 M. re., ab * wdh.
3. **Reihe:** *2 M. li., 4 M. re., ab * wdh. Enden mit 2 M. li.
4. **Reihe:** 2 M. re., *4 M. li., 2 M. re., ab * wdh. 5. **Reihe:** Ab 1. Reihe wdh.

Rippenwebmuster

M.zahl teilbar durch 6 + 3 M.
1. Reihe (Vorders.): 3 M. li., *1 M. li. abh., 1 M. re., den Faden vor die M. legen, 1 M. li. abh., 3 M. li., ab * wdh.
2. Reihe: 3 M. re., *3 M. li., 3 M. re., ab * wdh.
3. Reihe: *3 M. li., 1 M. re., den Faden vor die M. legen, 1 M. li. abh., 1 M. re., ab * wdh. Enden mit 3 M. li.
4. Reihe: Wie 2. Reihe.
5. Reihe: Ab 1. Reihe wdh.

Medaillonrippen

M.zahl teilbar durch 8 + 4 M.
1. Reihe (Vorders.): 4 M. li., *den Faden hinter die M. legen, 2 M. li. abh., 2 M. hinten kreuzen, 4 M. li., ab * wdh.
2. Reihe: 4 M. re., *den Faden vor die M. legen, 2 M. li. abh., die 2. M. auf der li. Nadel li. str., dann die 1. M. li. str. und beide M. von der Nadel gleiten lassen, 4 M. re., ab * wdh.
3. Reihe: Re. str.
4. Reihe: Li. str.
5. Reihe: Ab 1. Reihe wdh.

Gedrehtes Rippenzopfmuster

M.zahl teilbar durch 4 + 2 M.
1. Reihe (Vorders.): 2 M. li., *2 M. re., 2 M. li., ab * wdh.
2. Reihe: 2 M. re., *2 M. li., 2 M. re., ab * wdh.
3. Reihe: 2 M. li., *2 M. re. zus.str., diese M. jedoch nicht von der Nadel gleiten lassen, sondern die erste M. noch einmal re. str. und dann beide M. von der Nadel gleiten lassen, 2 M. li., ab * wdh.
4. Reihe: Wie 2. Reihe.
5. Reihe: Ab 1. Reihe wdh.

Unregelmäßiges Rippenmuster

M.zahl teilbar durch 4 + 3 M.
1. Reihe: *2 M. re., 2 M. li., ab * wdh. Enden mit 2 M. re., 1 M. li.
Die 1. Reihe wdh.

Dickes Rippenmuster

M.zahl teilbar durch 3 + 2 M.
Anmerkung: Die M. nur nach der 4. Reihe zählen.
1. Reihe (Vorders.): 2 M. li., *1 U., 1 M. re., 1 U., 2 M. li., ab * wdh.
2. Reihe: 2 M. re., *3 M. li., 2 M. re., ab * wdh.
3. Reihe: 2 M. li., *3 M. re., 2 M. li., ab * wdh.
4. Reihe: 2 M. re., *3 M. li. zus.str., 2 M. re., ab * wdh.
5. Reihe: Ab 1. Reihe wdh.

Kettenmuster

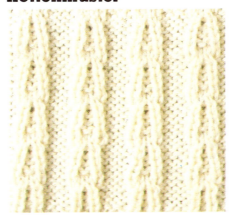

M.zahl teilbar durch 8 + 4 M.
1. Reihe (Vorders.): 4 M. li., *1 M. re., 2 M. li., 1 M. re., 4 M. li., ab * wdh.
2. Reihe: 4 M. re., *1 M. li., 2 M. re., 1 M. li., 4 M. re., ab * wdh.
3. und 4. Reihe: Wie 1. und 2. Reihe.
5. Reihe: 4 M. li., *2 M. nach li. kreuzen, 2 M.nach re. kreuzen, 4 M. li., ab * wdh.
6. Reihe: 4 M. re., *4 M. li., 4 M. re., ab * wdh.
7. Reihe: Ab 1. Reihe wdh.

Rippenzickzackmuster

M.zahl teilbar durch 18 + 1 M.
1. Reihe (Vorders.): 1 M. li., *1 M. re., 2 M. li., 2 M. re., 2 M. li., 1 M. re., 1 M. li., ab * wdh.
2. Reihe: *3 M. re., 2 M. li., 2 M. re., 2 M. li., 1 M. re., [2 M. li., 2 M. re.] 2x, ab * wdh. Enden mit 1 M. re.
3. Reihe: *[2 M. li., 2 M. re.] 2x, 3 M. li., 2 M. re., 2 M. li., 2 M. re., 1 M. li., ab * wdh. Enden mit 1 M. li.
4. Reihe: *1 M. re., 2 M. li., 2 M. re., 2 M. li., 5 M. re., 2 M. li., 2 M. re., 1 M. li., ab * wdh. Enden mit 1 M. re.
5. Reihe: Ab 1. Reihe wdh.

Kleines Rippenzickzackmuster

M.zahl teilbar durch 10 + 1 M.
1. Reihe (Vorders.): 1 M. li., *1 M. re., 1 M. li., [2 M. re., 1 M. li.] 2x, 1 M. re., 1 M. li., ab * wdh. **2. Reihe:** 1 M. re., *2 M. li., [1 M. re., 1 M. li.] 2x, 1 M. re., 2 M. li., 1 M. re., ab * wdh. **3. Reihe:** 1 M. li., *3 M. re., 3 M. li., 3 M. re., 1 M. li., ab * wdh. **4. Reihe:** 2 M. re., *3 M. li., 1 M. re., 3 M. li., 3 M. re., ab * wdh. Enden mit 3 M. li., 1 M. re., 3 M. li., 2 M. re. **5. Reihe:** Ab 1. Reihe wdh.

73

Zopfmuster

Geflochtener Zopf mit 9 Maschen

Nach unten   Nach oben

Zopf nach unten
1. **Reihe** (Vorders.): Re. str.
2., 4. und 6. **Reihe:** Li. str.
3. **Reihe:** 6 M. vorn kreuzen, 3 M. re.
5. **Reihe:** Re. str.
7. **Reihe:** 3 M. re., 6 M. hinten kreuzen.
8. **Reihe:** Li. str.
9. **Reihe:** Ab 1. Reihe wdh.

Zopf nach oben
1. **Reihe** (Vorders.): Re. str.
2., 4. und 6. **Reihe:** Li. str.
3. **Reihe:** 6 M. hinten kreuzen, 3 M. re.
5. **Reihe:** Re. str.
7. **Reihe:** 3 M. re., 6 M. vorn kreuzen.
8. **Reihe:** Li. str.
9. **Reihe:** Ab 1. Reihe wdh.

Geflochtener Zopf mit 6 Maschen

Nach unten   Nach oben

Zopf nach unten
1. **Reihe** (Vorders.): 4 M. vorn kreuzen, 2 M. re. 2. **Reihe:** Li. str.
3. **Reihe:** 2 M. re., 4 M. hinten kreuzen.
4. **Reihe:** Li. str.
5. **Reihe:** Ab 1. Reihe wdh.

Zopf nach oben
1. **Reihe** (Vorders.): 4 M. hinten kreuzen, 2 M. re. 2. **Reihe:** Li. str.
3. **Reihe:** 2 M. re., 4 M. vorn kreuzen.
4. **Reihe:** Li. str.
5. **Reihe:** Ab 1. Reihe wdh.

Zopfmuster mit 4 Maschen I

1. **Reihe** (Vorders.): Re. str.
2. **Reihe:** Li. str.
3. **Reihe:** 4 M. hinten kreuzen.
4. **Reihe:** Li. str.
5. **Reihe:** Ab 1. Reihe wdh.

Bei dem obigen Zopfmuster dreht sich der Zopf nach rechts. Um einen nach links gedrehten Zopf zu erhalten, müssen in der 3. Reihe 4 M. vorn anstatt hinten gekreuzt werden.

Zopfmuster mit 4 Maschen II

1. **Reihe** (Vorders.): Re. str.
2. **Reihe:** Li. str.
3. und 4. **Reihe:** Wie 1. und 2. Reihe.
5. **Reihe:** 4 M. hinten kreuzen.
6. **Reihe:** Li. str.
7. **Reihe:** Ab 1. Reihe wdh.

Bei dem obigen Zopfmuster dreht sich der Zopf nach rechts. Um einen nach links gedrehten Zopf zu erhalten, müssen in der 5. Reihe 4 M. vorn anstatt hinten gekreuzt werden.

Zopfmuster mit 6 Maschen

1. **Reihe** (Vorders.): Re. str.
2. **Reihe:** Li. str.
3. **Reihe:** 6 M. hinten kreuzen.
4. **Reihe:** Li. str.
5. **Reihe:** Ab 1. Reihe wdh.

Bei dem obigen Zopfmuster dreht sich der Zopf nach rechts. Um einen nach links gedrehten Zopf zu erhalten, müssen in der 3. Reihe 6 M. vorn anstatt hinten gekreuzt werden.

Zopfmuster mit 8 Maschen

1. **Reihe** (Vorders.): Re. str.
2. **Reihe:** Li. str.
3. und 4. **Reihe:** Wie 1. und 2. Reihe.
5. **Reihe:** 8 M. hinten kreuzen.
6. **Reihe:** Li. str.
Die 1. und 2. Reihe 2x wdh.
11. **Reihe:** Ab 1. Reihe wdh.

Bei dem obigen Zopfmuster dreht sich der Zopf nach rechts. Um einen nach links gedrehten Zopf zu erhalten, müssen in der 5. Reihe 8 M. vorn anstatt hinten gekreuzt werden.

Klauenmuster I

Nach unten   Nach oben

Über 8 M. gearbeitet.
Klauenmuster nach unten
1. **Reihe** (Vorders.): Re. str.
2. **Reihe:** Li. str.
3. **Reihe:** 4 M. vorn kreuzen, 4 M. hinten kreuzen. 4. **Reihe:** Li. str.
5. **Reihe:** Ab 1. Reihe wdh.
Klauenmuster nach oben
1. **Reihe** (Vorders.): Re. str.
2. **Reihe:** Li. str.
3. **Reihe:** 4 M. hinten kreuzen, 4 M. vorn kreuzen. 4. **Reihe:** Li. str.
5. **Reihe:** Ab 1. Reihe wdh.

Klauenmuster II

Nach unten   Nach oben

Über 9 M. gearbeitet.
Klauenmuster nach unten
1. Reihe (Vorders.): Re. str.
2. Reihe: Li. str.
3. Reihe: 4 M. nach li. kreuzen, 1 M. re., 4 M. nach re. kreuzen.
4. Reihe: Li. str.
5. Reihe: Ab 1. Reihe wdh.

Klauenmuster nach oben
1. Reihe (Vorders.): Re. str.
2. Reihe: Li. str.
3. Reihe: 4 M. nach re. kreuzen, 1 M. re., 4 M. nach li. kreuzen.
4. Reihe: Li. str.
5. Reihe: Ab 1. Reihe wdh.

Doppeltes Zopfmuster

Nach unten   Nach oben

Über 12 M. gearbeitet.
Zopf nach unten
1. Reihe (Vorders): Re. str.
2. Reihe: Li. str.
3. Reihe: 6 M. vorn kreuzen, 6 M. hinten kreuzen.
4. Reihe: Li. str.
Die 1. und 2. Reihe 2x wdh.
9. Reihe: Ab 1. Reihe wdh.

Zopf nach oben
1. Reihe (Vorders.): Re. str.
2. Reihe: Li. str.
3. Reihe: 6 M. hinten kreuzen, 6 M. vorn kreuzen.
4. Reihe: Li. str.
Die 1. und 2. Reihe 2x wdh.
9. Reihe: Ab 1. Reihe wdh.

Kleiner doppelter Zopf

Nach unten   Nach oben

Über 8 M. gearbeitet.
Zopf nach unten
1. Reihe (Vorders.): Re. str.
2. Reihe: Li. str.
3. und 4. Reihe: Wie 1. und 2. Reihe.
5. Reihe: 4 M. vorn kreuzen, 4 M. hinten kreuzen.
6. Reihe: Li. str.
7. Reihe: Ab 1. Reihe wdh.

Zopf nach oben
1. Reihe (Vorders.): Re. str.
2. Reihe: Li. str.
3. und 4. Reihe: Wie 1. und 2. Reihe.
5. Reihe: 4 M. hinten kreuzen, 4 M. vorn kreuzen.
6. Reihe: Li. str.
7. Reihe: Ab 1. Reihe wdh.

Gekreuztes Zopfmuster

Über 9 M. auf einem glatt links gestrickten Hintergrund gearbeitet.
1. Reihe (Vorders.): 2 M. nach li. drehen, 2 M. li., 2 M. nach re. drehen, 2 M. li., 2 M. nach li. drehen, 1 M. li. **2. Reihe:** 1 M. re., [1 M. li. verschr., 2 M. re.] 2x, 1 M. li. verschr., 1 M. re. **3. Reihe:** 1 M. li., 2 M. nach li. drehen, 2 M. nach re. drehen, 2 M. li., 2 M. nach li. drehen. **4. Reihe:** 1 M. li. verschr., 4 M. re., 2 M. li. verschr., 2 M. re. **5. Reihe:** 2 M. li., die nächste M. auf eine Hilfsnadel nach hinten legen, 1 M. re. verschr. von der li. Nadel abstr., dann 1 M. re. verschr. von der Hilfsnadel abstr., 4 M. li., 1 M. re. verschr. **6. Reihe:** Wie 4. Reihe. **7. Reihe:** 1 M. li., 2 M. nach re. drehen, 2 M. nach li. drehen, 2 M. li., 2 M. nach re. drehen. **8. Reihe:** Wie 2. Reihe. **9. Reihe:** 2 M. nach re. drehen, 2 M. li., 2 M. nach li. drehen, 2 M. nach re. drehen, 1 M. li. **10. Reihe:** 2 M. re., 2 M. li. verschr., 4 M. re., 1 M. li. verschr. **11. Reihe:** 1 M. re. verschr., 4 M. li., die nächste M. auf eine Hilfsnadel nach vorn legen, 1 M. re. verschr. von der li. Nadel abstr., dann 1 M. re. verschr. von der Hilfsnadel abstr., 2 M. li. **12. Reihe:** Wie 10. Reihe. **13. Reihe:** Ab 1. Reihe wdh.

Rundes Zopfmuster

Über 8 M. gearbeitet.
1. Reihe (Vorders.): 2 M. li., 4 M. re., 2 M. li.
2. Reihe: 2 M. re., 4 M. li., 2 M. re.
3. und 4. Reihe: Wie 1. und 2. Reihe.
5. Reihe: 4 M. hinten drehen, 4 M. vorn drehen.
6. Reihe: 2 M. li., 4 M. re., 2 M. li.
7. Reihe: Wie 2. Reihe.
8. und 9. Reihe: Wie 6. und 7. Reihe.
10. Reihe: Wie 6. Reihe.
11. Reihe: 4 M. vorn drehen, 4 M. hinten drehen.
12. Reihe: Wie 2. Reihe.
13. Reihe: Ab 1. Reihe wdh.

Dreifacher Zopf

Über 5 M. gearbeitet.
Nach rechts gedrehter Zopf
1. Reihe (Vorders.): 1 M. re. verschr., [1 M. li., 1 M. re. verschr.] 2x. **2. Reihe:** 1 M. li. verschr., [1 M. re., 1 M. li. verschr.] 2x. Die 1. und 2. Reihe 2x wdh. **7. Reihe:** Die ersten 2 M. auf eine Hilfsnadel nach hinten legen, 1 M. re. verschr., 1 M. li., 1 M. re. verschr. von der li. Nadel abstr., dann 1 M. li., 1 M. re. verschr. von der Hilfsnadel abstr. **8. Reihe:** Wie 2. Reihe. Die 1. und 2. Reihe 3x wdh. **15. Reihe:** Ab 1. Reihe wdh.

Nach links gedrehter Zopf
1. Reihe (Vorders.): 1 M. re. verschr., [1 M. li., 1 M. re. verschr.] 2x. **2. Reihe:** 1 M. li. verschr., [1 M. re., 1 M. li. verschr.] 2x. Die 1. und 2. Reihe 2x wdh. **7. Reihe:** Die ersten 3 M. auf eine Hilfsnadel nach vorn legen, 1 M. re. verschr., 1 M. li. von der li. Nadel abstr., dann 1 M. re. verschr., 1 M. li., 1 M. re. verschr. von der Hilfsnadel abstr. **8. Reihe:** Wie 2. Reihe. Die 1. und 2. Reihe 3x wdh. **15. Reihe:** Ab 1. Reihe wdh.

Zopfmuster

Klauenmuster mit Noppen

Über 9 M. gearbeitet.
Klauenmuster nach unten
1. Reihe (Vorders.): 4 M. nach li. kreuzen, 1 M. re., 4 M. nach re. kreuzen.
2. Reihe: Li. str. **3. Reihe:** 4 M. re., 3 M. re. in die nächste M. str., dabei 1x von vorn, 1x von hinten und 1x von vorn in die M. einstechen, [wenden, 3 M. re.] 2x, die 2. und 3. M. über die 1. M. ziehen, 4 M. re. **4. Reihe:** Li. str. **5. Reihe:** Ab 1. Reihe wdh. Die Noppen können auf die gleiche Weise in das Klauenmuster nach oben gearbeitet werden.

Zopfmuster mit 9 Maschen

1. Reihe (Vorders.): Re. str.
2. Reihe: Li. str.
3. und 4. Reihe: Wie 1. und 2. Reihe.
5. Reihe: 9 M. hinten kreuzen.
6. Reihe: Li. str.
Die 1. und 2. Reihe 3x wdh.
13. Reihe: Ab 1. Reihe wdh.
Bei dem obigen Zopfmuster dreht sich der Zopf nach rechts. Um einen nach links gedrehten Zopf zu erhalten, müssen in der 5. Reihe 9 M. vorn anstatt hinten gekreuzt werden.

Klauenmuster mit 13 Maschen

Nach unten   Nach oben

Klauenmuster nach unten
1. Reihe (Vorders.): Re. str.
2. Reihe: Li. str.
3. Reihe: 6 M. vorn kreuzen, 1 M. re., 6 M. hinten kreuzen.
4. Reihe: Li. str.
5. Reihe: Ab 1. Reihe wdh.
Klauenmuster nach oben
1. Reihe (Vorders.): Re. str.
2. Reihe: Li. str.
3. Reihe: 6 M. hinten kreuzen, 1 M. re., 6 M. vorn kreuzen.
4. Reihe: Li. str.
5. Reihe: Ab 1. Reihe wdh.

Gefalteter Zopf

Nach unten   Nach oben

Über 6 M. gearbeitet.
Zopf nach unten
1. Reihe (Vorders.): Re. str.
2. Reihe: Li. str.
3. und 4. Reihe: Wie 1. und 2. Reihe.
5. Reihe: 3 M. nach li. kreuzen, 3 M. nach re. kreuzen. **6. Reihe:** Li. str.
Die 5. und 6. Reihe 2x wdh.
11. und 12. Reihe: Wie 1. und 2. Reihe.
13. Reihe: Ab 1. Reihe wdh.

Zopf nach oben
1. Reihe (Vorders.): Re. str.
2. Reihe: Li. str.
3. und 4. Reihe: Wie 1. und 2. Reihe.
5. Reihe: 3 M. nach re. kreuzen, 3 M. nach li. kreuzen.
6. Reihe: Li. str.
Die 5. und 6. Reihe 2x wdh.
11. und 12. Reihe: Wie 1. und 2. Reihe.
13. Reihe: Ab 1. Reihe wdh.

Offener Zopf mit Noppen

Über 5 M. auf einem glatt links gestrickten Hintergrund gearbeitet.
Sonderabkürzungen
5 M. nach re. drehen = die nächsten 4 M. auf eine Hilfsnadel nach hinten legen, 1 M. re. von der li. Nadel abstr., dann 3 M. li., 1 M. re. von der Hilfsnadel abstr.
5 M. nach li. drehen = die nächste M. auf eine Hilfsnadel nach vorn legen, 1 M. re., 3 M. li. von der li. Nadel abstr., dann 1 M. re. von der Hilfsnadel abstr.
1. Reihe (Vorders.): 5 M. nach re. drehen.
2. Reihe: 1 M. li., 3 M. re., 1 M. li.
3. Reihe: 1 M. re., 3 M. li., 1 M. re.
4. und 5. Reihe: Wie 2. und 3. Reihe.
6. Reihe: Wie 2. Reihe.
7. Reihe: 1 M. re., 1 M. li., 1 Noppe, 1 M. li., 1 M. re.
Die 2. und 3. Reihe 2x wdh.
12. Reihe: Wie 2. Reihe.
13. Reihe: Ab 1. Reihe wdh.
Bei dem obigen Zopfmuster dreht sich der Zopf nach rechts. Um einen nach links gedrehten Zopf zu erhalten, müssen in der 1. Reihe 5 M. nach li. anstatt nach re. gedreht werden.

Kleiner Perlzopf

Über 4 M. gearbeitet.
1. Reihe (Vorders.): 2 M. vorn kreuzen, 2 M. hinten kreuzen.
2. Reihe: Li. str.
3. Reihe: 2 M. hinten kreuzen, 2 M. vorn kreuzen.
4. Reihe: Li. str.
5. Reihe: Ab 1. Reihe wdh.

Schlangenmuster mit 4 Maschen

1. Reihe (Vorders.): Re. str.
2. Reihe: Li. str.
3. Reihe: 4 M. hinten kreuzen.
4. Reihe: Li. str.
5. und 6. Reihe: Wie 1. und 2. Reihe.
7. Reihe: 4 M. vorn kreuzen.
8. Reihe: Li. str.
9. Reihe: Ab 1. Reihe wdh.

Doppeltes Schlangenmuster

Über 8 M. gearbeitet.
1. Reihe (Vorders.): Re. str.
2. Reihe: Li. str.
3. Reihe: 4 M. hinten kreuzen, 4 M. vorn kreuzen.
4. Reihe: Li. str.
5. und 6. Reihe: Wie 1. und 2. Reihe.
7. Reihe: 4 M. vorn kreuzen, 4 M. hinten kreuzen.
8. Reihe: Li. str.
9. Reihe: Ab 1. Reihe wdh.

Riesenzopfmuster

Über 12 M. gearbeitet.
1. Reihe (Vorders.): Re. str.
2. Reihe: Li. str.
3. und 4. Reihe: Wie 1. und 2. Reihe.
5. Reihe: 12 M. hinten kreuzen.
6. Reihe: Li. str.
7. und 8. Reihe: Wie 1. und 2. Reihe.
9. Reihe: Ab 1. Reihe wdh.
Bei dem obigen Zopfmuster dreht sich der Zopf nach rechts. Um einen nach links gedrehten Zopf zu erhalten, müssen in der 5. Reihe 12 M. vorn anstatt hinten gekreuzt werden.

Wellenzopfmuster

Über 6 M. gearbeitet.
1. Reihe (Vorders.): Re. str.
2. Reihe: Li. str.
3. Reihe: 6 M. hinten kreuzen.
4. Reihe: Li. str.
Die 1. und 2. Reihe 2x wdh.
9. Reihe: 6 M. vorn kreuzen.
10. Reihe: Li. str.
11. und 12. Reihe: Wie 1. und 2. Reihe.
13. Reihe: Ab 1. Reihe wdh.

Medaillon-Zopfmuster

Über 15 M. auf einem glatt links gestrickten Hintergrund gearbeitet.
1. Reihe (Vorders.): Re. verschr. str.
2. Reihe: Li. verschr. str.
3. Reihe: 6 re. verschr. M. vorn kreuzen, 3 M. re. verschr., 6 re. verschr. M. hinten kreuzen.
4. Reihe: Li. verschr. str.
Die 1. und 2. Reihe 2x wdh.
9. Reihe: 6 re. verschr. M. hinten kreuzen, 3 M. re. verschr., 6 re. verschr. M. vorn kreuzen.
10. Reihe: Wie 2. Reihe.
Die 1. und 2. Reihe 3x wdh.
17. Reihe: Ab 1. Reihe wdh.

Kronenmuster

Über 8 M. auf einem glatt links gestrickten Hintergrund gearbeitet.
1. Reihe (Vorders.): Re. str.
2. und alle geraden Reihen: Li. str.
3. Reihe: 4 M. vorn kreuzen, 4 M. hinten kreuzen.
5. Reihe: Re. str.
7. Reihe: 4 M. hinten kreuzen, 4 M. vorn kreuzen.
9. Reihe: Re. str.
11. Reihe: 4 M. hinten kreuzen, 4 M. vorn kreuzen.
13. Reihe: Re. str.
15. Reihe: 4 M. vorn kreuzen, 4 M. hinten kreuzen.
16. Reihe: Li. str.
17. Reihe: Ab 1. Reihe wdh.

Wabenzopfmuster

Über 12 M. auf einem glatt links gestrickten Hintergrund gearbeitet.
1. Reihe (Vorders.): 4 M. re., 2 M. vorn kreuzen, 2 M. hinten kreuzen, 4 M. re. **2. und alle geraden Reihen:** Li. str. **3. Reihe:** 2 M. re., [2 M. vorn kreuzen, 2 M. hinten kreuzen] 2x, 2 M. re. **5. Reihe:** [2 M. vorn kreuzen, 2 M. hinten kreuzen] 3x. **7. Reihe:** [2 M. hinten kreuzen, 2 M. vorn kreuzen] 3x. **9. Reihe:** 2 M. re., [2 M. hinten kreuzen, 2 M. vorn kreuzen] 2x, 2 M. re. **11. Reihe:** 4 M. re., 2 M. hinten kreuzen, 2 M. vorn kreuzen, 4 M. re. **12. Reihe:** Li. str. **13. Reihe:** Ab 1. Reihe wdh.

Kettenmuster

Über 9 M. gearbeitet.
1. Reihe (Vorders.): 2 M. li., 5 M. nach re. drehen, 2 M. li. **2. Reihe:** 2 M. re., 2 M. li., 1 M. re., 2 M. li., 2 M. re. **3. Reihe:** 1 M. li., 3 M. hinten drehen, 1 M. li., 3 M. vorn drehen, 1 M. li. **4. Reihe:** 1 M. re., 2 M. li., 3 M. re., 2 M. li., 1 M. re. **5. Reihe:** 3 M. hinten drehen, 3 M. li., 3 M. vorn drehen. **6. Reihe:** 2 M. li., 5 M. re., 2 M. li. **7. Reihe:** 2 M. re., 5 M. li., 2 M. re. **8. Reihe:** Wie 6. Reihe. **9. Reihe:** 3 M. vorn drehen, 3 M. li., 3 M. hinten drehen. **10. Reihe:** Wie 4. Reihe. **11. Reihe:** 1 M. li., 3 M. vorn drehen, 1 M. li., 3 M. hinten drehen, 1 M. li. **12. Reihe:** Wie 2. Reihe. **13. Reihe:** Ab 1. Reihe wdh.
Bei dem obigen Zopfmuster dreht sich der Zopf nach rechts. Um einen nach links gedrehten Zopf zu erhalten, müssen in der 1. Reihe 5 M. nach li. anstatt nach re. gedreht werden.

Zopfmuster

Gedrehtes Rippenzopfmuster

Über 9 M. gearbeitet.
Sonderabkürzungen
4 M. hinten nach re. drehen = die nächste M. auf eine Hilfsnadel nach hinten legen, 1 M. re. verschr., 1 M. li., 1 M. re. verschr. von der li. Nadel abstr., dann 1 M. li. von der Hilfsnadel abstr. **4 M. vorn nach li. drehen** = die nächsten 3 M. auf eine Hilfsnadel nach vorn legen, 1 M. li. von der li. Nadel abstr., dann 1 M. re. verschr., 1 M. li., 1 M. re. verschr. von der Hilfsnadel abstr. **7 M. nach li. drehen** = die nächsten 3 M. auf eine Hilfsnadel nach vorn legen, [1 M. re. verschr., 1 M. li.] 2x von der li. Nadel abstr., dann 1 M. re. verschr., 1 M. li., 1 M. re. verschr. von der Hilfsnadel abstr. **7 M. nach re. drehen** = die nächsten 4 M. auf eine Hilfsnadel nach hinten legen, 1 M. re. verschr., 1 M. li., 1 M. re. verschr. von der li. Nadel abstr., dann [1 M. li., 1 M. re. verschr.] 2x von der Hilfsnadel abstr.
1. Reihe (Vorders.): 4 M. hinten nach re. drehen, 1 M. li., 4 M. vorn nach li. drehen. **2. Reihe:** 1 M. li. verschr., 1 M. re., 1 M. li. verschr., 3 M. re., 1 M. li. verschr., 1 M. re., 1 M. li. verschr. **3. Reihe:** 1 M. re. verschr., 1 M. li., 1 M. re. verschr., 3 M. re., 1 M. re. verschr., 1 M. li., 1 M. re. verschr. **4. Reihe:** Wie 2. Reihe. **5. Reihe:** 4 M. vorn nach li. drehen, 1 M. li., 4 M. hinten nach re. drehen. **6. Reihe:** [1 M. re., 1 M. li. verschr.] 4x, 1 M. re. **7. Reihe:** 1 M. li., 7 M. nach li. drehen, 1 M. li. **8. Reihe:** Wie 6. Reihe. **9. Reihe:** Ab 1. Reihe wdh.
Bei dem obigen Zopfmuster dreht sich der Zopf nach links. Um einen nach rechts gedrehten Zopf zu erhalten, müssen in der 7. Reihe 7 M. nach re. anstatt nach li. gedreht werden.

Medaillon-Muster

Über 13 M. gearbeitet.
1. Reihe (Vorders.): Re. str.
2. Reihe: Li. str.

3. und 4. Reihe: Wie 1. und 2. Reihe.
5. Reihe: 6 M. vorn kreuzen, 1 M. re., 6 M. hinten kreuzen.
6. Reihe: Wie 2. Reihe.
7. Reihe: Wie 1. Reihe.
Die 6. und 7. Reihe 2x wdh.
12. Reihe: Wie 2. Reihe.
13. Reihe: 6 M. hinten kreuzen, 1 M. re., 6 M. vorn kreuzen.
14. Reihe: Wie 2. Reihe.
15. Reihe: Wie 1. Reihe.
16. Reihe: Wie 2. Reihe.
17. Reihe: Ab 1. Reihe wdh.

Hirschgeweih I

Über 16 M. gearbeitet.
Grundreihe: Li. str.
1. Reihe (Vorders.): 4 M. re., 4 M. hinten kreuzen, 4 M. vorn kreuzen, 4 M. re.
2. und 4. Reihe: Li. str.
3. Reihe: 2 M. re., 4 M. hinten kreuzen, 4 M. re., 4 M. vorn kreuzen, 2 M. re.
5. Reihe: 4 M. hinten kreuzen, 8 M. re., 4 M. vorn kreuzen.
6. Reihe: Li. str.
7. Reihe: Ab 1. Reihe wdh.

Hirschgeweih II

Über 16 M. gearbeitet.
Grundreihe: Li. str.
1. Reihe (Vorders.): 4 M. vorn kreuzen, 8 M. re., 4 M. hinten kreuzen.
2. und 4. Reihe: Li. str.
3. Reihe: 2 M. re., 4 M. vorn kreuzen, 4 M. re., 4 M. hinten kreuzen, 2 M. re.
5. Reihe: 4 M. re., 4 M. vorn kreuzen, 4 M. hinten kreuzen, 4 M. re.

6. Reihe: Li. str.
7. Reihe: Ab 1. Reihe wdh.

'Achter'-Zopfmuster

Über 8 M. gearbeitet.
1. Reihe (Vorders.): 3 M. li., 2 M. re., 3 M. li. **2. Reihe:** 3 M. re., 2 M. li., 3 M. re. **3. Reihe:** 2 M. li., 4 M. re., 2 M. li. **4. Reihe:** 2 M. re., 4 M. li., 2 M. re. **5. Reihe:** 1 M. li., 3 M. hinten drehen, 3 M. vorn drehen, 1 M. li. **6. Reihe:** 1 M. re., 2 M. li., 2 M. re., 2 M. li., 1 M. re. **7. Reihe:** 3 M. hinten drehen, 2 M. li., 3 M. vorn drehen. **8. Reihe:** Wie 3. Reihe. **9. Reihe:** 3 M. vorn drehen, 2 M. li., 3 M. hinten drehen. **10. Reihe:** Wie 6. Reihe. **11. Reihe:** 1 M. li., 3 M. vorn drehen, 3 M. hinten drehen, 1 M. li. **12. Reihe:** Wie 4. Reihe. **13. Reihe:** 2 M. li., 4 M. hinten kreuzen, 2 M. li. **14. Reihe:** Wie 4. Reihe. Die 5. - 12. Reihe 1x wdh. **23. Reihe:** 3 M. li., 2 M. re., 3 M. li. **24. Reihe:** 3 M. re., 2 M. li., 3 M. re. Die 23. und 24. Reihe 2x wdh. **29. Reihe:** Ab 1. Reihe wdh.
Bei dem obigen Zopfmuster dreht sich der Zopf nach rechts. Um einen nach links gedrehten Zopf zu erhalten, müssen in der 13. Reihe 4 M. vorn anstatt hinten gekreuzt werden.

Verschlungener Zopf

Über 9 M. auf einem glatt links gestrickten Hintergrund gearbeitet.
1. Reihe: 3 M. vorn drehen, 3 M. hinten drehen, 3 M. vorn drehen.
2. Reihe: 2 M. li., 2 M. re., 4 M. li., 1 M. re.
3. Reihe: 1 M. li., 4 M. hinten kreuzen, 2 M. li., 2 M. re.
4. Reihe: Wie 2. Reihe.

5. Reihe: 3 M. hinten drehen, 3 M. vorn drehen, 3 M. hinten drehen.
6. Reihe: 1 M. re., 4 M. li., 2 M. re., 2 M. li.
7. Reihe: 2 M. re., 2 M. li., 4 M. vorn kreuzen, 1 M. li.
8. Reihe: Wie 6. Reihe.
9. Reihe: Ab 1. Reihe wdh.

Großes Kronenmuster

Über 13 M. gearbeitet.
1. Grundreihe (Vorders.): Re. str.
2. Grundreihe: Li. str.
Die 1. und 2. Grundreihe 1x wdh.
1. Reihe: 6 M. hinten kreuzen, 1 M. re., 6 M. vorn kreuzen.
2. Reihe: Li. str.
3. Reihe: Re. str.
Die 2. und 3. Reihe 2x wdh.
8. Reihe: Wie 2. Reihe.
9. Reihe: Ab 1. Reihe 1x wdh.
17. Reihe: 6 M. vorn kreuzen, 1 M. re., 6 M. hinten kreuzen.
18. Reihe: Wie 2. Reihe.
19. Reihe: Wie 3. Reihe.
Die 18. und 19. Reihe 2x wdh.
24. Reihe: Wie 2. Reihe.
25. Reihe: Ab 17. Reihe 1x wdh.
33. Reihe: Ab 1. Reihe wdh.

Zopfmuster mit Noppen

Über 9 M. gearbeitet.
1. Reihe (Vorders.): 2 M. li., 5 M. nach re. drehen, 2 M. li. **2. Reihe:** 2 M. re., 2 M. li., 1 M. re., 2 M. li., 2 M. re. **3. Reihe:** 1 M. li., 3 M. hinten drehen, 1 M. li., 3 M. vorn drehen, 1 M. li. **4. Reihe:** 1 M. re., 2 M. li., 3 M. re., 2 M. li., 1 M. re. **5. Reihe:** 3 M. hinten drehen, 3 M. li., 3 M. vorn drehen. **6. Reihe:** 2 M. li., 5 M. re., 2 M. li. **7. Reihe:** 2 M. re., 2 M. li., 1 Noppe, 2 M. li., 2 M. re. **8. Reihe:** Wie 6. Reihe. **9. Reihe:** 3 M. vorn drehen, 3 M. li., 3 M. hinten drehen. **10. Reihe:** Wie 4. Reihe. **11. Reihe:** 1 M. li., 3 M. vorn drehen, 1 M. li., 3 M. hinten drehen, 1 M. li. **12. Reihe:** Wie 2. Reihe.
13. Reihe: Ab 1. Reihe wdh.
Die Noppen können auch bei einem nach links gedrehten Zopf in dieses Muster gearbeitet werden.

Körniges Kronenmuster

Über 9 M. gearbeitet.
1. Reihe (Vorders.): 4 M. hinten kreuzen, 1 M. re., 4 M. vorn kreuzen.
2. Reihe: 2 M. li., [1 M. re., 1 M. li.] 2x, 1 M. re., 2 M. li.
3. Reihe: 3 M. re., 1 M. li., 1 M. re., 1 M. li., 3 M. re.
4. und 5. Reihe: Wie 2. und 3. Reihe.
6. Reihe: Wie 2. Reihe.
7. Reihe: 4 M. vorn kreuzen, 1 M. re., 4 M. hinten kreuzen.
8. Reihe: Li. str. **9. Reihe:** Re. str.
10. und 11. Reihe: Wie 8. und 9. Reihe.
12. Reihe: Li. str.
13. Reihe: Ab 1. Reihe wdh.

Schlangenmuster mit 8 Maschen

1. Reihe (Vorders.): Re. str.
2. Reihe: Li. str.
3. Reihe: 8 M. hinten kreuzen.
4. Reihe: Li. str.
Die 1. und 2. Reihe 2x wdh.
9. Reihe: 8 M. vorn kreuzen.
10. Reihe: Li. str.
11. und 12. Reihe: Wie 1. und 2. Reihe.
13. Reihe: Ab 1. Reihe wdh.

Zopfmuster mit abgehobenen Maschen

Nach unten   Nach oben

Über 5 M. gearbeitet.
Zopf nach unten
1. Reihe (Vorders.): 1 M. li. abh., 4 M. re.
2. Reihe: 4 M. li., 1 M. li. abh.
3. Reihe: 3 M. nach li. kreuzen, 2 M. re.
4. Reihe: Li. str.
5. Reihe: 4 M. re., 1 M. li. abh.
6. Reihe: 1 M. li. abh., 4 M. li.
7. Reihe: 2 M. re., 3 M. nach re. kreuzen.
8. Reihe: Li. str. **9. Reihe:** Ab 1. Reihe wdh.

Zopf nach oben
1. Reihe (Vorders.): 2 M. re., 1 M. li. abh., 2 M. re.
2. Reihe: 2 M. li., 1 M. li. abh., 2 M. li.
3. Reihe: 2 M. re., 3 M. nach li. kreuzen.
4. Reihe: Li. str.
5. und 6. Reihe: Wie 1. und 2. Reihe.
7. Reihe: 3 M. nach re. kreuzen, 2 M. re.
8. Reihe: Li. str. **9. Reihe:** Ab 1. Reihe wdh.

Welliger Zopf mit abgehobenen Maschen

Über 3 M. gearbeitet.
1. Reihe (Vorders.): 1 M. li. abh., 2 M. re.
2. Reihe: 2 M. li., 1 M. li. abh.
3. Reihe: 3 M. nach li. kreuzen.
4. Reihe: Li. str.
5. Reihe: 2 M. re., 1 M. li. abh.
6. Reihe: 1 M. li. abh., 2 M. li.
7. Reihe: 3 M. nach re. kreuzen.
8. Reihe: Li. str.
9. Reihe: Ab 1. Reihe wdh.

Zopfmuster

Doppelter Zopf mit abgehobenen Maschen

Nach unten   Nach oben
Über 6 M. gearbeitet.
Zopf nach unten
1. Reihe (Vorders.): 1 M. li. abh., 4 M. re., 1 M. li. abh.
2. Reihe: 1 M. li. abh., 4 M. li., 1 M. li. abh.
3. und 4. Reihe: Wie 1. und 2. Reihe.
5. Reihe: 3 M. nach li. kreuzen, 3 M. nach re. kreuzen. **6. Reihe:** Li. str.
7. Reihe: Ab 1. Reihe wdh.

Zopf nach oben
1. Reihe (Vorders.): 2 M. re., 2 M. li. abh., 2 M. re.
2. Reihe: 2 M. li., 2 M. li. abh., 2 M. li.
3. und 4. Reihe: Wie 1. und 2. Reihe.
5. Reihe: 3 M. nach re. kreuzen, 3 M. nach li. kreuzen. **6. Reihe:** Li. str.
7. Reihe: Ab 1. Reihe wdh.

Zopf mit abgehobenen Maschen

Über 3 M. gearbeitet.
Nach links gedreht
1. Reihe (Vorders.): 1 M. li. abh., 2 M. re.
2. Reihe: 2 M. li., 1 M. li. abh.
3. Reihe: 3 M. nach li. kreuzen.
4. Reihe: Li. str.
5. Reihe: Ab 1. Reihe wdh.

Nach rechts gedreht
1. Reihe (Vorders.): 2 M. re., 1 M. li. abh.
2. Reihe: 1 M. li. abh., 2 M. li.
3. Reihe: 3 M. nach re. kreuzen.
4. Reihe: Li. str.
5. Reihe: Ab 1. Reihe wdh.

Doppeltes Kettenmuster mit abgehobenen Maschen

Über 7 M. gearbeitet.
1. Reihe (Vorders.): 1 M. li. abh., 5 M. re., 1 M. li. abh. **2. Reihe:** 1 M. li. abh., 5 M. li., 1 M. li. abh. **3. Reihe:** 3 M. nach li. kreuzen, 1 M. re., 3 M. nach re. kreuzen. **4. Reihe:** Li. str. **5. Reihe:** 2 M. re., 1 M. li. abh., 1 M. re., 1 M. li. abh., 2 M. re. **6. Reihe:** 2 M. li., 1 M. li. abh., 1 M. li., 1 M. li. abh., 2 M. li. **7. Reihe:** 3 M. nach re. kreuzen, 1 M. re., 3 M. nach li. kreuzen. **8. Reihe:** Li. str.
9. Reihe: Ab 1. Reihe wdh.

Geflochtener Zopf mit 12 Maschen

Nach unten   Nach oben
Zopf nach unten
1. Reihe (Vorders.): Re. str.
2. und alle geraden Reihen: Li. str.
3. Reihe: 8 M. vorn kreuzen, 4 M. re.
5. und 7. Reihe: Re. str.
9. Reihe: 4 M. re., 8 M. hinten kreuzen.
11. Reihe: Re. str.
12. Reihe: Li. str.
13. Reihe: Ab 1. Reihe wdh.

Zopf nach oben
1. Reihe (Vorders.): Re. str.
2. und alle geraden Reihen: Li. str.
3. Reihe: 8 M. hinten kreuzen, 4 M. re.
5. und 7. Reihe: Re. str.
9. Reihe: 4 M. re., 8 M. vorn kreuzen.
11. Reihe: Re. str.
12. Reihe: Li. str.
13. Reihe: Ab 1. Reihe wdh.

Medaillon mit Perlmuster

Über 13 M. gearbeitet.
1. Reihe (Vorders.): 4 M. re., [1 M. li., 1 M. re.] 3x, 3 M. re.
2. Reihe: 3 M. li., [1 M. re., 1 M. li.] 4x, 2 M. li.
3. und 4. Reihe: Wie 1. und 2. Reihe.
5. Reihe: 6 M. vorn kreuzen, 1 M. re., 6 M. hinten kreuzen.
6. Reihe: Li. str. **7. Reihe:** Re. str.
Die 6. und 7. Reihe 2x wdh.
12. Reihe: Li. str.
13. Reihe: 6 M. hinten kreuzen, 1 M. re., 6 re. M. vorn kreuzen.
14. Reihe: Wie 2. Reihe.
15. Reihe: Wie 1. Reihe.
16. Reihe: Wie 2. Reihe.
17. Reihe: Ab 1. Reihe wdh.

Spirale mit 6 Maschen

1. Reihe (Vorders.): [2 M. vorn kreuzen] 3x.
2. Reihe: Li. str.
3. Reihe: 1 M. re., [2 M. vorn kreuzen] 2x, 1 M. re.
4. Reihe: Li. str.
5. Reihe: Ab 1. Reihe wdh.

Zopf mit Ringmuster

Über 10 M. auf einem glatt links gestrickten Hintergrund gearbeitet.
1. Reihe (Vorders.): 1 M. li., 8 M. re., 1 M. li. **2. Reihe:** 1 M. re., 8 M. li., 1 M. re. **3. Reihe:** 1 M. li., 4 M. hinten kreuzen, 4 M. vorn kreuzen, 1 M. li. **4. Reihe:** 1 M. re., 2 M. li., 4 M. re., 2 M. li., 1 M. re. **5. Reihe:** 3 M. hinten drehen, 4 M. li., 3 M. vorn drehen. **6. Reihe:** 2 M. li., 6 M. re., 2 M. li. **7. Reihe:** 2 M. li., 6 M. re., 2 M. li. **8. und 9. Reihe:** Wie 6. und 7. Reihe. **10. Reihe:** Wie 6. Reihe. **11. Reihe:** 3 M. vorn drehen, 4 M. li., 3 M. hinten drehen. **12. Reihe:** Wie 4. Reihe. **13. Reihe:** 1 M. li., 4 M. vorn kreuzen, 4 M. hinten kreuzen, 1 M. li. **14. Reihe:** 1 M. re., 8 M. li., 1 M. re. **15. Reihe:** 1 M. li., 4 M. hinten kreuzen, 4 M. vorn kreuzen, 1 M. li. **16. Reihe:** 1 M. re., 8 M. li., 1 M. re. **17. Reihe:** 1 M. li., 8 M. re., 1 M. li. **18., 19. und 20. Reihe:** Wie 14., 15. und 16. Reihe. **21. Reihe:** Ab 1. Reihe wdh.

Gittermuster mit Noppen

Über 23 M. auf einem glatt links gestrickten Hintergrund gearbeitet.
1. Reihe (Rücks.): 2 M. li., 7 M. re., 2 M. li., 1 M. re., 2 M. li., 7 M. re., 2 M. li. **2. Reihe:** 2 M. re., 3 M. li., 1 Noppe wie folgt: 5 re. M. in die nächste M. str., dabei 1x von vorn, 1x von hinten, 1x von vorn, 1x von hinten und 1x von vorn in die M. einstechen, [wenden, 5 M. li., wenden, 5 M. re.] 2x, dann die 2., 3., 4. und 5. über die erste M. ziehen (Noppe fertig), 3 M. li., 5 M. hinten kreuzen, 3 M. li., 1 Noppe wie zuvor, 3 M. li., 2 M. re. **3. Reihe:** Wie 1. Reihe. **4. Reihe:** 3 M. vorn drehen, 5 M. li., 3 M. hinten drehen, 1 M. li., 3 M. vorn drehen, 5 M. li., 3 M. hinten drehen. **5. Reihe:** 1 M. re., 2 M. li., 5 M. re., 2 M. li., 3 M. re., 2 M. li., 5 M. re., 2 M. li., 1 M. re. **6. Reihe:** 1 M. li., 3 M. vorn drehen, 3 M. li., 3 M. hinten drehen, 3 M. li., 3 M. vorn drehen, 3 M. li., 3 M. hinten drehen, 1 M. li. **7. Reihe:** 2 M. re., 2 M. li., 3 M. re., 2 M. li., 5 M. re., 2 M. li., 3 M. re., 2 M. li., 2 M. re. **8. Reihe:** 2 M. li., 3 M. vorn drehen, 1 M. li., 3 M. hinten drehen, 5 M. li., 3 M. vorn drehen, 1 M. li., 3 M. hinten drehen, 2 M. li. **9. Reihe:** 3 M. re., 2 M. li., 1 M. re., 2 M. li., 7 M. re., 2 M. li., 1 M. re., 2 M. li., 3 M. re. **10. Reihe:** 3 M. li., 5 M. vorn kreuzen, 3 M. li., 1 Noppe wie zuvor, 3 M. li., 5 M. vorn kreuzen, 3 M. li. **11. Reihe:** Wie 9. Reihe. **12. Reihe:** 2 M. li., 3 M. hinten drehen, 1 M. li., 3 M. vorn drehen, 5 M. li., 3 M. hinten drehen, 1 M. li., 3 M. vorn drehen, 2 M. li. **13. Reihe:** Wie 7. Reihe. **14. Reihe:** 1 M. li., 3 M. hinten drehen, 3 M. li., 3 M. vorn drehen, 3 M. li., 3 M. hinten drehen, 3 M. li., 3 M. vorn drehen, 1 M. li. **15. Reihe:** Wie 5. Reihe. **16. Reihe:** 3 M. hinten drehen, 5 M. li., 3 M. vorn drehen, 1 M. li., 3 M. hinten drehen, 5 M. li., 3 M. vorn drehen. **17. Reihe:** Ab 1. Reihe wdh.

Zopf mit kleinem Waffelmuster

Über 24 M. auf einem glatt links gestrickten Hintergrund gearbeitet.
1. Reihe (Vorders.): 5 M. li., [2 M. hinten drehen] 3x, 2 M. re., [2 M. vorn drehen] 3x, 5 M. li. **2. Reihe:** 5 M. re., [1 M. li., 1 M. re.] 2x, 2 M. li., 2 M. re., 2 M. li., [1 M. re., 1 M. li.] 2x, 5 M. re. **3. Reihe:** 4 M. li., [2 M. hinten drehen] 3x, 1 M. re., 2 M. li., 1 M. re., [2 M. vorn drehen] 3x, 4 M. li. **4. Reihe:** 4 M. re., [1 M. li., 1 M. re.] 2x, 1 M. li., 2 M. re., 2 M. li., 2 M. re., [1 M. li., 1 M. re.] 2x, 4 M. re. **5. Reihe:** 3 M. li., [2 M. hinten drehen] 3x, 2 M. li., [2 M. vorn drehen] 3x, 3 M. li. **6. Reihe:** 3 M. re., [1 M. li., 1 M. re.] 3x, 2 M. li., 2 M. re., 2 M. li., [1 M. re., 1 M. li.] 3x, 3 M. re. **7. Reihe:** 2 M. li., [2 M. hinten drehen] 3x, 1 M. re., 2 M. li., 2 M. re., 2 M. li., [2 M. vorn drehen) 3x, 2 M. li. **8. Reihe:** 2 M. re., [1 M. li., 1 M. re.] 2x, 3 M. li., 2 M. re., 2 M. li., 2 M. re., 3 M. li., [1 M. re., 1 M. li.] 2x, 2 M. re. **9. Reihe:** 2 M. li., [2 M. hinten drehen] 3x, 2 M. re., 2 M. li., 2 M. re., [2 M. vorn drehen] 3x, 1 M. li. **10. Reihe:** 1 M. re., [1 M. li., 1 M. re.] 2x, [2 M. re., 1 M. li.] 3x, 2 M. li., [1 M. re., 1 M. li.] 2x, 1 M. re. **11. Reihe:** [2 M. hinten drehen] 3x, 1 M. re., [2 M. re., 2 M. li.] 2x, 1 M. re., [2 M. vorn drehen] 3x. **12. Reihe:** [1 M. li., 1 M. re.] 2x, 1 M. li., [2 M. re., 2 M. li.] 3x, 2 M. re., [1 M. li., 1 M. re.] 2x, 1 M. li. **13. Reihe:** [2 M. vorn drehen] 3x, 1 M. li., [2 M. re., 2 M. li.] 2x, 2 M. re., 1 M. li., [2 M. hinten drehen] 3x. **14. Reihe:** Wie 10. Reihe. **15. Reihe:** 1 M. li., [2 M. vorn drehen] 3x, [2 M. li., 2 M. re.] 2x, 2 M. li., [2 M. hinten drehen] 3x, 1 M. li. **16. Reihe:** Wie 8. Reihe. **17. Reihe:** 2 M. li., [2 M. vorn drehen] 3x, 1 M. re., 2 M. li., 2 M. re., 1 M. li., [2 M. hinten drehen] 3x, 2 M. li. **18. Reihe:** Wie 6. Reihe. **19. Reihe:** 3 M. li., [2 M. vorn drehen] 3x, 2 M. re., 2 M. li., 2 M. re., [2 M. hinten drehen] 3x, 3 M. li. **20. Reihe:** Wie 4. Reihe. **21. Reihe:** 4 M. li., [2 M. vorn drehen] 3x, 1 M. re., 2 M. li., 1 M. re., [2 M. hinten drehen] 3x, 4 M. li. **22. Reihe:** Wie 2. Reihe. **23. Reihe:** 5 M. li., [2 M. vorn drehen] 3x, 2 M. li., [2 M. hinten drehen] 3x, 5 M. li. **24. Reihe:** 6 M. re., [1 M. li., 1 M. re.] 2x, 4 M. li., [1 M. re., 1 M. li.] 2x, 6 M. re. **25. Reihe:** Ab 1. Reihe wdh.

Wabenmuster

M.zahl teilbar durch 8. Das abgebildete Beispiel ist über 24 M. gearbeitet.

1. Reihe (Vorders.): * 4 M. hinten kreuzen, 4 M. vorn kreuzen, ab * bis zum Ende des Streifens wdh.

2. Reihe: Li. str.

3. Reihe: Re. str.

4. Reihe: Li. str.

5. Reihe: * 4 M. vorn kreuzen, 4 M. hinten kreuzen, ab * bis zum Ende des Streifens wdh.

6. Reihe: Li. str.

7. Reihe: Re. str.

8. Reihe: Li. str. **9. Reihe:** Ab 1. Reihe wdh.

Zopfmuster

Zopf mit Perlmuster

Über 13 M. auf einem glatt links gestrickten Hintergrund gearbeitet.
1. Reihe (Vorders.): 3 M. li., 3 M. hinten drehen, 3 M. vorn drehen, 3 M. li. **2. Reihe:** 3 M. re., 2 M. li., 1 M. re., 1 M. li., 1 M. re., 2 M. li., 3 M. re. **3. Reihe:** 2 M. li., 3 M. hinten drehen, 1 M. re., 1 M. li., 1 M. re., 3 M. vorn drehen, 2 M. li. **4. Reihe:** 2 M. re., 2 M. li., [1 M. re., 1 M. li.] 2x, 1 M. re., 2 M. li., 2 M. re. **5. Reihe:** 1 M. li., 3 M. hinten drehen, [1 M. re., 1 M. li.] 2x, 1 M. re., 3 M. vorn drehen, 1 M. li. **6. Reihe:** 1 M. re., 2 M. li., [1 M. re., 1 M. li.] 3x, 1 M. re., 2 M. li., 1 M. re. **7. Reihe:** 3 M. hinten drehen, [1 M. re., 1 M. li.] 3x, 1 M. re., 3 M. vorn drehen. **8. Reihe:** 2 M. li., [1 M. re., 1 M. li.] 4x, 1 M. re., 2 M. li. **9. Reihe:** 3 M. re., [1 M. li., 1 M. re.] 3x, 1 M. li., 3 M. re. **10. Reihe:** 3 M. li., [1 M. re., 1 M. li.] 3x, 1 M. re., 3 M. li. **11. Reihe:** 3 M. vorn drehen, [1 M. re., 1 M. li.] 3x, 1 M. re., 3 M. hinten drehen. **12. Reihe:** 1 M. re., 3 M. li., [1 M. re., 1 M. li.] 2x, 1 M. re., 3 M. li., 1 M. re. **13. Reihe:** 1 M. li., 3 M. vorn drehen, [1 M. re., 1 M. li.] 2x, 1 M. re., 3 M. hinten drehen, 1 M. li. **14. Reihe:** 2 M. re., 3 M. li., 1 M. re., 1 M. li., 1 M. re., 3 M. li., 2 M. re. **15. Reihe:** 2 M. li., 3 M. vorn drehen, 1 M. re., 1 M. li., 1 M. re., 3 M. hinten drehen, 2 M. li. **16. Reihe:** 3 M. re., 3 M. li., 1 M. re., 3 M. li., 3 M. re. **17. Reihe:** 3 M. li., 3 M. vorn drehen, 1 M. re., 3 M. hinten drehen, 3 M. li. **18. Reihe:** 4 M. re., 5 M. li., 4 M. re. **19. Reihe:** 4 M. li., 5 M. nach re. drehen, 4 M. li. **20. Reihe:** 4 M. re., 2 M. li., 1 M. re., 2 M. li., 4 M. re. **21. Reihe:** 3 M. li., 3 M. hinten drehen, 1 M. re., 3 M. vorn drehen, 3 M. li. **22. Reihe:** [3 M. re., 2 M. li.] 2x, 3 M. re. **23. Reihe:** [3 M. li., 2 M. re.] 2x, 3 M. li. **24. Reihe:** Wie 22. Reihe. **25. Reihe:** 3 M. li., 3 M. vorn drehen, 1 M. re., 3 M. hinten drehen, 3 M. li. **26. Reihe:** Wie 20. Reihe. **27. Reihe:** Wie 19. Reihe. **28. Reihe:** Wie 20. Reihe. **29. Reihe:** Ab 1. Reihe wdh.

Zopfmuster mit Tupfen

Über 15 M. auf einem glatt links gestrickten Hintergrund gearbeitet.
1. Reihe (Rücks.): 2 M. re., 5 M. re. in die nächste M. str., dabei 1x von vorn, 1x von hinten, 1x von vorn, 1x von hinten und 1x von vorn in die M. einstechen (Noppe fertig), 2 M. re., 2 M. li., 1 M. re., 2 M. li., 2 M. re., 1 Noppe wie zuvor, 2 M. re. **2. Reihe:** 2 M. li., 5 M. re. verschr. zus.str. (Noppe beendet), 2 M. li., 5 M. vorn kreuzen, 2 M. li., 5 M. re. verschr. zus.str., 2 M. li. **3. Reihe:** 5 M. re., 2 M. li., 1 M. re., 2 M. li., 5 M. re. **4. Reihe:** 4 M. li., 3 M. hinten drehen, 1 M. li., 3 M. vorn drehen, 4 M. li. **5. Reihe:** 4 M. re., 2 M. li., 3 M. re., 2 M. li., 4 M. re. **6. Reihe:** 3 M. li., 3 M. hinten drehen, 3 M. li., 3 M. vorn drehen, 3 M. li. **7. Reihe:** 3 M. re., 2 M. li., 2 M. re., 1 Noppe in die nächste M. (wie in der 1. Reihe), 2 M. re., 2 M. li., 3 M. re. **8. Reihe:** 2 M. li., 3 M. hinten drehen, 2 M. li., 5 M. re. verschr. zus.str., 2 M. li., 3 M. vorn drehen, 2 M. li. **9. Reihe:** 2 M. re., 2 M. li., 7 M. re., 2 M. li., 2 M. re. **10. Reihe:** 1 M. li., 3 M. hinten drehen, 7 M. li., 3 M. vorn drehen, 1 M. li. **11. Reihe:** 1 M. re., 2 M. li., 2 M. re., 1 Noppe in die nächste M., 3 M. re., 1 Noppe in die nächste M., 2 M. re., 2 M. li., 1 M. re. **12. Reihe:** 3 M. hinten drehen, 2 M. li., 5 M. re. verschr. zus.str., 3 M. li., 5 M. re. verschr. zus.str., 2 M. li., 3 M. vorn drehen. **13. Reihe:** 2 M. li., 11 M. re., 2 M. li. **14. Reihe:** 2 M. re., 11 M. li., 2 M. re. **15. Reihe:** 2 M. li., 3 M. re., 1 Noppe in die nächste M., 3 M. re., 1 Noppe in die nächste M., 3 M. re., 2 M. li. **16. Reihe:** 3 M. vorn drehen, 2 M. li., 5 M. re. verschr. zus.str., 3 M. li., 5 M. re. verschr. zus.str., 2 M. li., 3 M. hinten drehen. **17. Reihe:** 1 M. re., 2 M. li., 9 M. re., 2 M. li., 1 M. re. **18. Reihe:** 1 M. li., 3 M. vorn drehen, 7 M. li., 3 M. hinten drehen, 1 M. li. **19. Reihe:** 2 M. re., 2 M. li., 2 M. re., 1 Noppe in die nächste M., 3 M. re., 2 M. li., 2 M. re. **20. Reihe:** 2 M. li., 3 M. vorn drehen, 2 M. li., 5 M. re. verschr. zus.str., 2 M. li., 3 M. hinten drehen, 2 M. li. **21. Reihe:** 3 M. re., 2 M. li., 5 M. re., 2 M. li., 3 M. re. **22. Reihe:** 3 M. li., 3 M. vorn drehen, 3 M. li., 3 M. hinten drehen, 3 M. li. **23. Reihe:** 4 M. re., 2 M. li., 3 M. re., 2 M. li., 4 M. re. **24. Reihe:** 4 M. li., 3 M. vorn drehen, 1 M. li., 3 M. hinten drehen, 4 M. li. Bei dem obigen Zopfmuster dreht sich der Zopf nach links. Um einen nach rechts gedrehten Zopf zu erhalten, müssen in der 2. Reihe 5 M. hinten anstatt vorn gekreuzt werden.

Kleines Gittermuster

M.zahl teilbar durch 6 (mindestens 12 M.). Auf einem glatt links gestrickten Hintergrund gearbeitet. Das abgebildete Beispiel ist über 18 M. gearbeitet.
1. Reihe (Vorders.): 1 M. li., *2 M. hinten drehen, 2 M. vorn drehen, 2 M. li., ab * wdh. Den Streifen mit 2 M. hinten drehen, 2 M. vorn drehen, 1 M. li. enden. **2. Reihe:** 1 M. re., *1 M. li., 2 M. re., ab * wdh. Den Streifen mit 1 M. li., 1 M. re. enden. **3. Reihe:** *2 M. hinten drehen, 2 M. li., 2 M. vorn drehen, ab * wdh. bis zum Ende des Streifens. **4. Reihe:** 1 M. li., *4 M. re., 2 li. M. kreuzen, ab * wdh. Den Streifen mit 4 M. re., 1 M. li. enden. **5. Reihe:** *2 M. vorn drehen, 2 M. li., 2 M. hinten drehen, ab * wdh. bis zum Ende des Streifens. **6. Reihe:** Wie 2. Reihe. **7. Reihe:** 1 M. li., *2 M. vorn drehen, 2 M. li., 2 M. hinten drehen, 2 M. li., ab * wdh. Den Streifen mit 2 M. vorn drehen, 2 M. hinten drehen, 1 M. li. enden. **8. Reihe:** 2 M. re., *2 li. M. kreuzen, 4 M. re., ab * wdh. Den Streifen mit 2 li. M. kreuzen, 2 M. re. enden. **9. Reihe:** Ab 1. Reihe wdh.

Wellenmuster mit Tupfen

Über 15 M. auf einem glatt links gestrickten Hintergrund gearbeitet.
1. Reihe (Vorders.): 3 M. li., [2 M. hinten drehen] 2x, 1 Noppe wie folgt: 3 M. re. in die nächste M., dabei 1x von vorn, 1x von hinten und 1x von vorn in die M. einstechen, [wenden, 3 M. re., wenden, 3 M. li.] 2x, dann die 2. und 3.

M. über die erste M. ziehen (Noppe fertig), [2 M. vorn drehen] 2x, 3 M. li.
2. Reihe: 3 M. re., [1 M. li., 1 M. re., 1 M. li., 3 M. re.] 2x.
3. Reihe: 2 M. li., [2 M. hinten drehen] 2x, 3 M. li., [2 M. vorn drehen] 2x, 2 M. li.
4. Reihe: 2 M. re., 1 M. li., 1 M. re., 1 M. li., 5 M. re., 1 M. li., 1 M. re., 1 M. li., 2 M. re.
5. Reihe: 1 M. li., [2 M. hinten drehen] 2x, 5 M. li., [2 M. vorn drehen] 2x, 1 M. li.
6. Reihe: [1 M. re., 1 M. li.] 2x, 7 M. re., [1 M. li., 1 M. re.] 2x.
7. Reihe: [2 M. hinten drehen] 2x, 7 M. li., [2 M. vorn drehen] 2x.
8. Reihe: 1 M. li., 1 M. re., 1 M. li., 9 M. re., 1 M. li., 1 M. re., 1 M. li.
9. Reihe: [2 M. vorn drehen] 2x, 7 M. li., [2 M. hinten drehen] 2x.
10. Reihe: Wie 6. Reihe.
11. Reihe: 1 M. li., [2 M. vorn drehen] 2x, 5 M. li., [2 M. hinten drehen] 2x, 1 M. li.
12. Reihe: Wie 4. Reihe.
13. Reihe: 2 M. li., [2 M. vorn drehen] 2x, 3 M. li., [2 M. hinten drehen] 2x, 2 M. li.
14. Reihe: Wie 2. Reihe.
15. Reihe: 3 M. li., [2 M. vorn drehen] 2x, 1 M. li., [2 M. hinten drehen] 2x, 3 M. li.
16. Reihe: 4 M. re., [1 M. li., 1 M. re.] 3x, 1 M. li., 4 M. re.
17. Reihe: Ab 1. Reihe wdh.

Schräglaufende Rhomben

Über 10 M. gearbeitet.
Nach rechts laufend
1. Reihe (Vorders.): 2 M. re., 5 M. li., 3 M. hinten kreuzen. **2. Reihe:** 3 M. li., 5 M. re., 2 M. li. **3. Reihe:** 2 M. re., 4 M. li., 3 M. hinten kreuzen, 1 M. re. **4. Reihe:** 4 M. li., 4 M. re., 2 M. li. **5. Reihe:** 2 M. re., 3 M. li., 3 M. hinten drehen, 2 M. re. **6. Reihe:** 2 M. li., 1 M. re., 2 M. li., 3 M. re., 2 M. li. **7. Reihe:** 2 M. re., 2 M. li., 3 M. vorn drehen, 1 M. li., 2 M. re. **8. Reihe:** 2 M. li., [2 M. re., 2 M. li.] 2x. **9. Reihe:** 2 M. re., 1 M. li., 3 M. hinten drehen, 2 M. li., 2 M. re. **10. Reihe:** 2 M. li., 3 M. re., 2 M. li., 1 M. re., 2 M. li. **11. Reihe:** 2 M. re., 3 M. hinten drehen, 3 M. li., 2 M. re. **12. Reihe:** 2 M. re., 4 M. li., 4 M. re., 2 M. li. **13. Reihe:** 1 M. re., 3 M. hinten drehen, 4 M. li., 2 M. re. **14. Reihe:** 3 M. li., 5 M. re., 3 M. li. **15. Reihe:** 3 M. hinten drehen, 5 M. li., 2 M. re. **16. Reihe:** 2 M. li., 6 M. li., 2 M. re. **17. Reihe:** Ab 1. Reihe wdh.

Nach links laufend
1. Reihe: 3 M. vorn kreuzen, 5 M. li., 2 M. re. **2. Reihe:** 2 M. li., 5 M. re., 3 M. li. **3. Reihe:** 1 M. re., 3 M. vorn kreuzen, 4 M. li., 2 M. re. **4. Reihe:** 2 M. li., 4 M. re., 4 M. li. **5. Reihe:** 2 M. re., 3 M. vorn drehen, 3 M. li., 2 M. re. **6. Reihe:** 2 M. li., 3 M. re., 2 M. li., 1 M. re., 2 M. li. **7. Reihe:** 2 M. re., 1 M. li., 3 M. vorn drehen, 2 M. li., 2 M. re. **8. Reihe:** 2 M. li., [2 M. re., 2 M. li.] 2x. **9. Reihe:** 2 M. re., 2 M. li., 3 M. vorn drehen, 1 M. li., 2 M. re. **10. Reihe:** 2 M. li., 1 M. re., 2 M. li., 3 M. re., 2 M. li. **11. Reihe:** 2 M. re., 3 M. li., 3 M. vorn drehen, 2 M. re. **12. Reihe:** 4 M. li., 4 M. re., 2 M. li. **13. Reihe:** 2 M. re., 4 M. li., 3 M. vorn drehen, 1 M. re. **14. Reihe:** 3 M. li., 5 M. re., 2 M. li. **15. Reihe:** 2 M. re., 5 M. li., 3 M. vorn drehen. **16. Reihe:** 2 M. li., 6 M. li., 2 M. li. **17. Reihe:** Ab 1. Reihe wdh.

Fischnetzmuster

M.zahl teilbar durch 8 M. (mindestens 16 M.). Auf einem glatt links gestrickten Hintergrund gearbeitet. Das abgebildete Beispiel ist über 24 M. gearbeitet.
1. Reihe (Vorders.): 1 M. li., *3 M. vorn drehen, 3 M. hinten drehen, 2 M. li., ab * wdh. Den Streifen mit 3 M. vorn drehen, 3 M. hinten drehen, 1 M. li. enden. **2. Reihe:** 2 M. re., *4 M. li., 4 M. re., ab * wdh. Den Streifen mit 4 M. li., 2 M. re. enden. **3. Reihe:** 2 M. li., *4 M. vorn kreuzen, 4 M. li., ab * wdh. Den Streifen mit 4 M. vorn kreuzen, 2 M. li. enden. **4. Reihe:** Wie 2. Reihe. **5. Reihe:** 1 M. li., *3 M. hinten drehen, 3 M. vorn drehen, 2 M. li., ab * wdh. Den Streifen mit 3 M. hinten drehen, 3 M. vorn drehen, 1 M. li. enden. **6. Reihe:** 1 M. re., *2 M. li., 2 M. re., ab * wdh. Den Streifen mit 2 M. li., 1 M. re. enden. **7. Reihe:** Ab 1. Reihe 1x wdh. **13. Reihe:** *3 M. hinten drehen, 2 M. li., 3 M. vorn drehen, ab * wdh. bis zum Ende des Streifens. **14. Reihe:** 2 M. re., *4 M. re., 4 M. li., ab * wdh. Den Streifen mit 4 M. li., 2 M. re. enden. **15. Reihe:** 2 M. re., *4 M. li., 4 M. hinten kreuzen, ab * wdh. Den Streifen mit 4 M. li., 2 M. re. enden. **16. Reihe:** Wie 14. Reihe. **17. Reihe:** 2 M. re., 3 M. li., **15. Reihe:** 3 M. hinten drehen, 5 M. li., 2 M. re. **16. Reihe:** 2 M. li., 6 M. li., 2 M. re. **17. Reihe:** Ab 1. Reihe wdh.

M. re., 3 M. li. *3 M. hinten drehen, 3 M. vorn drehen, 2 M. li., ab * enden. **18. Reihe:** 2 M. li., 3 M. re., *2 M. li., 2 M. re., ab * wdh. Den Streifen mit 1 M. re., 2 M. li. enden. **19. Reihe:** 2 M. re., 3 M. li., *3 M. vorn drehen, 3 M. hinten drehen, 2 M. li., ab * wdh. Den Streifen mit 1 M. li., 2 M. re. enden. **20. Reihe:** Wie 14. Reihe. **21. Reihe:** Wie 15. Reihe. **22. Reihe:** Wie 14. Reihe. **23. Reihe:** *3 M. vorn drehen, 2 M. li., 3 M. hinten drehen, ab * wdh. bis zum Ende des Streifens. **24. Reihe:** Wie 6. Reihe. **25. Reihe:** Ab 1. Reihe wdh.

Schlingenmuster

Über 12 M. auf einem glatt links gestrickten Hintergrund gearbeitet.
1. Reihe (Vorders.): 3 M. li., 3 M. nach li. drehen, 3 M. nach re. drehen, 3 M. li. **2. Reihe:** 3 M. re., 1 M. li. verschr., 1 M. re., 2 M. li. verschr., 1 M. re., 1 M. li. verschr., 3 M. re. **3. Reihe:** 2 M. li., [2 M. nach re. drehen] 2x, [2 M. nach li. drehen] 2x, 2 M. li. **4. Reihe:** [2 M. re., 1 M. li. verschr.] 2x, 2 M. re., 1 M. li. verschr.] 2x, 2 M. re. **5. Reihe:** 1 M. li., [2 M. nach re. drehen] 2x, 2 M. li., [2 M. nach li. drehen] 2x, 1 M. li. **6. Reihe:** [1 M. re., 1 M. li. verschr.] 2x, 4 M. re., [1 M. li. verschr., 1 M. re.] 2x. **7. Reihe:** [2 M. nach re. drehen] 2x, 4 M. li., [2 M. nach li. drehen] 2x. **8. Reihe:** 1 M. li. verschr., 1 M. re., 1 M. li. verschr., 6 M. re., 1 M. li. verschr., 1 M. re., 1 M. li. verschr. **9. Reihe:** 3 M. nach li. drehen, 6 M. li., 3 M. nach re. drehen. Die 8. und 9. Reihe 2x wdh. **14. Reihe:** Wie 8. Reihe. **15. Reihe:** [2 M. nach li. drehen] 2x, 4 M. li., [2 M. nach re. drehen] 2x. **16. Reihe:** Wie 6. Reihe. **17. Reihe:** 1 M. li., [2 M. nach li. drehen] 2x, 2 M. li., [2 M. nach re. drehen] 2x, 1 M. li. **18. Reihe:** Wie 4. Reihe. **19. Reihe:** 2 M. li., [2 M. nach li. drehen] 2x, [2 M. nach re. drehen] 2x, 2 M. li. **20. Reihe:** Wie 2. Reihe. **21. Reihe:** 3 M. li., 3 M. nach li. drehen, 3 M. nach re. drehen, 3 M. li. **22. Reihe:** Wie 2. Reihe. **23. und 24. Reihe:** Wie 21. und 22. Reihe. **25. Reihe:** Ab 1. Reihe wdh.

Zopfmuster

Pfeilmuster

Über 15 M. auf einem glatt links gestrickten Hintergrund gearbeitet.
1. Reihe (Vorders.): 1 M. re. verschr., 1 M. li., 2 M. vorn drehen, 3 M. li., 1 M. re. verschr., 3 M. li., 2 M. hinten drehen, 1 M. li., 1 M. re. verschr. **2. Reihe:** 1 M. li., 2 M. re., 1 M. li., [3 M. re., 1 M. li.] 2x, 2 M. re., 1 M. li. **3. Reihe:** 1 M. re. verschr., 2 M. li., 2 M. vorn drehen, 2 M. li., 1 M. re. verschr., 2 M. li., 2 M. hinten drehen, 2 M. li., 1 M. re. verschr. **4. Reihe:** 1 M. li., 3 M. re., 1 M. li., [2 M. re., 1 M. li.] 2x, 3 M. re., 1 M. li. **5. Reihe:** 1 M. re. verschr., 3 M. li., 2 M. vorn drehen, 1 M. li., 1 M. re. verschr., 1 M. li., 2 M. hinten drehen, 3 M. li., 1 M. re. verschr. **6. Reihe:** 1 M. li., 4 M. re., 1 M. li., [1 M. re., 1 M. li.] 2x, 4 M. re., 1 M. li. **7. Reihe:** 1 M. re. verschr., 4 M. li., 2 M. vorn drehen, 1 M. re. verschr., 2 M. hinten drehen, 4 M. li., 1 M. re. verschr. **8. Reihe:** 1 M. li., 1 M. re., 1 M. li., 4 M. re., 1 M. li., 4 M. re., 1 M. li., 1 M. re., 1 M. li. **9. Reihe:** Ab 1. Reihe wdh.

Welliges Rippenmuster

Über 20 M. auf einem glatt links gestrickten Hintergrund gearbeitet.
1. Reihe (Vorders.): [2 M. li., 3 M. hinten drehen] 2x, [3 M. vorn drehen, 2 M. li.] 2x. **2. Reihe:** 2 M. re., 2 M. li., 3 M. re., 2 M. li., 2 M. re., 2 M. li., 3 M. re., 2 M. li., 2 M. re. **3. Reihe:** 1 M. li., [3 M. hinten drehen, 2 M. li.] 2x, 3 M. vorn drehen, 2 M. li., 3 M. vorn drehen, 1 M. li. **4. Reihe:** 1 M. re., 2 M. li., 3 M. re., 2 M. li., 4 M. re., 2 M. li., 3 M. re., 2 M. li., 1 M. re. **5. Reihe:** [3 M. hinten drehen, 2 M. li.] 2x, [2 M. li., 3 M. vorn drehen] 2x. **6. Reihe:** 2 M. li., 3 M. re., 2 M. li., 6 M. re., 2 M. li., 3 M. re., 2 M. li. **7. Reihe:** [3 M. vorn drehen, 2 M. li.] 2x, [2 M. li., 3 M. hinten drehen] 2x. **8. Reihe:** Wie 4. Reihe. **9. Reihe:** 1 M. li., [3 M. vorn drehen, 2 M. li.] 2x, 3 M. hinten drehen, 2 M. li., 3 M. hinten drehen, 1 M. li. **10. Reihe:** Wie 2. Reihe. **11. Reihe:** [2 M. li., 3 M. vorn drehen] 2x, [3 M. hinten drehen, 2 M. li.] 2x. **12. Reihe:** 3 M. re., 2 M. li., 3 M. re., 4 M. li., 3 M. re., 2 M. li., 3 M. re. **13. Reihe:** Ab 1. Reihe wdh.

Phantasiezopf

Über 18 M. auf einem glatt links gestrickten Hintergrund gearbeitet.
1. Reihe (Vorders.): 6 M. li., 6 M. re., 6 M. li. **2. Reihe:** 6 M. re., 6 M. li., 6 M. re. **3. Reihe:** 3 M. li., 3 M. re., 3 M. vorn kreuzen, 3 M. re., 3 M. li. **4. Reihe:** 3 M. re., 12 M. li., 3 M. re. **5. Reihe:** 3 M. li., 12 M. re., 3 M. li. **6. und 7. Reihe:** Wie 4. und 5. Reihe. **8. Reihe:** Wie 4. Reihe. **9. Reihe:** 3 M. re., 6 M. hinten drehen, 6 M. vorn drehen, 3 M. re. **10. Reihe:** 6 M. li., 6 M. re., 6 M. li. **11. Reihe:** 6 M. re., 6 M. li., 6 M. re. **12. und 13. Reihe:** Wie 10. und 11. Reihe. **14. Reihe:** Wie 10. Reihe. **15. Reihe:** 6 M. hinten drehen, 6 M. li., 6 M. vorn drehen. **16. Reihe:** 3 M. li., 12 M. re., 3 M. li. **17. Reihe:** 3 M. re., 12 M. li., 3 M. re. **18. und 19. Reihe:** Wie 16. und 17. Reihe. **20. Reihe:** Wie 16. Reihe. **21. Reihe:** 6 M. vorn kreuzen, 6 M. li., 6 M. hinten kreuzen. Die 10. und 11. Reihe 2x wdh., dann die 10. Reihe 1x wdh. **27. Reihe:** 3 M. li., 6 M. vorn kreuzen, 6 M. hinten kreuzen, 3 M. li. Die 4. und 5. Reihe 2x wdh., dann die 4. Reihe 1x wdh. **33. Reihe:** 6 M. li., 6 M. vorn kreuzen, 6 M. li. **34. Reihe:** Wie 2. Reihe. **35. Reihe:** Wie 1. Reihe. **36. Reihe:** Wie 2. Reihe. **37. Reihe:** Ab 1. Reihe wdh.

Offener und geschlossener Zopf

Über 18 M. auf einem glatt links gestrickten Hintergrund gearbeitet.
1. Reihe (Vorders.): 5 M. li., 4 M. hinten kreuzen, 4 M. vorn kreuzen, 5 M. li. **2. Reihe:** 5 M. re., 2 M. li., 4 M. re., 2 M. li., 5 M. re. **3. Reihe:** 4 M. li., 3 M. hinten drehen, 4 M. li., 3 M. vorn drehen, 4 M. li. **4. Reihe:** 4 M. re., 2 M. li., 6 M. re., 2 M. li., 4 M. re. **5. Reihe:** 3 M. li., 3 M. hinten drehen, 6 M. li., 3 M. vorn drehen, 3 M. li. **6. Reihe:** 3 M. re., 2 M. li., 8 M. re., 2 M. li., 3 M. re. **7. Reihe:** 2 M. li., 3 M. hinten drehen, 8 M. li., 3 M. vorn drehen, 2 M. li. **8. Reihe:** 2 M. re., 2 M. li., 10 M. re., 2 M. li., 2 M. re. **9. Reihe:** 1 M. li., 3 M. hinten drehen, 10 M. li., 3 M. vorn drehen, 1 M. li. **10. Reihe:** 1 M. re., 2 M. li., 12 M. re., 2 M. li., 1 M. re. **11. Reihe:** 3 M. hinten drehen, 12 M. li., 3 M. vorn drehen. **12. Reihe:** 2 M. li., 14 M. re., 2 M. li. **13. Reihe:** 2 M. re., 14 M. li., 2 M. re. **14. und 15. Reihe:** Wie 12. und 13. Reihe. **16. Reihe:** Wie 12. Reihe. **17. Reihe:** 3 M. vorn drehen, 12 M. li., 3 M. hinten drehen. **18. Reihe:** Wie 10. Reihe. **19. Reihe:** 1 M. li., 3 M. vorn drehen, 10 M. li., 3 M. hinten drehen, 1 M. li. **20. Reihe:** Wie 8. Reihe. **21. Reihe:** 2 M. li.,

3 M. vorn drehen, 8 M. li., 3 M. hinten drehen, 2 M. li. **22. Reihe:** Wie 6. Reihe. **23. Reihe:** 3 M. li., 3 M. vorn drehen, 6 M. li., 3 M. hinten drehen, 3 M. li. **24. Reihe:** Wie 4. Reihe. **25. Reihe:** 4 M. li., 3 M. vorn drehen, 4 M. li., 3 M. hinten drehen, 4 M. li. **26. Reihe:** Wie 2. Reihe. **27. Reihe:** 5 M. li., 4 M. vorn kreuzen, 4 M. hinten kreuzen, 5 M. li. **28. Reihe:** 5 M. re., 8 M. li., 5 M. re. **29. Reihe:** 5 M. li., 4 M. hinten kreuzen, 4 M. vorn kreuzen, 5 M. li. **30. Reihe:** Wie 28. Reihe. **31. Reihe:** 5 M. li., 8 M. re., 5 M. li. Die 28. — 31. Reihe 2x wdh. **40. Reihe:** Wie 28. Reihe. **41. Reihe:** Ab 1. Reihe wdh.

Zopf mit Perlmuster

Über 13 M. auf einem glatt links gestrickten Hintergrund gearbeitet.
1. Reihe (Vorders.): 4 M. li., 5 M. vorn kreuzen, 4 M. li. **2. Reihe:** 4 M. re., 2 M. li., 1 M. re., 2 M. li., 4 M. re. **3. Reihe:** 3 M. li., 3 M. hinten drehen, 1 M. re., 3 M. vorn drehen, 3 M. li. **4. Reihe:** 3 M. re., 2 M. li., 1 M. re., 1 M. li., 1 M. re., 2 M. li., 3 M. re. **5. Reihe:** 2 M. li., 3 M. hinten drehen, 1 M. li., 1 M. re., 3 M. vorn drehen, 2 M. li. **6. Reihe:** 2 M. re., 2 M. li., [1 M. re., 1 M. li.] 2x, 1 M. re., 2 M. li., 2 M. re. **7. Reihe:** 1 M. li., 3 M. hinten drehen, [1 M. re., 1 M. li.] 2x, 1 M. re., 3 M. vorn drehen, 1 M. li. **8. Reihe:** 1 M. re., 2 M. li., [1 M. re., 1 M. li.] 3x, 1 M. re., 2 M. li., 1 M. re. **9. Reihe:** 3 M. hinten drehen, [1 M. re., 1 M. li.] 3x, 1 M. re., 3 M. vorn drehen. **10. Reihe:** 2 M. li., [1 M. re., 1 M. li.] 4x, 1 M. re., 2 M. li. **11. Reihe:** 3 M. vorn drehen, [1 M. li., 1 M. re.] 3x, 1 M. li., 3 M. hinten drehen. **12. Reihe:** 1 M. re., 2 M. li., [1 M. re., 1 M. li.] 3x, 1 M. re., 2 M. li., 1 M. re. **13. Reihe:** 1 M. li., 3 M. vorn drehen, [1 M. li., 1 M. re.] 2x, 1 M. li., 3 M. hinten drehen, 1 M. li. **14. Reihe:** 2 M. re., 2 M. li., [1 M. re., 1 M. li.] 2x, 1 M. re., 2 M. li., 2 M. re. **15. Reihe:** 2 M. li., 3 M. vorn drehen, 1 M. li., 1 M. re., 1 M. li., 3 M. hinten drehen, 2 M. li. **16. Reihe:** 3 M. re., 2 M. li., 1 M. re., 1 M. li., 1 M. re., 2 M. li., 3 M. re. **17. Reihe:** 3 M. li., 3 M. vorn drehen, 1 M. li., 3 M. hinten drehen, 3 M. li. **18. Reihe:** 4 M. re., 2 M. li., 1 M. re., 2 M. li., 4 M. re. **19. Reihe:** Ab 1. Reihe wdh.
Bei dem obigen Zopfmuster dreht sich der Zopf nach links. Um einen nach rechts gedrehten Zopf zu erhalten, müssen in der 1. Reihe 5 M. hinten anstatt vorn gekreuzt werden.

Doppelter Zopf mit Perlmuster

Über 17 M. auf einem glatt links gestrickten Hintergrund gearbeitet.
1. Reihe (Vorders.): 4 M. li., 4 M. nach re. drehen, 1 M. re., 4 M. nach li. drehen, 4 M. li. **2. Reihe:** 4 M. re., 2 M. li., [1 M. re., 1 M. li.] 2x, 1 M. re., 2 M. li., 4 M. re. **3. Reihe:** 3 M. li., 3 M. hinten drehen, 1 M. re., [1 M. li., 1 M. re.] 2x, 1 M. li., 3 M. vorn drehen, 3 M. li. **4. Reihe:** 3 M. re., 2 M. li., [1 M. re., 1 M. li.] 3x, 1 M. re., 2 M. li., 3 M. re. **5. Reihe:** 2 M. li., 3 M. hinten drehen, [1 M. re., 1 M. li.] 3x, 1 M. re., 3 M. vorn drehen, 2 M. li. **6. Reihe:** 2 M. re., 2 M. li., [1 M. re., 1 M. li.] 4x, 1 M. re., 2 M. li., 2 M. re. **7. Reihe:** 1 M. li., 3 M. hinten drehen, [1 M. re., 1 M. li.] 4x, 1 M. re., 3 M. vorn drehen, 1 M. li. **8. Reihe:** 1 M. re., 2 M. li., [1 M. re., 1 M. li.] 5x, 1 M. re., 2 M. li., 1 M. re. **9. Reihe:** 3 M. hinten drehen, [1 M. re., 1 M. li.] 5x, 1 M. re., 3 M. vorn drehen. **10. Reihe:** 2 M. li., [1 M. re., 1 M. li.] 6x, 1 M. re., 2 M. li. **11. Reihe:** 3 M. vorn drehen, [1 M. li., 1 M. re.] 5x, 1 M. li., 3 M. hinten drehen. **12. Reihe:** Wie 8. Reihe. **13. Reihe:** 1 M. li., 3 M. vorn drehen, [1 M. li., 1 M. re.] 4x, 1 M. li., 3 M. hinten drehen, 1 M. li. **14. Reihe:** Wie 6. Reihe. **15. Reihe:** 2 M. li., 3 M. vorn drehen, [1 M. li., 1 M. re.] 3x, 1 M. li., 3 M. hinten drehen, 2 M. li. **16. Reihe:** Wie 4. Reihe. **17. Reihe:** 3 M. li., 3 M. vorn drehen, [1 M. li., 1 M. re.] 2x, 1 M. li., 3 M. hinten drehen, 3 M. li. **18. Reihe:** Wie 2. Reihe. **19. Reihe:** 4 M. li., 4 M. vorn kreuzen, 4 M. li., 1 M. re., 4 M. hinten kreuzen, 4 M. li. **20. Reihe:** 4 M. re., 4 M. li., 1 M. re., 4 M. li., 4 M. re. **21. Reihe:** 4 M. li., 4 M. hinten kreuzen, 1 M. li., 4 M. vorn kreuzen, 4 M. li. **22. Reihe:** Wie 20. Reihe. **23. Reihe:** 4 M. li., 4 M. re., 1 M. li., 4 M. re., 4 M. li. **24. — 27. Reihe:** Wie 20. - 23. Reihe. **28. Reihe:** Wie 20. Reihe. **29. Reihe:** Ab 1. Reihe wdh.

Herzen mit Perlmuster

Über 19 M. gearbeitet.
1. Reihe (Vorders.): 6 M. li., 3 M. hinten drehen, 1 M. re., 3 M. vorn drehen, 6 M. li. **2. Reihe:** 6 M. re., 3 M. li., 1 M. re., 3 M. li., 6 M. re. **3. Reihe:** 5 M. li., 3 M. hinten kreuzen, 1 M. li., 1 M. re., 1 M. li., 3 M. vorn kreuzen, 5 M. li. **4. Reihe:** 5 M. re., 2 M. li., [1 M. re., 1 M. li.] 2x, 1 M. re., 2 M. li., 5 M. re. **5. Reihe:** 4 M. li., 3 M. hinten drehen, [1 M. re., 1 M. li.] 2x, 1 M. re., 3 M. vorn drehen, 4 M. li. **6. Reihe:** 4 M. re., 3 M. li., [1 M. re., 1 M. li.] 2x, 1 M. re., 3 M. li., 4 M. re. **7. Reihe:** 3 M. li., 3 M. hinten kreuzen, [1 M. re., 1 M. li.] 3x, 1 M. re., 3 M. vorn kreuzen, 3 M. li. **8. Reihe:** 3 M. re., 2 M. li., [1 M. re., 1 M. li.] 4x, 1 M. re., 2 M. li., 3 M. re. **9. Reihe:** 2 M. li., 3 M. hinten drehen, [1 M. re., 1 M. li.] 4x, 1 M. re., 3 M. vorn drehen, 2 M. li. **10. Reihe:** 2 M. re., 3 M. li., [1 M. re., 1 M. li.] 4x, 1 M. re., 3 M. li., 2 M. re. **11. Reihe:** 1 M. li., 3 M. hinten kreuzen, [1 M. re., 1 M. li.] 5x, 1 M. re., 3 M. vorn kreuzen, 1 M. li. **12. Reihe:** 1 M. re., 2 M. li., [1 M. re., 1 M. li.] 6x, 1 M. re., 2 M. li., 1 M. re. **13. Reihe:** 3 M. hinten drehen, [1 M. re., 1 M. li.] 6x, 1 M. re., 3 M. vorn drehen. **14. Reihe:** 3 M. li., [1 M. re., 1 M. li.] 6x, 1 M. re., 3 M. li. **15. Reihe:** 2 M. re., [1 M. li., 1 M. re.] 7x, 1 M. li., 2 M. re. **16. Reihe:** Wie 14. Reihe. **17. Reihe:** 4 M. vorn drehen, [1 M. li., 1 M. re.] 5x, 1 M. li., 4 M. hinten drehen. **18. Reihe:** 2 M. re., 3 M. li., [1 M. re., 1 M. li.] 4x, 1 M. re., 3 M. li., 2 M. re. **19. Reihe:** 2 M. li., 4 M. vorn drehen, [1 M. li., 1 M. re.] 3x, 1 M. li., 4 M. hinten drehen, 2 M. li. **20. Reihe:** 7 M. re., 2 M. li., 1 M. re., 2 M. li., 7 M. re. **21. Reihe:** Ab 1. Reihe wdh.
Bei diesem Muster kann eine Noppe wie folgt in die 19. Reihe gearbeitet werden: 2 M. li., 4 M. vorn drehen, 1 M. li., 1 M. re., 1 M. li., 1 Noppe, 1 M. li., 1 M. re., 1 M. li., 4 M. hinten drehen, 2 M. li.

Zopfmuster

Noppen und Wellen

Über 26 M. auf einem glatt links gestrickten Hintergrund gearbeitet.
1. Reihe (Vorders.): 2 M. li., 3 M. hinten drehen, 5 M. li., 6 M. hinten kreuzen, 5 M. li., 3 M. vorn drehen, 2 M. li. **2. Reihe:** 2 M. re., 2 M. li., 6 M. re., 6 M. li., 6 M. re., 2 M. li., 2 M. re. **3. Reihe:** 1 M. li., 3 M. hinten drehen, 4 M. li., 5 M. hinten drehen, 5 M. vorn drehen, 4 M. li., 3 M. vorn drehen, 1 M. li. **4. Reihe:** 1 M. re., 2 M. li., 5 M. re., 3 M. li., 4 M. re., 3 M. li., 5 M. re., 2 M. li., 1 M. re. **5. Reihe:** 3 M. hinten drehen, 3 M. li., 5 M. hinten drehen, 4 M. li., 5 M. vorn drehen, 3 M. li., 3 M. vorn drehen. **6. Reihe:** 2 M. li., 1 M. re., dann eine Noppe wie folgt: 3 M. re. in die nächste M. str., dabei 1x von vorn, 1x von hinten und 1x von vorn in die M. einstechen, [wenden, 3 M. re.] 3x, wenden, 3 M. re. übz. zus.str. (Noppe fertig), 2 M. re., 3 M. li., 8 M. re., 3 M. li., 2 M. re., 1 Noppe, 1 M. re., 2 M. li. **7. Reihe:** 3 M. vorn drehen, 3 M. li., 3 M. re., 8 M. li., 3 M. re., 3 M. li., 3 M. hinten drehen. **8. Reihe:** 1 M. re., 2 M. li., 3 M. re., 3 M. li., 8 M. re., 3 M. li., 3 M. re., 2 M. li., 1 M. re. **9. Reihe:** 1 M. li., 3 M. vorn drehen, 2 M. li., 5 M. vorn drehen, 4 M. li., 5 M. hinten drehen, 2 M. li., 3 M. hinten drehen, 1 M. li. **10. Reihe:** 2 M. re., 2 M. li., [4 M. re., 3 M. li.] 2x, 4 M. re., 2 M. li., 2 M. re. **11. Reihe:** 2 M. li., 3 M. vorn drehen, 3 M. li., 5 M. vorn drehen, 5 M. hinten drehen, 3 M. li., 3 M. hinten drehen, 2 M. li. **12. Reihe:** 1 M. re., 1 Noppe, 1 M. re., 2 M. li., 5 M. re., 6 M. li., 5 M. re., 2 M. li., 1 M. re., 1 Noppe, 1 M. re. **13. Reihe:** Ab 1. Reihe wdh.

Gedrehter Zopf mit Noppen

Über 16 M. auf einem glatt links gestrickten Hintergrund gearbeitet.
1. Reihe (Vorders.): 2 M. li., 4 M. re., 4 M. li., 4 M. re., 2 M. li. **2. Reihe:** 2 M. re., 4 M. li., 4 M. re., 4 M. li., 2 M. re. **3. Reihe:** 2 M. li., 4 M. vorn kreuzen, 4 M. li., 4 M. hinten kreuzen, 2 M. li. **4. Reihe:** Wie 2. Reihe. **5. Reihe:** 2 M. li., 4 M. re., 1 M. li., 1 Noppe wie folgt: [1 M. li., 1 M. re., 1 M. li., 1 M. re.] in jede der nächsten 2 M., wenden, 6 M. li., wenden, 1 M. re., 2 M. re. übz. zus.str., 2 M. re., zus.str., 1 M. re., wenden, [2 M. li. zus.str.] 2x, wenden, 2 M. re. (Noppe fertig), 1 M. li., 4 M. re., 2 M. li. **6. Reihe:** Wie 2. Reihe. **7. Reihe:** Wie 3. Reihe. **8. Reihe:** Wie 2. Reihe. **9. Reihe:** Wie 1. Reihe. **10. Reihe:** Wie 2. Reihe. **11. Reihe:** [4 M. hinten drehen, 4 M. vorn drehen] 2x. **12. Reihe:** 2 M. li., 4 M. re., 4 M. li., 4 M. re., 2 M. li. **13. Reihe:** Wie 2. Reihe. **14. Reihe:** Wie 12. Reihe. **15. Reihe:** [4 M. vorn drehen, 4 M. hinten drehen] 2x. **16. Reihe:** Wie 2. Reihe. **17. Reihe:** Ab 1. Reihe wdh.

Zopfmuster mit Rhomben

Über 20 M. auf einem glatt links gestrickten Hintergrund gearbeitet.
1. Reihe (Rücks.): 8 M. re., 4 M. li., 8 M. re. **2. Reihe:** 8 M. li., 4 M. hinten kreuzen, 8 M. li. **3. Reihe:** Wie 1. Reihe. **4. Reihe:** 7 M. li., 3 M. hinten drehen, 3 M. vorn drehen, 7 M. li. **5. Reihe:** 7 M. re., 2 M. li., 2 M. re., 2 M. li., 7 M. re. **6. Reihe:** 6 M. li., 3 M. hinten drehen, 2 M. li., 3 M. vorn drehen, 6 M. li. **7. Reihe:** 6 M. re., 2 M. li., 4 M. re., 2 M. li., 6 M. re. **8. Reihe:** 5 M. li., 3 M. hinten drehen, 4 M. li., 3 M. vorn drehen, 5 M li. **9. Reihe:** 5 M. re., 2 M. li., 6 M. re., 2 M. li., 5 M. re. **10. Reihe:** 4 M. li., 3 M. hinten drehen, 6 M. li., 4 M. re., 1 M. li., 3 M. vorn drehen, 4 M. li. **11. Reihe:** 4 M. re., 2 M. li., 2 M. re., 4 M. li., 2 M. re., 2 M. li., 4 M. re. **12. Reihe:** 3 M. li., 3 M. hinten drehen, 3 M. vorn drehen, 1 M. li., 3 M. hinten drehen, 3 M. vorn drehen, 3 M. li. **13. Reihe:** 3 M. re., 2 M. li., [2 M. re., 2 M. li.] 3x, 3 M. re. **14. Reihe:** 2 M. li., 3 M. hinten drehen, 1 M. li., 3 M. hinten drehen, 2 M. li., 3 M. vorn drehen, 1 M. li., 3 M. vorn drehen, 2 M. li. **15. Reihe:** [2 M. re., 2 M. li.] 2x, 4 M. re., [2 M. li., 2 M. re.] 2x. **16. Reihe:** 1 M. li., 3 M. hinten drehen, 2 M. li., 3 M. vorn drehen, 2 M. li., 3 M. hinten drehen, 2 M. li., 3 M. vorn drehen, 1 M. li. **17. Reihe:** 1 M. re., 2 M. li., 4 M. re., 2 M. li., 2 M. re., 2 M. li., 4 M. re., 2 M. li., 1 M. re. **18. Reihe:** [3 M. hinten drehen, 4 M. li., 3 M. vorn drehen] 2x. **19. Reihe:** 2 M. li., 6 M. re., 4 M. li., 6 M. re., 2 M. li. **20. Reihe:** 2 M. li., 6 M. li., 4 M. hinten kreuzen, 6 M. re., 2 M. li. **21. Reihe:** 2 M. li., 6 M. re., 4 M. li., 6 M. re., 2 M. li. **22. Reihe:** [3 M. vorn drehen, 4 M. li., 3 M. hinten drehen] 2x. **23. Reihe:** Wie 17. Reihe. **24. Reihe:** 1 M. li., 3 M. vorn drehen, 2 M. li., 3 M. hinten drehen, 2 M. li., 3 M. vorn drehen, 2 M. li., 3 M. hinten drehen, 1 M. li. **25. Reihe:** Wie 15. Reihe. **26. Reihe:** 2 M. li., 3 M. vorn drehen, 1 M. li., 3 M. vorn drehen, 2 M. li., 3 M. hinten drehen, 1 M. li., 3 M. hinten drehen, 2 M. li. **27. Reihe:** Wie 13. Reihe. **28. Reihe:** 3 M. li., 3 M. vorn drehen, 1 M. li., 3 M. vorn drehen, 3 M. hinten drehen, 1 M. li., 3 M. hinten drehen, 3 M. li. **29. Reihe:** Wie 11. Reihe. **30. Reihe:** 4 M. li., 3 M. vorn drehen, 6 M. li., 3 M. hinten drehen, 4 M. li. **31. Reihe:** Wie 9. Reihe. **32. Reihe:** 5 M. li., 3 M. vorn drehen, 4 M. li., 3 M. hinten drehen, 5 M. li. **33. Reihe:** Wie 7. Reihe. **34. Reihe:** 6 M. li., 3 M. vorn drehen, 2 M. li., 3 M. hinten drehen, 6 M. li. **35. Reihe:** Wie 5. Reihe. **36. Reihe:** 7 M. li., 3 M. vorn drehen, 3 M. hinten drehen, 7 M. li. **37. Reihe:** Ab 1. Reihe wdh.

Zopfmuster mit Linksmaschen

Über 16 M. auf einem glatt links gestrickten Hintergrund gearbeitet.

1. Reihe (Vorders.): 2 M. li., 2 M. re., 2 M. li., 4 M. re., 2 M. li., 2 M. re., 2 M. li.

2. Reihe: 2 M. re., 2 M. li., 2 M. re., 4 M. li., 2 M. re., 2 M. li., 2 M. re.

Die 1. und 2. Reihe 2x wdh.

7. Reihe: 2 M. li., 6 M. nach re. drehen, 6 M. nach li. drehen, 2 M. li.

8. Reihe: Wie 2. Reihe.

9. Reihe: Wie 1. Reihe.

10. Reihe: Wie 2. Reihe.

11. Reihe: Wie 1. Reihe.

12., 13., 14., 15. und 16. Reihe: Re. str.

17. Reihe: Ab 1. Reihe wdh.

Mehrfaches Zopfmuster

M.zahl teilbar durch 8 + 4 M. (mindestens 20 M.). Auf einem glatt links gestrickten Hintergrund gearbeitet. Das abgebildete Beispiel ist über 28 M. gearbeitet.

1. Reihe (Vorders.): Re. str.
2. und alle geraden Reihen: 2 M. re., die folgenden M. li. str. Den Streifen mit 2 M. re. enden.
3. Reihe: Re. str.
5. Reihe: 2 M. re., *8 M. hinten kreuzen, ab * wdh. Den Streifen mit 2 M. re. enden.
7. Reihe: Re. str.
9. Reihe: Re. str.
11. Reihe: 6 M. re., *8 M. vorn kreuzen, ab * wdh. Den Streifen mit 6 M. re. enden.
12. Reihe: Wie 2. Reihe.
13. Reihe: Ab 1. Reihe wdh.

Reihe: 5 M. re., 2 M. vorn drehen, 1 M. re., 4 M. li., 1 M. re., 2 M. hinten drehen, 5 M. re. **5. Reihe:** 4 M. li., 2 M. hinten drehen, 1 M. li., 2 M. hinten drehen, 2 M. re., 2 M. vorn drehen, 2 M. li., 2 M. vorn drehen, 4 M. li. **6. Reihe:** 3 M. re., 2 M. vorn drehen, 2 M. re., 1 M. li., 1 M. re., 1 M. li., 1 M. re., 1 M. li., 2 M. re., 2 M. hinten drehen, 3 M. re. **7. Reihe:** 2 M. li., 2 M. hinten drehen, 1 M. li., 2 M. hinten drehen, 1 M. li., 2 M. re., 1 M. li., 2 M. vorn drehen, 2 M. li., 2 M. vorn drehen, 2 M. li. **8. Reihe:** 2 M. re., 1 M. li., 3 M. re., 1 M. li., 2 M. re., 1 M. li., 2 M. re., 1 M. li., 2 M. re. **9. Reihe:** 1 M. li., 2 M. hinten drehen, 2 M. li., 2 M. hinten drehen, 2 M. li., 2 M. re., 2 M. li., 2 M. vorn drehen, 2 M. li., 2 M. vorn drehen, 1 M. li. **10. Reihe:** 1 M. re., [1 M. li., 3 M. re.] 2x, 2 M. li., [3 M. re., 1 M. li.] 2x, 1 M. re. **11. Reihe:** 2 M. hinten drehen, [2 M. li., 2 M. hinten drehen] 2x, [2 M. vorn drehen, 2 M. li.] 2x, 2 M. vorn drehen. **12. Reihe:** 1 M. li., [3 M. re., 1 M. li.] 2x, 2 M. re., [1 M. li., 3 M. re.] 2x, 1 M. li. **13. Reihe:** [1 M. re., 3 M. li.] 2x, 1 M. re., 2 M. li., [1 M. re., 3 M. li.] 2x, 1 M. re. **14. Reihe:** Wie 12. Reihe. **15. Reihe:** 2 M. vorn drehen, [2 M. li., 2 M. vorn drehen] 2x, [2 M. hinten drehen, 2 M. li.] 2x, 2 M. hinten drehen. **16. Reihe:** Wie 10. Reihe. **17. Reihe:** 1 M. li., 2 M. vorn drehen, 2 M. li.] 2x, 2 M. re., [2 M. li., 2 M. hinten drehen] 2x, 1 M. li. **18. Reihe:** Wie 8. Reihe. **19. Reihe:** [2 M. li., 2 M. vorn drehen] 2x, 1 M. li., 2 M. re., 1 M. li., [2 M. hinten drehen, 2 M. li.] 2x. **20. Reihe:** 3 M. re., 2 M. hinten drehen, 2 M. re., 1 M. li., 1 M. re., 1 M. li., 1 M. re., 2 M. re., 2 M. vorn drehen, 3 M. re. **21. Reihe:** 4 M. li., 2 M. vorn drehen, 1 M. li., 2 M. vorn drehen, 2 M. re., 2 M. hinten drehen, 1 M. li., 2 M. hinten drehen, 4 M. li. **22. Reihe:** 5 M. re., 2 M. hinten drehen, 1 M. re., 4 M. li., 1 M. re., 2 M. vorn drehen, 5 M. re. **23. Reihe:** 6 M. li., [2 M. vorn drehen] 2x, [2 M. hinten drehen] 2x, 6 M. li. **24. Reihe:** 7 M. re., 2 M. hinten drehen, 2 M. li., 2 M. vorn drehen, 7 M. re. **25. Reihe:** 8 M. li., 2 M. vorn drehen, 2 M. hinten drehen, 8 M. li. **26. Reihe:** 9 M. re., 2 M. li., 9 M. re. **27. Reihe:** 9 M. li., 4 M. re., 9 M. li. **28. Reihe:** Wie 26. Reihe. **29. Reihe:** Ab 1. Reihe wdh.

Reihe: 4 M. li., 3 M. hinten drehen, 3 M. vorn drehen, 4 M. li. **5. Reihe:** 4 M. re., 2 M. li., 2 M. re., 2 M. li., 4 M. re. **6. Reihe:** 3 M. li., 3 M. hinten drehen, 2 M. li., 3 M. vorn drehen, 3 M. li. **7. Reihe:** 3 M. re., 2 M. li., 4 M. re., 2 M. li., 3 M. re. **8. Reihe:** 2 M. li., 3 M. hinten drehen, 4 M. li., 3 M. vorn drehen, 2 M. li. **9. Reihe:** 2 M. re., 2 M. li., 6 M. re., 2 M. li., 2 M. re. **10. Reihe:** 2 M. li., [3 M. hinten drehen] 2x, [3 M. vorn drehen] 2x, 1 M. li. **11. Reihe:** [1 M. re., 2 M. re., [2 M. li., 1 M. re.] 2x. **12. Reihe:** [3 M. hinten drehen] 2x, [3 M. vorn drehen] 2x. **13. Reihe:** 2 M. li., 1 M. re., 2 M. li., 4 M. re., 2 M. li., 1 M. re., 2 M. li. **14. Reihe:** 1 M. re., 2 M. vorn drehen, 3 M. vorn drehen, 2 M. li., 3 M. hinten drehen, 2 M. hinten drehen, 1 M. re. **15. Reihe:** [1 M. li., 2 M. re., 1 M. li.] 2x, 2 M. li., 2 M. re., 2 M. li., [1 M. re., 1 M. li.] 2x. **16. Reihe:** 1 M. li., 2 M. vorn drehen, 3 M. vorn drehen, 3 M. hinten drehen, 3 M. hinten drehen, 1 M. li. **17. Reihe:** 1 M. re., 2 M. li., 1 M. re., 2 M. li., 4 M. re., 1 M. li., 1 M. li., 2 M. re., 1 M. li. **18. Reihe:** 2 M. vorn drehen, 2 M. hinten drehen, 1 M. li., 2 M. vorn kreuzen, 1 M. li., 2 M. vorn drehen, 2 M. hinten drehen. **19. Reihe:** 1 M. re., 2 M. hinten kreuzen, 2 M. re., 4 M. li., 2 M. re., 2 M. vorn kreuzen, 1 M. re. **20. Reihe:** Ab 4. Reihe wdh.

Fransenmuster

Über 26 M. auf einem glatt links gestrickten Hintergrund gearbeitet. **1. Reihe** (Vorders.): 2 M. re., [3 M. li., 2 M. re.] 2x, 2 M. li., [2 M. re., 3 M. li.] 2x, 2 M. re. **2. Reihe:** 2 M. li., [3 M. re., 2 M. li.] 2x, 2 M. re., 2 M. li., [3 M. re., 2 M. li.] 2x. Die 1. und 2. Reihe 4x wdh. **11. Reihe:** 5 M. vorn nach li. drehen, 2 M. re., 5 M. hinten nach re. drehen, 2 M. li., 5 M. vorn nach li. drehen, 2 M. re., 5 M. hinten nach re. drehen. **12. Reihe:** 3 M. re., 6 M. li., 8 M. re., 6 M. li., 3 M. re. **13. Reihe:** 3 M. li., 6 M. re., 8 M. li., 6 M. re., 3 M. li. Die 12. und 13. Reihe 2x wdh., dann die 12. Reihe 1x wdh. **19. Reihe:** 3 M. li., 6 M. vorn kreuzen, 8 M. li., 6 M. hinten kreuzen, 3 M. li. **20. Reihe:** 3 M. re., 6 M. li., 8 M. re., 6 M. li., 3 M. re. **21. Reihe:** Ab 1. Reihe wdh.

Laternenmuster

Über 20 M. auf einem glatt links gestrickten Hintergrund gearbeitet.
1. Reihe (Vorders.): 8 M. li., 2 M. hinten kreuzen, 2 M. vorn kreuzen, 8 M. li. **2. Reihe:** 7 M. re., 2 M. hinten drehen, 2 M. li., 2 M. hinten drehen, 7 M. re. **3. Reihe:** 6 M. li., 2 M. hinten drehen, 2 M. hinten kreuzen, 2 M. vorn kreuzen, 2 M. vorn drehen, 6 M. li. **4.**

Eingesetzter Zopf

Über 14 M. auf einem glatt links gestrickten Hintergrund gearbeitet.
1. Reihe (Rücks.): 5 M. re., 4 M. li., 5 M. re.
2. Reihe: 5 M. li., 4 M. vorn kreuzen, 5 M. li.
3. Reihe: 5 M. re., 4 M. li., 5 M. re. **4.**

Zopfmuster

Breites Zopfmuster

Über 20 M. auf einem glatt links gestrickten Hintergrund gearbeitet.
1., 3., 5. und 7. Reihe (Rücks.): Li. str.
2. Reihe: 6 M. re., 4 M. hinten kreuzen, 4 M. vorn kreuzen, 6 M. re.
4. Reihe: 4 M. re., 4 M. hinten kreuzen, 4 M. re., 4 M. vorn kreuzen, 4 M. re.
6. Reihe: 2 M. re., 4 M. hinten kreuzen, 8 M. re., 4 M. vorn kreuzen, 2 M. re.
8. Reihe: 4 M. hinten kreuzen, 12 M. re., 4 M. vorn kreuzen. **9. Reihe:** Ab 1. Reihe wdh.

Doppeltes Wellenmuster

Über 16 M. auf einem glatt links gestrickten Hintergrund gearbeitet.
1. Reihe (Vorders.): 2 M. re., 3 M. li., 2 M. re., 2 M. re., 2 M. re., 3 M. li., 2 M. re. **2. Reihe:** 2 M. li., 3 M. re., 2 M. li., 2 M. re., 2 M. li., 3 M. re., 2 M. li. **3. Reihe:** 3 M. vorn drehen, 2 M. li., 3 M. vorn drehen, 3 M. hinten drehen, 2 M. li., 3 M. hinten drehen. **4. Reihe:** 1 M. re., 2 M. li., 3 M. re., 4 M. li., 3 M. re., 2 M. li., 1 M. re. **5. Reihe:** 1 M. li., 3 M. vorn drehen, 2 M. li., 4 M. vorn kreuzen, 2 M. li., 3 M. hinten drehen, 1 M. li. **6. Reihe:** 2 M. li., 2 M. re., 2 M. li., 4 M. re., 2 M. li., 2 M. re., 2 M. li. **7. Reihe:** 2 M. li., [3 M. vorn drehen, 3 M. hinten drehen] 2x, 2 M. li. **8. Reihe:** 3 M. re., 4 M. li., 2 M. re., 4 M. li., 3 M. re. **9. Reihe:** 3 M. li., 4 M. vorn kreuzen, 2 M. li., 4 M. vorn kreuzen, 3 M. li. **10. Reihe:** 3 M. re., 4 M. li., 2 M. re., 4 M. li., 3 M. re. **11. Reihe:** 2 M. li., [3 M. hinten drehen, 3 M. vorn drehen] 2x, 2 M. li. **12. Reihe:** 2 M. re., 2 M. li., 2 M. re., 4 M. li., 2 M. re., 2 M. li., 2 M. re. **13. Reihe:** 1 M. li., 3 M. hinten drehen, 2 M. li., 4 M. vorn kreuzen, 2 M. li., 3 M. vorn drehen, 1 M. li. **14. Reihe:** 1 M. re., 2 M. li., 3 M. re., 4 M. li., 3 M. re., 2 M. li., 1 M. re. **15. Reihe:** 3 M. hinten drehen, 2 M. li., 3 M. hinten drehen, 3 M. vorn drehen, 2 M. li., 3 M. vorn drehen. **16. Reihe:** 2 M. li., 3 M. re., 2 M. li., 4 M. re., 2 M. li., 3 M. re., 2 M. li. **17. — 32. Reihe:** Die 1. — 16. Reihe einschl. wdh., jedoch in der 5., 9. und 13. Reihe 4 M. hinten anstatt vorn kreuzen. **33. Reihe:** Ab 1. Reihe wdh.

Rhomben mit Blattmuster

Über 21 M. auf einem glatt links gestrickten Hintergrund gearbeitet.
Anmerkung: Die M. nur nach der 1., 2., 33. und 34. Reihe zählen.
1. Reihe (Vorders.): 8 M. li., 5 M. nach li. drehen, 8 M. li. **2. Reihe:** 8 M. re., 1 M. re., 2 M. li., 1 M. re., 8 M. re. **3. Reihe:** 7 M. li., 3 M. hinten drehen, 5 M. zun. (5 M. re. in die nächste M. str., dabei 1x von vorn, 1x von hinten, 1x von vorn, 1x von hinten und 1x von vorn in die M. einstechen), 3 M. vorn drehen, 7 M. li. **4. Reihe:** 7 M. re., 2 M. li., 1 M. re., 5 M. li., 1 M. re., 2 M. li., 7 M. re. **5. Reihe:** 6 M. li., 3 M. hinten drehen, 1 M. li., 5 M. re., 1 M. li., 3 M. vorn drehen, 6 M. li. **6. Reihe:** 6 M. re., 2 M. li., 2 M. re., 5 M. li., 2 M. re., 2 M. li., 6 M. re. **7. Reihe:** 5 M. li., 3 M. hinten drehen, 2 M. li., 2 M. re. verschr. zus.str., 1 M. re., 2 M. re. verschr. zus.str., 2 M. li., 3 M. vorn drehen, 5 M. li. **8. Reihe:** 5 M. re., 2 M. li., 3 M. re., 3 M. li., 3 M. re., 2 M. li., 5 M. re. **9. Reihe:** 4 M. li., 3 M. hinten drehen, 5 M. zun., 2 M. li., 1 M. re., 2 M. li., 5 M. zun., 3 M. vorn drehen, 4 M. li. **10. Reihe:** 4 M. re., 2 M. li., 1 M. re., 5 M. li., 2 M. re., 1 M. re., 2 M. re., 5 M. li., 1 M. re., 2 M. li., 4 M. re. **11. Reihe:** 3 M. li., 3 M. hinten drehen, 1 M. li., 5 M. re., 5 M. re., 1 M. li., 3 M. vorn drehen, 3 M. li. **12. Reihe:** 3 M. re., 2 M. li., 2 M. re., 5 M. li., 5 M. li., 2 M. re., 2 M. li., 3 M. re. **13. Reihe:** 2 M. li., 3 M. hinten drehen, 2 M. li., 2 M. re. verschr. zus.str., 1 M. re., 2 M. re. verschr. zus.str., 5 M. li., 2 M. re. verschr. zus.str., 1 M. re., 2 M. re. zus.str., 2 M. li., 3 M. vorn drehen, 2 M. li. **14. Reihe:** 2 M. re., 2 M. li., 3 M. re., 3 M. li., 3 M. re., 5 M. li., 3 M. re., 2 M. li., 2 M. re. **15. Reihe:** 1 M. li., 3 M. hinten drehen, [5 M. zun., 3 M. re. übz. zus.str., 2 M. li.] 2x, 5 M. zun., 3 M. vorn drehen, 1 M. li. **16. Reihe:** 1 M. re., 2 M. li., 1 M. re., 2 M. li., [5 M. li., 2 M. re., 1 M. re., 2 M. re.] 2x, 5 M. li., 1 M. re., 2 M. li., 1 M. re. **17. Reihe:** 3 M. hinten drehen, 1 M. li., [5 M. re., 5 M. re., 1 M. li., 3 M. vorn drehen. **18. Reihe:** 2 M. li., 2 M. re., [5 M. li., 5 M. li.] 2x, 2 M. re., 2 M. li. **19. Reihe:** 3 M. vorn drehen, 1 M. li., [2 M. re. verschr. zus.str., 1 M. re., 2 M. re. zus.str., 5 M. li.] 2x, 2 M. re. verschr. zus.str., 1 M. re., 2 M. re. zus.str., 1 M. li., 3 M. hinten drehen. **20. Reihe:** 1 M. re., 2 M. li., 1 M. re., [5 M. re., 2 M. li.] 2x, 3 M. li., 1 M. re., 2 M. li., 1 M. re. **21. Reihe:** 1 M. li., 3 M. vorn drehen, [3 M. re. übz. zus.str., 2 M. li., 5 M. zun., 2 M. li.] 2x, 3 M. re. übz. zus.str., 3 M. hinten drehen, 1 M. li. **22. Reihe:** 2 M. re., 3 M. li., 2 M. re., 5 M. li., 2 M. re., 1 M. re., 2 M. li., 5 M. li., 2 M. re., 3 M. li., 2 M. re. **23. Reihe:** 2 M. li., 3 M. vorn drehen, 2 M. li., 5 M. re., 5 M. re., 2 M. li., 3 M. hinten drehen, 2 M. li. **24. Reihe:** 3 M. re., 2 M. li., 2 M. re., 5 M. li., 5 M. re., 2 M. li., 2 M. re., 3 M. re. **25. Reihe:** 3 M. li., 3 M. vorn drehen, 1 M. li., 2 M. re. verschr. zus.str., 1 M. re., 2 M. re. zus.str., 5 M. li., 2 M. re. verschr. zus.str., 1 M. re., 2 M. re. zus.str., 2 M. li., 3 M. hinten drehen, 3 M. li. **26. Reihe:** 4 M. re., 2 M. li., 1 M. re., 3 M. li., 5 M. re., 3 M. li., 1 M. re., 2 M. li., 4 M. re. **27. Reihe:** 4 M. li., 3 M. vorn drehen, 3 M. re. übz. zus.str., 2 M. li., 5 M. zun., 2 M. li., 3 M. re. übz. zus.str., 3 M. hinten drehen, 4 M. li. **28. Reihe:** 5 M. re., 3 M. li., 2 M. re., 5 M. li., 2 M. re., 3 M. li., 5 M. re. **29. Reihe:** 5 M. li., 3 M. vorn drehen, 2 M. li., 5 M. re., 2 M. li., 3 M. hinten drehen, 5 M. li. **30. Reihe:** 6 M. re., 2 M. li., 2 M. re., 5 M. li., 2 M. re., 2 M. li., 6 M. re. **31. Reihe:** 6 M. li., 3 M. vorn drehen, 1 M. li., 2 M. re. verschr. zus.str., 1 M. re., 2 M. re. zus.str., 1 M. li., 3 M. hinten drehen, 6 M. li. **32. Reihe:** 7 M. re., 2 M. li., 1 M. re., 3 M. re., 1 M. re., 2 M. li., 7 M. re. **33. Reihe:** 7 M. li., 3 M. vorn drehen, 3 M. re. übz. zus.str., 3 M. hinten drehen, 7 M. li. **34. Reihe:** 8 M. re., 5 M. li., 8 M. re. **35. Reihe:** Ab 1. Reihe wdh.

Kelchmuster

Über 15 M. auf einem glatt links gestrickten Hintergrund gearbeitet.
1. Reihe (Vorders.): 5 M. li., 5 M. nach li. drehen, 5 M. li.
2. Reihe: 5 M. re., 2 M. li., 1 M. re., 2 M. li., 5 M. re.

3. Reihe: 4 M. li., 3 M. hinten drehen, 1 M. re., 3 M. vorn drehen, 4 M. li.
4. Reihe: 4 M. re., 2 M. li., 1 M. re., 1 M. li., 1 M. re., 2 M. li., 4 M. re.
5. Reihe: 3 M. li., 3 M. hinten drehen, 1 M. re., 1 M. li., 1 M. re., 3 M. vorn drehen, 3 M. li.
6. Reihe: 3 M. re., 2 M. li., [1 M. re., 1 M. li.] 2x, 1 M. re., 2 M. li., 3 M. re.
7. Reihe: 2 M. li., 3 M. hinten drehen, [1 M. re., 1 M. li.] 2x, 1 M. re., 3 M. vorn drehen, 2 M. li.
8. Reihe: 2 M. re., 2 M. li., [1 M. re., 1 M. li.] 3x, 1 M. re., 2 M. li., 2 M. re.
9. Reihe: 1 M. li., 3 M. hinten drehen, [1 M. re., 1 M. li.] 3x, 1 M. re., 3 M. vorn drehen, 1 M. li.
10. Reihe: 1 M. re., 2 M. li., [1 M. re., 1 M. li.] 4x, 1 M. re., 2 M. li., 1 M. re.
11. Reihe: 3 M. hinten drehen, [1 M. re., 1 M. li.] 4x, 1 M. re., 3 M. vorn drehen.
12. Reihe: 2 M. li., [1 M. re., 1 M. li.] 5x, 1 M. re., 2 M. li.
13. Reihe: Ab 1. Reihe wdh.

Großer und kleiner Zopf

Über 16 M. auf einem glatt links gestrickten Hintergrund gearbeitet.
1. Reihe (Vorders.): 6 M. li., 4 M. hinten kreuzen, 6 M. li. **2. Reihe:** 6 M. re., 4 M. li., 6 M. re. **3. Reihe:** 5 M. li., 3 M. hinten kreuzen, 3 M. vorn kreuzen, 5 M. li. **4. Reihe:** 5 M. re., 2 M. li., 6 M. re., 2 M. li., 5 M. re. **5. Reihe:** 4 M. li., 3 M. hinten kreuzen, 2 M. re., 3 M. vorn kreuzen, 4 M. li. **6. Reihe:** 4 M. re., 2 M. li., 8 M. re., 2 M. li., 4 M. re. **7. Reihe:** 3 M. li., 3 M. hinten kreuzen, 4 M. re., 3 M. hinten kreuzen, 3 M. vorn kreuzen, 3 M. li. **8. Reihe:** 3 M. re., 2 M. li., 1 M. re., 4 M. li., 1 M. re., 2 M. li., 3 M. re. **9. Reihe:** 2 M. li., 3 M. hinten drehen, 1 M. li., 4 M. re., 1 M. li., 3 M. vorn drehen, 2 M. li. **10. Reihe:** 2 M. re., 2 M. li., 2 M. re., 4 M. li., 2 M. re., 2 M. li., 2 M. re. **11. Reihe:** 1 M. li., 3 M. hinten drehen, 2 M. li., 4 M. hinten kreuzen, 2 M. li., 3 M. vorn drehen, 1 M. li. **12. Reihe:** 1 M. re., 3 M. li., 2 M. re., 4 M. li., 2 M. re., 3 M. li., 1 M. re. **13. Reihe:** 3 M. hinten drehen, 3 M. li., 4 M. re., 3 M. li., 3 M. vorn drehen. **14. Reihe:** 2 M. li., 4 M. re., 4 M. li., 4 M. re., 2 M. li. **15. Reihe:** 2 M. li., 4 M. re., 4 M. hinten kreuzen, 4 M. re., 2 M. li. **16. Reihe:** Wie 14. Reihe. **17. Reihe:** 3 M. vorn drehen, 3 M. li., 4 M. re., 3 M. li., 3 M. hinten drehen. **18. Reihe:** Wie 12. Reihe. **19. Reihe:** 1 M. li., 3 M. vorn drehen, 2 M. li., 4 M. hinten kreuzen, 2 M. li., 3 M. hinten drehen, 1 M. li. **20. Reihe:** Wie 10. Reihe. **21. Reihe:** 2 M. li., 3 M. vorn drehen, 1 M. li., 4 M. re., 1 M. li., 3 M. hinten drehen, 2 M. li. **22. Reihe:** Wie 8. Reihe. **23. Reihe:** 3 M. li., 3 M. vorn drehen, 4 M. hinten kreuzen, 3 M. hinten drehen, 3 M. li. **24. Reihe:** Wie 6. Reihe. **25. Reihe:** 4 M. li., 3 M. vorn drehen, 2 M. re., 3 M. hinten drehen, 4 M. li. **26. Reihe:** Wie 4. Reihe. **27. Reihe:** 5 M. li., 3 M. vorn drehen, 3 M. hinten drehen, 5 M. li. **28. Reihe:** Wie 2. Reihe. **29. Reihe:** Ab 1. Reihe wdh.

Gedrehter und gekreuzter Zopf

Über 16 M. auf einem glatt links gestrickten Hintergrund gearbeitet.
1. Reihe (Vorders.): 2 M. li., 4 M. hinten kreuzen, 4 M. li., 4 M. vorn kreuzen, 2 M. li. **2. Reihe:** 2 M. re., 4 M. li., 4 M. re., 4 M. li., 2 M. re. **3. Reihe:** 1 M. li., 3 M. hinten drehen, 3 M. vorn drehen, 2 M. li., 3 M. hinten drehen, 3 M. vorn drehen, 1 M. li. **4. Reihe:** 1 M. re., [2 M. li., 2 M. re.] 3x, 2 M. li., 1 M. re. **5. Reihe:** [3 M. hinten drehen, 2 M. li., 3 M. vorn drehen] 2x. **6. Reihe:** 2 M. li., 4 M. re., 4 M. li., 4 M. re., 2 M. li. **7. Reihe:** 2 M. re., 4 M. li., 4 M. hinten kreuzen, 4 M. li., 2 M. re. **8. Reihe:** Wie 6. Reihe. **9. Reihe:** 2 M. re., 4 M. li., 4 M. re., 2 M. li. **10. Reihe:** Wie 6. Reihe. **11. Reihe:** Wie 7. Reihe. **12. Reihe:** Wie 6. Reihe. **13. Reihe:** [3 M. vorn drehen, 2 M. li., 3 M. hinten drehen] 2x. **14. Reihe:** Wie 4. Reihe. **15. Reihe:** 1 M. li., 3 M. vorn drehen, 3 M. hinten drehen, 2 M. li., 3 M. vorn drehen, 3 M. hinten drehen, 1 M. li. **16. Reihe:** Wie 2. Reihe. **17. Reihe:** Wie 1. Reihe. **18. Reihe:** Wie 2. Reihe. **19. Reihe:** Wie 3. Reihe. **20. Reihe:** Wie 4. Reihe. **21. Reihe:** 1 M. li., [2 M. re., 2 M. li.] 2x, 2 M. re., die letzten 6 gestr. M. auf eine Hilfsnadel legen und den Faden gegen den Uhrzeigersinn 4x um diese 6 M. winden, dann die 6 M. zurück auf die re. Nadel gleiten lassen, 2 M. li., 2 M. re., 1 M. li. **22. Reihe:** Wie 4. Reihe. **23. Reihe:** Wie 15. Reihe. **24. Reihe:** Wie 2. Reihe. **25. Reihe:** Ab 1. Reihe wdh.

Schienenmuster

Über 18 M. auf einem glatt links gestrickten Hintergrund gearbeitet.
1. Reihe (Vorders.): 2 M. re., 3 M. li., 2 M. re., 4 M. li., 2 M. re., 3 M. li., 2 M. re. **2. Reihe:** 2 M. li., 3 M. re., 2 M. li., 4 M. re., 2 M. li., 3 M. re., 2 M. li. **3. Reihe:** Wie 1. **4. Reihe:** Wie 2. Reihe. **5. Reihe:** [3 M. vorn drehen, 2 M. li.] 2x, 3 M. hinten drehen, 2 M. li., 3 M. hinten drehen. **6. Reihe:** 1 M. re., 2 M. li., 3 M. re., 2 M. li., 2 M. re., 2 M. li., 3 M. re., 1 M. re. **7. Reihe:** 1 M. li., 3 M. vorn drehen, 2 M. li., 3 M. hinten drehen, 2 M. li., 3 M. hinten drehen, 1 M. li. **8. Reihe:** 2 M. re., 2 M. li., 4 M. re., 2 M. li., 3 M. re., 2 M. li., 2 M. re. **9. Reihe:** 2 M. vorn drehen, 2 M. li., 4 M. hinten kreuzen, 2 M. li., 3 M. hinten drehen, 2 M. li. **10. Reihe:** 3 M. li., 2 M. re., 4 M. li., 2 M. re., 3 M. li., 3 M. re. **11. Reihe:** 3 M. li., [3 M. vorn drehen, 3 M. hinten drehen] 2x, 3 M. li. **12. Reihe:** 4 M. re., 4 M. li., 2 M. re., 4 M. li., 4 M. re. **13. Reihe:** 4 M. li., 4 M. vorn kreuzen, 2 M. li., 4 M. vorn kreuzen, 4 M. li. **14. Reihe:** 4 M. re., 4 M. li., 2 M. re., 4 M. li., 4 M. re. **15. Reihe:** 3 M. li., [3 M. hinten drehen, 3 M. vorn drehen] 2x, 3 M. li. **16. Reihe:** 3 M. re., 2 M. li., 4 M. re., 2 M. li., 3 M. re. **17. Reihe:** 2 M. li., 3 M. hinten drehen, 2 M. li., 4 M. hinten kreuzen, 2 M. li., 3 M. vorn drehen, 2 M. li. **18. Reihe:** 2 M. re., 2 M. li., 3 M. re., 2 M. li., 2 M. re. **19. Reihe:** 1 M. li., 3 M. hinten drehen, 2 M. li., 3 M. vorn drehen, 2 M. li., 3 M. vorn drehen, 1 M. li. **20. Reihe:** 1 M. re., 2 M. li., 3 M. re., 2 M. li., 2 M. re., 2 M. li., 3 M. re., 1 M. re. **21. Reihe:** [3 M. hinten drehen, 2 M. li.] 2x, 3 M. vorn drehen, 2 M. li., 3 M. vorn drehen. **22. Reihe:** Wie 2. Reihe. **23. Reihe:** Wie 1. Reihe. **24. und 25. Reihe:** Wie 22. und 23. Reihe. **26. Reihe:** Wie 22. Reihe. **27. Reihe:** Ab 1. Reihe wdh.

Zopfmuster

Keltischer Zopf

M.zahl teilbar durch 10 + 5 M. (mindestens 25 M.). Das abgebildete Beispiel ist über 25 M. gearbeitet.
1. Grundreihe (Vorders.): 3 M. re., *4 M. li., 6 M. re., ab * wdh. Enden mit 2 M. li.
2. Grundreihe: 2 M. re., *6 M. li., 4 M. re., ab * wdh. Enden mit 3 M. li.
1. Reihe: 3 M. re., *4 M. li., 6 M. vorn kreuzen, ab * wdh. Enden mit 2 M. li.
2. Reihe: 2 M. re., *6 M. li., 4 M. re., ab * wdh. Enden mit 3 M. li.
3. Reihe: *5 M. vorn drehen, 5 M. hinten drehen, ab * wdh. Enden mit 5 M. vorn drehen.
4. Reihe: 3 M. li., *4 M. re., 6 M. li., ab * wdh. Enden mit 2 M. re.
5. Reihe: 2 M. li., *6 M. hinten kreuzen, 4 M. li., ab * wdh. Enden mit 3 M. re.
6. Reihe: Wie 4. Reihe.
7. Reihe: *5 M. hinten drehen, 5 M. vorn drehen, ab * wdh. Enden mit 5 M. hinten drehen. **8. Reihe:** Wie 2. Reihe.
9. Reihe: Ab 1. Reihe wdh.

2 M. re. zus.str., 2 M. re., 1 U., 2 M. re. zus.str., 1 U., ab * wdh. Enden mit 1 M. re.
6. Reihe: 7 M. li., *3 M. re., 13 M. li., ab * wdh. Enden mit 3 M. re., 7 M. li. **7. Reihe:** 1 M. re., *2 M. re. zus.str., 1 U., 1 M. re., 1 U., 2 M. re., 2 M. re. übz. zus.str., 1 M. li., 2 M. re. zus.str., 2 M. re., 1 U., [2 M. re. zus.str., 1 U.] 2x, ab * wdh. Enden mit 2 M. re. zus.str., 1 U., 1 M. re., 1 U., 2 M. re., 2 M. re. übz. zus.str., 1 M. li., 2 M. re. zus.str., 1 U., 2 M. re. zus.str., 1 U., 2 M. re. **8. Reihe:** 8 M. li., *1 M. re., 15 M. li., ab * wdh. Enden mit 1 M. re., 8 M. li. **9. Reihe:** 5 M. li., *7 M. hinten kreuzen, 9 M. li., ab * wdh. Enden mit 7 M. hinten kreuzen, 5 M. li.
10. Reihe: 5 M. re., *3 M. li., 1 M. re., 3 M. li., 9 M. re., ab * wdh. Enden mit 3 M. li., 1 M. re., 3 M. li., 5 M. re. **11. Reihe:** 4 M. re., *2 M. re. zus.str., 2 M. re., 1 U., 1 M. re., 1 U., 2 M. re., 2 M. re. übz. zus.str., 7 M. li., ab * wdh. Enden mit 2 M. re. zus.str., 2 M. re., 1 U., 1 M. re., 1 U., 2 M. re., 2 M. re. übz. zus.str., 4 M. li. **12. Reihe:** 4 M. re., *9 M. li., 7 M. re., ab * wdh. Enden mit 9 M. li., 4 M. re. **13. Reihe:** 3 M. li., *2 M. re. zus.str., 2 M. re., 1 U., 2 M. re. zus.str., 1 U., 2 M. re., 2 M. re. übz. zus.str., 5 M. li., ab * wdh. Enden mit 2 M. re. zus.str., 1 U., 2 M. re. zus.str., 1 U., 1 M. re., 1 U., 2 M. re. übz. zus.str., 3 M. li. **14. Reihe:** 3 M. re., *11 M. li., 5 M. re., ab * wdh. Enden mit 11 M. li., 3 M. re. **15. Reihe:** 2 M. li., *2 M. re. zus.str., 2 M. re., 1 U., [2 M. re. zus.str., 1 U.] 2x, 1 M. re., 1 U., 2 M. re., 2 M. re. übz. zus.str., 3 M. li., ab * wdh. Enden mit 2 M. re. zus.str., 2 M. re., 1 U., [2 M. re. zus.str., 1 U.] 2x, 1 M. re., 1 U., 2 M. re., 2 M. re. übz. zus.str., 2 M. li. **16. Reihe:** 2 M. re., *13 M. li., 3 M. re., ab * wdh. Enden mit 13 M. li., 2 M. re. **17. Reihe:** 1 M. re., *2 M. re. zus.str., 2 M. re., 1 U., [2 M. re. zus.str., 1 U.] 3x, 1 M. re., 1 U., 2 M. re., 2 M. re. übz. zus.str., 1 M. li., ab * wdh. Enden mit 2 M. re. zus.str., 2 M. re., 1 U., [2 M. re. zus.str., 1 U.] 3x, 1 M. re., 1 U., 2 M. re., 2 M. re. übz. zus.str., 1 M. li. **18. Reihe:** 1 M. re., *15 M. li., 1 M. re., ab * wdh. **19. Reihe:** 1 M. li., 3 M. re., *9 M. li., 7 M. vorn kreuzen, ab * wdh. Enden mit 9 M. li., 3 M. re., 1 M. li. **20. Reihe:** 1 M. re., 3 M. li., *9 M. re., 3 M. li., 1 M. re., 3 M. li., ab * wdh. Enden mit 9 M. re., 3 M. li., 1 M. re. **21. Reihe:** Ab 1. Reihe wdh.

Gittermuster

M.zahl teilbar durch 16 + 1 M. (mindestens 33 M.). Auf einem glatt links gestrickten Hintergrund gearbeitet. Das abgebildete Beispiel ist über 33 M. gearbeitet.
1. Reihe (Vorders.): 1 M. re., *1 U., 2 M. re., 2 M. re. übz. zus.str., 7 M. li., 2 M. re. zus.str., 2 M. re., 1 U., 1 M. re., ab * wdh.
2. Reihe: *7 M. re., 7 M. li., 9 M. li., ab * wdh. Enden mit 7 M. re., 5 M. li. **3. Reihe:** 2 M. re., *1 U., 2 M. re., 2 M. re. übz. zus.str., 5 M. li., 2 M. re. zus.str., 2 M. re., 1 U., 2 M. re., 1 U., 1 M. re., ab * wdh. Enden mit 1 U., 2 M. re. übz. zus.str., 2 M. li. **4. Reihe:** 6 M. li., *5 M. re., 11 M. li., ab * wdh. Enden mit 5 M. re., 6 M. li.
5. Reihe: *2 M. re., 1 U., 2 M. re., 2 M. re. übz. zus.str., 3 M. li.,

Sanduhrmuster

M.zahl teilbar durch 14 + 2 M. Auf einem glatt links gestrickten Hintergrund gearbeitet. Das abgebildete Beispiel ist über 30 M. gearbeitet.
1. Reihe (Rücks.): 1 M. re., 1 M. li., *2 M. re., 1 M. li., 6 M. re., 1 M. li., 2 M. re., 2 M. li., ab * wdh. Enden mit 2 M. re., 1 M. li., 6 M. re., 1 M. li., 1 M. re. **2. Reihe:** 1 M. li., *2 M. vorn drehen, 1 M. li., 2 M. vorn drehen, 4 M. li., 2 M. hinten drehen, 1 M. li., 2 M. hinten drehen, ab * wdh. Enden mit 1 M. li. **3. Reihe:** [2 M. re., 1 M. li.] 2x, *4 M. re., [1 M. li., 2 M. re.] 3x, 1 M. li., ab* wdh. Enden mit 4 M. re., [1 M. li., 2 M. re.] 2x. **4. Reihe:** 2 M. li., *2 M. vorn drehen, 1 M. li., 2 M. vorn drehen, 2 M. li., 2 M. hinten drehen, 1 M. li., 2 M. hinten drehen, 2 M. li., ab * wdh. **5. Reihe:** 3 M. re., *[1 M. li., 2 M. re.] 3x, ab * wdh. Enden mit [1 M. li., 2 M. re.] 3x, 1 M. li., 3 M. re. **6. Reihe:** 3 M. li., *2 M. vorn drehen, 1 M. li., 2 M. vorn drehen, 2 M. hinten drehen, 1 M. li., 2 M. hinten drehen, 4 M. li., ab * wdh. Enden mit 2 M. vorn drehen, 1 M. li., 2 M. vorn drehen, 2 M. hinten drehen, 1 M. li., 2 M. hinten drehen, 3 M. li. **7. Reihe:** 4 M. re., *1 M. li., 2 M. re., 2 M. li., 2 M. re., 1 M. li., 6 M. re., ab * wdh. Enden mit 1 M. li., 2 M. re., 2 M. li., 2 M. re., 1 M. li., 4 M. re. **8. Reihe:** 4 M. li., *1 M. li., 2 M. re., 2 M. li., 2 M. re., 1 M. li., 6 M. re., ab * wdh. Enden mit 1 M. li., 2 M. re., 2 M. li., 2 M. re., 1 M. li., 4 M. li. **9. Reihe:** Wie 7. Reihe. **10. Reihe:** 3 M. li., *2 M. hinten drehen, 1 M. li., 2 M. vorn drehen, 1 M. li., 2 M. vorn drehen, 4 M. li., ab * wdh. Enden mit 2 M. hinten drehen, 1 M. li., 2 M. hinten drehen, 2 M. vorn drehen, 1 M. li., 2 M. vorn drehen, 3 M. li. **11. Reihe:** Wie 5. Reihe. **12. Reihe:** 2 M. li., *2 M. hinten drehen, 1 M. li., 2 M. hinten drehen, 2 M. li., 2 M. vorn drehen, 1 M. li., 2 M. vorn drehen, 2 M. li., ab * wdh. **13. Reihe:** Wie 3. Reihe. **14. Reihe:** 1 M. li., *2 M. hinten drehen, 1 M. li., 2 M. hinten drehen, 4 M. li., 2 M. vorn drehen, 1 M. li., 2 M. vorn drehen, 2 M. li., ab * wdh. Enden mit 1 M. li. **15. Reihe:** Wie 1. Reihe. **16. Reihe:** 1 M. li., 1 M. re., *2 M. li., 1 M. re., 6 M. li., 1 M. re., 2 M. li., 2 M. re., ab * wdh. Enden mit 2 M. li., 1 M. re., 6 M. li., 1 M. re., 2 M. li., 1 M. re., 1 M. li. **17. Reihe:** Ab 1. Reihe wdh.

Zopf mit vier Noppen

Über 25 M. auf einem glatt links gestrickten Hintergrund gearbeitet.
1. Reihe (Vorders.): 6 M. li., 4 M. vorn drehen, 2 M. li., 1 Noppe wie folgt: 3 M. re. in die nächste M. stricken, dabei 1x von vorn, 1x von hinten und 1x von vorn in die M. einstechen, [wenden, 3 M. re.] 3x, wenden, 3 M. re. übz. zus.str. (Noppe fertig), 2 M. li., 4 M. hinten drehen, 6 M. li. **2. Reihe:** 8 M. re., 2 M. li., 5 M. re., 2 M. li., 8 M. re. **3. Reihe:**

8 M. li., 4 M. vorn drehen, 1 M. li., 4 M. hinten drehen, 8 M. li. **4. Reihe:** 10 M. re., 2 M. li., 1 M. re., 2 M. li., 10 M. re. **5. Reihe:** 8 M. li., 4 M. hinten drehen, 1 M. re., 4 M. vorn drehen, 8 M. li. **6. Reihe:** 6 M. re., 1 Noppe, 1 M. li., 5 M. re., 2 M. li., 1 M. re., 1 Noppe, 6 M. re. **7. Reihe:** 8 M. li., 2 M. re., 5 M. li., 2 M. re., 8 M. li. **8. Reihe:** Wie 2. Reihe. **9. Reihe:** Wie 3. Reihe. **10. Reihe:** Wie 4. Reihe. **11. Reihe:** 8 M. li., 4 M. hinten drehen, 1 Noppe, 4 M. vorn drehen, 8 M. li. **12. Reihe:** Wie 2. Reihe. **13. Reihe:** 6 M. li., 4 M. hinten drehen, 5 M. li., 4 M. vorn drehen, 6 M. li. **14. Reihe:** 6 M. re., 2 M. li., 9 M. re., 2 M. li., 6 M. re. **15. Reihe:** 4 M. li., 4 M. hinten drehen, 9 M. li., 4 M. vorn drehen, 4 M. li. **16. Reihe:** 4 M. re., 2 M. li., 13 M. re., 2 M. li., 4 M. re. **17. Reihe:** 2 M. li., 4 M. hinten drehen, 13 M. li., 4 M. vorn drehen, 2 M. li. **18. Reihe:** 2 M. re., 2 M. li., 17 M. re., 2 M. li., 2 M. re. **19. Reihe:** Wie 4. Reihe hinten drehen, 17 M. li., 4 M. vorn drehen. **20. Reihe:** 2 M. li., 21 M. re., 2 M. li. **21. Reihe:** 2 M. re., 21 M. li., 2 M. re. Die 20. und 21. Reihe 2x wdh., dann die 20. Reihe 1x wdh. **27. Reihe:** 4 M. vorn drehen, 17 M. li., 4 M. hinten drehen. **28. Reihe:** Wie 18. Reihe. **29. Reihe:** 2 M. li., 4 M. vorn drehen, 13 M. li., 4 M. hinten drehen, 2 M. li. **30. Reihe:** Wie 16. Reihe. **31. Reihe:** 4 M. li., 4 M. vorn drehen, 9 M. li., 4 M. hinten drehen, 4 M. li. **32. Reihe:** Wie 14. Reihe. **33. Reihe:** Ab 1. Reihe wdh.

5 M. re. **5. Reihe:** 4 M. li., 3 M. hinten drehen, 1 M. li., 1 M. re., 1 M. li., 3 M. vorn drehen, 4 M. li. **6. Reihe:** 4 M. re., 2 M. li., 2 M. re., 1 M. li., 2 M. re., 2 M. li., 4 M. re. **7. Reihe:** 3 M. li., 2 M. re. zus.str., 1 M. re., 2 M. li., 1 U., 1 M. re., 1 U., 2 M. li., 1 M. re., 2 M. re. übz. zus.str., 3 M. li. **8. Reihe:** 3 M. re., 2 M. li., 2 M. re., 3 M. li., 2 M. re., 2 M. li., 3 M. re. **9. Reihe:** 2 M. li., 2 M. re. zus.str., 1 M. re., 2 M. li., 1 M. re., [1 M. li., 1 U.] 2x, 1 M. li., 1 M. re., 2 M. li., 1 M. re. übz. zus.str., 2 M. li. **10. Reihe:** 2 M. re., 2 M. li., 2 M. re., 5 M. li., 2 M. re., 2 M. li., 2 M. re. **11. Reihe:** 1 M. li., 2 M. re. zus.str., 1 M. re., 2 M. li., 2 M. re., 1 U., 1 M. re., 1 U., 2 M. re., 2 M. li., 1 M. re., 2 M. re. übz. zus.str., 1 M. li. **12. Reihe:** 1 M. re., 2 M. li., 2 M. re., 7 M. li., 2 M. re., 2 M. li., 1 M. re. **13. Reihe:** 2 M. li. in die nächste M. str., dabei 1x von vorn und 1x von hinten in die M. einstechen (= 1 M. zun.), 2 M. re., 2 M. li., 2 M. re., die Nadel in die nächsten 2 M. auf der li. Nadel einstechen, als ob sie re. zus.gestr. würden, dann beide M. auf die re. Nadel gleiten lassen, ohne sie zu str.(= 2 M. re. zus. abh.), 1 M. re. und die beiden abgeh. M. darüberziehen, 2 M. re., 2 M. li., 2 M. re., 1 M. zun. **14. Reihe:** Wie 10. Reihe. **15. Reihe:** 1 M. li., 1 M. zun., 2 M. re., 2 M. li., 1 M. re., 2 M. re. zus. abh., 1 M. re. und die beiden abgeh. M. darüberziehen, 1 M. re., 2 M. li., 2 M. re., 1 M. zun., 1 M. li. **16. Reihe:** Wie 8. Reihe. **17. Reihe:** 2 M. li., 1 M. zun., 2 M. re., 2 M. li., 2 M. re. zus. abh., 1 M. re. und die beiden abgeh. M. darüberziehen, 2 M. li., 2 M. re., 1 M. zun., 2 M. li. **18. Reihe:** Wie 6. Reihe. **19. Reihe:** 4 M. li., 3 M. vorn drehen, 1 M. li., 1 M. re., 1 M. li., 3 M. hinten drehen, 4 M. li. **20. Reihe:** Wie 4. Reihe. **21. Reihe:** 5 M. li., 3 M. vorn drehen, 1 M. li., 3 M. hinten drehen, 5 M. li. **22. Reihe:** Wie 2. Reihe. **23. Reihe:** Wie 1. Reihe. **24. Reihe:** Wie 2. Reihe. **25. Reihe:** 6 M. li., 5 M. re., 6 M. li. **26. Reihe:** Wie 2. Reihe. **27. Reihe:** Ab 1. Reihe wdh.

Zopf mit Weinranke

Über 17 M. auf einem glatt links gestrickten Hintergrund gearbeitet.
1. Reihe (Vorders.): 6 M. li., 5 M. kreuzen, 6 M. li. **2. Reihe:** 6 M. re., 5 M. re., 6 M. re. **3. Reihe:** 5 M. li., 3 M. hinten drehen, 1 M. re., 3 M. vorn drehen, 5 M. li. **4. Reihe:** 5 M. re., 2 M. li., 1 M. re., 1 M. li., 1 M. re., 2 M. li.,

Gedrehtes Leitermuster

Über 12 M. auf einem glatt links gestrickten Hintergrund gearbeitet.
1. Reihe (Vorders.): 3 M. vorn drehen, 2 M. li., 3 M. hinten drehen, 3 M. vorn drehen, 1 M. li. **2. Reihe:** 1 M. re., [1 U., 2 M. li. und den U. darüberziehen, 2

M. re.] 2x, 1 U., 2 M. li. und den U. darüberziehen, 1 M. re. **3. Reihe:** 1 M. li., 3 M. vorn drehen, 3 M. hinten drehen, 2 M. li., 3 M. vorn drehen. **4. Reihe:** *1 U., 2 M. li. und den U. darüberziehen*, 4 M. re., ab * bis * 1x wdh., 1 U., 2 M. li. und den U. darüberziehen, 2 M. re. **5. Reihe:** 2 M. li., 4 M. hinten kreuzen, 4 M. li., 2 M. re. **6. Reihe:** Wie 4. Reihe. **7. Reihe:** 1 M. li., 3 M. vorn drehen, 2 M. li., 3 M. hinten drehen. **8. Reihe:** Wie 2. Reihe. **9. Reihe:** 3 M. hinten drehen, 2 M. li., 3 M. vorn drehen, 3 M. hinten drehen, 1 M. li. **10. Reihe:** 2 M. re., *1 U., 2 M. li. und den U. darüberziehen*, 1 U., 2 M. li. und den U. darüberziehen, 4 M. re., ab * bis * 1x wdh. **11. Reihe:** 2 M. re., 4 M. li., 4 M. vorn kreuzen, 2 M. li. **12. Reihe:** Wie 10. Reihe. **13. Reihe:** Ab 1. Reihe wdh.

Dekoratives Kreuzmuster

Über 18 M. auf einem glatt links gestrickten Hintergrund gearbeitet.
1. Reihe (Vorders.): 1 M. li., [2 M. hinten drehen, 2 M. vorn drehen, 2 M. li.] 2x, 2 M. hinten drehen, 2 M. vorn drehen, 1 M. li. **2. Reihe:** 1 M. re., [1 M. li., 2 M. re.] 5x, 1 M. li., 1 M. re. **3. Reihe:** 1 M. li., [2 M. vorn drehen, 2 M. hinten drehen, 2 M. li.] 2x, 2 M. vorn drehen, 2 M. hinten drehen, 1 M. li. **4. Reihe:** 2 M. re., [2 li. M. kreuzen, 4 M. re.] 2x, 2 li. M. kreuzen, 2 M. re. **5. Reihe:** Wie 1. Reihe. **6. Reihe:** Wie 2. Reihe. **7. Reihe:** [2 M. hinten drehen, 2 M. li., 2 M. vorn drehen] 3x. **8. Reihe:** 1 M. li., [4 M. re., 2 li. M. kreuzen] 2x, 4 M. re., 1 M. li. **9. Reihe:** 1 M. re., 3 M. li., 2 M. hinten drehen, 2 M. vorn drehen, 2 M. li., 2 M. hinten drehen, 2 M. vorn drehen, 3 M. li., 1 M. re. **10. Reihe:** 1 M. li., 3 M. re., [1 M. li., 3 M. re.] 3x, 1 M. li., 1 M. li. **11. Reihe:** 1 M. re., 3 M. li., 2 M. vorn drehen, 2 M. hinten drehen, 2 M. li., 2 M. vorn drehen, 2 M. hinten drehen, 3 M. li., 1 M. re. **12. Reihe:** Wie 8. Reihe. **13. Reihe:** [2 M. vorn drehen, 2 M. li., 2 M. hinten drehen] 3x. **14. Reihe:** Wie 2. Reihe. **15. Reihe:** Wie 3. Reihe. **16. Reihe:** Wie 4. Reihe. **17. Reihe:** Ab 1. Reihe wdh.

91

Zopfmuster

Gitterzopfmuster

Über 32 M. auf einem glatt links gestrickten Hintergrund gearbeitet.
1. Reihe (Vorders.): *[2 M. nach li. drehen] 2x, 2 M. li., 2 M. nach re. drehen, 2 M. nach li. drehen, 2 M. li., [2 M. nach re. drehen] 2x, ab * 1x wdh. **2. Reihe:** [1 M. re., 1 M. li. verschr.]2x, [2 M. re., 1 M. li. verschr.] 3x, [1 M. re., 1 M. li. verschr., 2 M. re., 1 M. li. verschr.] 2x, [2 M. re., 1 M. li. verschr.] 2x, 1 M. re., 1 M. li. verschr., 1 M. re. **3. Reihe:** 1 M. li., *[2 M. nach li. drehen] 2x, 2 M. nach re. drehen, 2 M. li., 2 M. nach li. drehen, [2 M. nach re. drehen] 2x*, ab * 1x wdh., 1 M. li. **4. Reihe:** 2 M. re., *1 M. li. verschr., 1 M. re., 2 M. li. verschr., 4 M. re., 2 M. li. verschr., 1 M. re., 1 M. li. verschr.*, 4 M. re., ab * bis * 1x wdh., 2 M. re. **5. Reihe:** 2 M. li., [2 M. nach li. drehen] 2x, 4 M. li., [2 M. nach re. drehen] 2x, 4 M. li., [2 M. nach li. drehen] 2x, 4 M. li., [2 M. nach re. drehen] 2x. **6. Reihe:** 3 M. re., 1 M. li. verschr., 1 M. re., 1 M. li. verschr., 4 M. re., 1 M. li. verschr., 1 M. re., 2 M. li. verschr., 4 M. re., 2 M. li. verschr., 1 M. re., 1 M. li. verschr., 4 M. re., 1 M. li. verschr., 1 M. re., 1 M. li. verschr., 3 M. re. **7. Reihe:** 3 M. li., [2 M. nach li. drehen] 2x, 2 M. li., [2 M. nach re. drehen] 2x, 2 M. nach li. drehen, 2 M. li., 2 M. nach re. drehen, [2 M. nach li. drehen] 2x, 2 M. li., [2 M. nach re. drehen] 2x, 3 M. li. **8. Reihe:** 4 M. re., [1 M. li. verschr., 1 M. re., 1 M. li. verschr., 2 M. re.] 2x, 1 M. li. verschr., 2 M. re., 1 M. li. verschr., [2 M. re., 1 M. li. verschr., 1 M. re., 1 M. li. verschr.] 2x, 4 M. re. **9. Reihe:** 4 M. li., [2 M. nach li. drehen] 2x, [2 M. nach re. drehen] 2x, [2 M. nach li. drehen] 2x, 2 M. nach re. drehen, 2 M. li., 2 M. nach re. drehen, [2 M. nach li. drehen] 2x, [2 M. nach re. drehen] 2x, 4 M. li. **10. Reihe:** 5 M. re., *1 M. li. verschr., 1 M. re., 2 M. drehen, 1 M. re., 1 M. li. verschr.*, 4 M. re., 2 M. drehen, 4 M. re., ab * bis * 1x wdh., 5 M. re. **11. Reihe:** 4 M. li., [2 M. nach re. drehen] 2x, [2 M. nach li. drehen] 2x, 2 M. nach re. drehen, 2 M. li., 2 M. nach li. drehen, [2 M. nach re. drehen] 2x, [2 M. nach li. drehen] 2x, 4 M. li. **12. Reihe:** Wie 8. Reihe. **13. Reihe:** 3 M. li., [2 M. nach re. drehen] 2x, 2 M. li., [2 M. nach li. drehen] 2x, 2 M. nach re. drehen, 2 M. li., 2 M. nach li. drehen, [2 M. nach re. drehen] 2x, 2 M. li., [2 M. nach li. drehen] 2x, 3 M. li. **14. Reihe:** Wie 6. Reihe. **15. Reihe:** 2 M. li., [2 M. nach re. drehen] 2x, 4 M. li., [2 M. nach li. drehen] 2x, 4 M. li., [2 M. nach re. drehen] 2x, 4 M. li., [2 M. nach li. drehen] 2x, 2 M. li. **16. Reihe:** Wie 4. Reihe. **17. Reihe:** 1 M. li., *[2 M. nach re. drehen] 2x, 2 M. li., 2 M. nach li. drehen, [2 M. nach li. drehen] 2x*, 2 M. li., ab * bis * 1x wdh., 1 M. li. **18. Reihe:** Wie 2. Reihe. **19. Reihe:** *[2 M. nach re. drehen] 2x, 2 M. li., 2 M. nach li. drehen, 2 M. nach re. drehen, 2 M. li., [2 M. nach li. drehen] 2x, ab * 1x wdh. **20. Reihe:** 1 M. li. verschr., 1 M. re., 1 M. li. verschr., 4 M. re., 1 M. li. verschr., 1 M. re., 1 M. li. verschr., 4 M. re., 1 M. li. verschr., 1 M. re., 1 M. li. verschr., 4 M. re., 1 M. li. verschr., 1 M. re., 4 M. re., 1 M. li. verschr. **21. Reihe:** Ab 1. Reihe wdh.

Knospenmuster

Über 12 M. gearbeitet.
1. Reihe (Rücks.): 5 M. re., 2 M. li., 5 M. re. **2. Reihe:** 4 M. li., 2 M. hinten kreuzen, 2 M. vorn kreuzen, 4 M. li. **3. Reihe:** 3 M. re., 2 M. vorn drehen, 2 M. li., 2 M. hinten drehen, 3 M. re. **4. Reihe:** 2 M. li., 2 M. hinten drehen, 2 M. hinten kreuzen, 2 M. vorn kreuzen, 2 M. vorn drehen, 2 M. li. **5. Reihe:** 1 M. re., 2 M. vorn drehen, 2 M. li., 1 M. re., 2 M. hinten drehen, 1 M. re. **6. Reihe:** 2 M. hinten drehen, 1 M. li., 2 M. hinten drehen, 2 M. re., 2 M. vorn drehen, 1 M. li., 2 M. vorn drehen. **7. Reihe:** 1 M. li., 2 M. re., 1 M. li., 1 M. re., 2 M. li., 1 M. re., 1 M. li., 2 M. re., 1 M. li. **8. Reihe:** 1 Noppe, 1 M. li., 2 M. hinten drehen, 1 M. li., 2 M. re., 1 M. li., 2 M. vorn drehen, 1 M. li., 1 Noppe. **9. Reihe:** 2 M. re., 1 M. li., 2 M. re., 2 M. li., 2 M. re., 1 M. li., 2 M. re. **10. Reihe:** 2 M. li., 1 Noppe, 2 M. li., 2 M. re., 2 M. li., 1 Noppe, 2 M. li. **11. Reihe:** Ab 1. Reihe wdh.

Dreifach gekreuzter Zopf

Über 26 M. auf einem glatt links gestrickten Hintergrund gearbeitet.
1. Reihe (Vorders.): 5 M. li., [4 M. vorn kreuzen, 2 M. li.] 2x, 4 M. vorn kreuzen, 5 M. li. **2. Reihe:** 5 M. re., [4 M. li., 2 M. re.] 2x, 4 M. li., 5 M. re. **3. Reihe:** 4 M. li., [3 M. hinten drehen, 3 M. vorn drehen] 3x, 4 M. li. **4. Reihe:** 4 M. re., 2 M. li., [2 M. re., 4 M. li.] 2x, 2 M. re., 2 M. li., 4 M. re. **5. Reihe:** 3 M. li., [3 M. hinten drehen, [2 M. li., 4 M. hinten kreuzen] 2x, 2 M. li., 3 M. vorn drehen, 3 M. li. **6. Reihe:** 3 M. re., 2 M. li., 3 M. re., 4 M. li., 2 M. re., 4 M. li., 3 M. re., 2 M. li., 3 M. re. **7. Reihe:** [2 M. li., 3 M. hinten drehen, 2 M. li., [3 M. hinten drehen, 3 M. vorn drehen] 2x, 2 M. li., 3 M. vorn drehen, 2 M. li. **8. Reihe:** 2 M. re., 2 M. li., 3 M. re., 2 M. li., 2 M. re., 4 M. li., 2 M. re., 2 M. re., 3 M. re., 2 M. li., 2 M. re. **9. Reihe:** 1 M. li., [3 M. hinten drehen, 2 M. li.] 2x, 4 M. vorn kreuzen, [2 M. li., 3 M. vorn drehen] 2x, 1 M. li. **10. Reihe:** 1 M. re., [2 M. li., 3 M. re.] 2x, 4 M. li., [3 M. re., 2 M. li.] 2x, 1 M. re. **11. Reihe:** [3 M. hinten drehen, 2 M. li.] 2x, 3 M. hinten drehen, [3 M. vorn drehen, 2 M. li.] 2x, 3 M. vorn drehen. **12. Reihe:** [2 M. li., 3 M. re.] 2x, 2 M. re., 2 M. li., [2 M. re., 2 M. li.] 2x, 2 M. re. **13. Reihe:** [2 M. re., 3 M. li.] 2x, 2 M. re., 2 M. li., [2 M. re., 3 M. li.] 2x, 2 M. re. **14. Reihe:** Wie 12. Reihe. **15. Reihe:** [3 M. vorn drehen, 2 M. li.] 2x, 3 M. vorn drehen, [3 M. hinten drehen, 2 M. li.] 2x, 3 M. hinten drehen. **16. Reihe:** Wie 10. Reihe. **17. Reihe:** 1 M. li., [3 M. vorn drehen, 2 M. li.] 2x, 4 M. vorn kreuzen, [2 M. li., 3 M. hinten drehen] 2x, 1 M. li. **18. Reihe:** Wie 8. Reihe. **19. Reihe:** [2 M. li., 3 M. vorn drehen] 2x, 3 M. hinten drehen, 3 M. vorn drehen, [3 M. hinten drehen, 2 M. li.] 2x. **20. Reihe:** Wie 6. Reihe. **21. Reihe:** 3 M. li., 3 M. vorn drehen, [2 M. li., 4 M. hinten kreuzen] 2x, 2 M. li., 3 M. hinten drehen, 3 M. li. **22. Reihe:** Wie 4. Reihe. **23. Reihe:** 4 M. li., [3 M. vorn drehen, 3 M. hinten drehen] 3x, 4 M. li. **24. Reihe:** Wie 2. Reihe. **25. Reihe:** Ab 1. Reihe wdh.

Doppeltes Kreuzmuster

Über 24 M. auf einem glatt links gestrickten Hintergrund gearbeitet.
1. Reihe (Vorders.): 4 M. re., 4 M. li., 8 M. re., 4 M. li., 4 M. re. **2. Reihe:** 4 M. li., 4 M. re., 8 M. li., 4 M. re., 4 M. li. **3. Reihe:** 4 M. re., 4 M. li., 8 M. hinten

kreuzen, 4 M. li., 4 M. re. **4. Reihe:** Wie 2. Reihe. **5. Reihe:** 5 M. nach re. kreuzen, 2 M. li., 5 M. nach re. kreuzen, 5 M. nach li. kreuzen, 2 M. li., 5 M. nach re. kreuzen. **6. Reihe:** 1 M. re., 4 M. li., [2 M. re., 4 M. li.] 3x, 1 M. re. **7. Reihe:** 1 M. li., 5 M. nach li. kreuzen, 5 M. nach re. kreuzen, 2 M. li., 5 M. nach li. kreuzen, 5 M. nach re. kreuzen, 1 M. li. **8. Reihe:** 2 M. li., 8 M. li., 4 M. re., 8 M. li., 2 M. re. **9. Reihe:** 2 M. li., 8 M. hinten kreuzen, 4 M. li., 8 M. hinten kreuzen, 2 M. li. **10. Reihe:** Wie 8. Reihe. **11. Reihe:** 2 M. li., 8 M. re., 4 M. li., 8 M. re., 2 M. li. **12. Reihe:** Wie 8. Reihe. **13. Reihe:** Wie 9. Reihe. **14. Reihe:** Wie 8. Reihe. **15. Reihe:** 1 M. li., 5 M. nach re. kreuzen, 5 M. nach li. kreuzen, 2 M. li., 5 M. nach re. kreuzen, 5 M. nach li. kreuzen, 1 M. li. **16. Reihe:** Wie 6. Reihe. **17. Reihe:** 5 M. nach re. kreuzen, 2 M. li., 5 M. nach li. kreuzen, 5 M. nach re. kreuzen, 2 M. li., 5 M. nach li. kreuzen. **18. Reihe:** Wie 2. Reihe. **19. Reihe:** Wie 3. Reihe. **20. Reihe:** Wie 2. Reihe. **21. Reihe:** Wie 1. Reihe. **22. Reihe:** Wie 2. Reihe. **23. Reihe:** Ab 1. Reihe wdh.

Unterbrochenes Zopfmuster

Über 24 M. auf einem glatt links gestrickten Hintergrund gearbeitet.
1. Reihe (Vorders.): 1 M. re., 2 M. li., 3 M. re., 2 M. li., 2 M. re., 2 M. li., 9 M. re., 2 M. li., 1 M. re.

2. Reihe: [1 M. li., 2 M. re.] 2x, 2 M. li., 2 M. re., 11 M. li., 2 M. re., 1 M. li.

3. und 4. Reihe: Wie 1. und 2. Reihe.

5. Reihe: 1 M. re., 2 M. li., 3 M. re., 2 M. li., 2 M. re., 2 M. li., 8 M. vorn kreuzen, 1 M. re., 2 M. li., 1 M. re.

6. Reihe: Wie 2. Reihe.

Die 1. und 2. Reihe 2x wdh.

11. Reihe: 1 M. re., 2 M. li., 9 M. re., 2 M. li., 2 M. re., 2 M. li., 3 M. re., 2 M. li., 1 M. re.

12. Reihe: 1 M. li., 2 M. re., 11 M. li., 2 M. re., 2 M. li., [2 M. re., 1 M. li.] 2x.

13. und 14. Reihe: Wie 11. und 12. Reihe.

15. Reihe: 1 M. re., 2 M. li., 1 M. re., 8 M. vorn kreuzen, 2 M. li., 2 M. re., 2 M. li., 3 M. re., 2 M. li., 1 M. re.

16. Reihe: Wie 12. Reihe.

Die 11. und 12. Reihe 2x wdh.

21. Reihe: Ab 1. Reihe wdh.

Schmaler gekreuzter Zopf

Über 12 M. auf einem glatt links gestrickten Hintergrund gearbeitet.
1. Reihe (Vorders.): 4 M. vorn kreuzen, 4 M. li., 4 M. hinten kreuzen. **2. Reihe:** 4 M. li., 4 M. re., 4 M. li. **3. Reihe:** 2 M. re., 3 M. vorn drehen, 2 M. li., 3 M. hinten drehen, 2 M. re. **4. Reihe:** 2 M. li., 1 M. re., 2 M. li., 2 M. re., 2 M. li., 1 M. re., 2 M. li. **5. Reihe:** 2 M. re., 1 M. li., 3 M. vorn drehen, 3 M. hinten drehen, 1 M. li., 2 M. re. **6. Reihe:** 2 M. li., 2 M. re., 4 M. li., 2 M. re., 2 M. li. **7. Reihe:** 2 M. re., 2 M. li., 4 M. hinten kreuzen, 2 M. li., 2 M. re. **8. Reihe:** Wie 6. Reihe. **9. Reihe:** 2 M. re., 1 M. li., 3 M. hinten drehen, 3 M. vorn drehen, 1 M. li., 2 M. re. **10. Reihe:** Wie 4. Reihe. **11. Reihe:** 2 M. re., 3 M. hinten drehen, 2 M. li., 3 M. vorn drehen, 2 M. re. **12. Reihe:** Wie 2. Reihe. **13. Reihe:** Ab 1. Reihe wdh.

Breiter gekreuzter Zopf

Über 18 M. auf einem glatt links gestrickten Hintergrund gearbeitet.
Sonderabkürzungen
4 M. hinten drehen mit li. M. = die nächste M. auf eine Hilfsnadel nach hinten legen, 3 M. re. von der li. Nadel abstr., dann 1 M. li. von der Hilfsnadel abstr. **4 M. vorn drehen mit re. M.** = die nächsten 3 M. auf eine Hilfsnadel nach vorn legen, 1 M. li. von der li. Nadel abstr., dann 3 M. re. von der Hilfsnadel abstr.

1. Reihe (Vorders.): 6 M. vorn kreuzen, 6 M. li., 6 M. hinten kreuzen. **2. Reihe:** 6 M. li., 6 M. re., 6 M. li. **3. Reihe:** 3 M. re., 4 M. vorn drehen mit re. M., 4 M. li., 4 M. hinten drehen mit li. M., 3 M. re. **4. Reihe:** 3 M. li., 1 M. re., 3 M. li., 4 M. re., 3 M. li., 1 M. re., 3 M. li. **5. Reihe:** 3 M. re., 1 M. li., 4 M. vorn drehen mit re. M., 2 M. li., 4 M. hinten drehen mit li. M., 1 M. li., 3 M. re. **6. Reihe:** 3 M. li., [2 M. re., 3 M. li.] 3x. **7. Reihe:** 3 M. re., 2 M. li., 4 M. vorn drehen mit re. M., 4 M. hinten drehen mit li. M., 2 M. li., 3 M. re. **8. Reihe:** 3 M. li., 3 M. re., 6 M. li., 3 M. re., 3 M. li. **9. Reihe:** 3 M. re., 3 M. li., 6 M. hinten drehen, 3 M. li., 3 M. re. **10. Reihe:** 3 M. li., 3 M. re., 6 M. li., 3 M. re., 3 M. li. **11. Reihe:** 3 M. re., 2 M. li., 4 M. hinten drehen mit li. M., 4 M. vorn drehen mit re. M., 2 M. li., 3 M. re. **12. Reihe:** Wie 6. Reihe. **13. Reihe:** 3 M. re., 1 M. li., 4 M. hinten drehen mit li. M., 2 M. li., 4 M. vorn drehen mit re. M., 1 M. li., 3 M. re. **14. Reihe:** 3 M. li., 1 M. re., 3 M. li., 4 M. re., 3 M. li., 1 M. re., 3 M. li. **15. Reihe:** 3 M. re., 4 M. hinten drehen mit li. M., 4 M. li., 4 M. vorn drehen mit re. M., 3 M. re. **16. Reihe:** Wie 2. Reihe. **17. Reihe:** Ab 1. Reihe wdh.

Gekreuztes Leitermuster

Über 8 M. auf einem glatt links gestrickten Hintergrund gearbeitet.
1. Reihe (Vorders.): 2 M. nach li. kreuzen, 4 M. li., 2 M. nach re. kreuzen. **2. Reihe:** 2 M. li., 4 M. re., 2 M. li. **3. Reihe:** 1 M. re., 2 M. vorn drehen, 2 M. li., 2 M. hinten drehen, 1 M. re. **4. Reihe:** 1 M. li., 1 M. re., 1 M. li., 2 M. re., 1 M. li., 1 M. re., 1 M. li. **5. Reihe:** 1 M. re., 1 M. li., 2 M. vorn drehen, 2 M. hinten drehen, 1 M. li., 1 M. re. **6. Reihe:** 1 M. li., 2 M. re., 2 M. li., 2 M. re., 1 M. li. **7. Reihe:** 1 M. re., 1 M. li., 2 M. hinten kreuzen, 2 M. li., 1 M. re. **8. Reihe:** Wie 6. Reihe. **9. Reihe:** 1 M. re., 1 M. li., 2 M. hinten drehen, 2 M. vorn drehen, 1 M. li., 1 M. re. **10. Reihe:** Wie 4. Reihe. **11. Reihe:** 1 M. re., 2 M. hinten drehen, 2 M. li., 2 M. vorn drehen, 1 M. re. **12. Reihe:** Wie 2. Reihe. **13. Reihe:** Ab 1. Reihe wdh.

Zopfmuster

Schlangenmuster

M.zahl teilbar durch 8 + 6 M. Auf einem glatt links gestrickten Hintergrund gearbeitet. Das abgebildete Beispiel ist über 22 M. gearbeitet.

Sonderabkürzung

6 M. vorn oder hinten drehen = die nächsten 4 M. auf eine Hilfsnadel nach vorn bzw. nach hinten legen, 2 M. re. von der li. Nadel abstr., die 2 li. M. von der Hilfsnadel zurück auf die li. Nadel gleiten lassen und li. str., dann 2 M. re. von der Hilfsnadel abstr.

1. Reihe (Vorders.): 2 M. re., *2 M. li., 2 M. re., ab * wdh.
2. Reihe: 2 M. li., *2 M. re., 2 M. li., ab * wdh.
3. Reihe: *6 M. hinten drehen (s. Sonderabkürzung), 2 M. li., ab * wdh. Enden mit 6 M. hinten drehen.
4. Reihe: Wie 2. Reihe.
5. Reihe: Wie 1. Reihe.
Die 4. und 5. Reihe 2x wdh., dann die 4. Reihe 1x wdh.
11. Reihe: 2 M. re., *2 M. li., 6 M. vorn drehen, ab * wdh. Enden mit 2 M. li., 2 M. re.
12. Reihe: Wie 2. Reihe.
13. Reihe: Wie 1. Reihe.
Die 12. und 13. Reihe 1x wdh., dann die 12. Reihe 1x wdh.
17. Reihe: Ab 1. Reihe wdh.

Baummuster

Über 9 M. gearbeitet.
1. Reihe (Vorders.): 3 M. li., 3 M. re. verschr., 3 M. li. **2. Reihe:** 3 M. re., 3 M. li. verschr., 3 M. re. **3. Reihe:** 2 M. li., 2 M. nach re. drehen, 1 M. re. verschr., 2 M. nach li. drehen, 2 M. li. **4. Reihe:** 2 M. re., [1 M. li. verschr., 1 M. re.] 2x, 1 M. li. verschr., 2 M. re. **5. Reihe:** 1 M. li., 2 M. nach re. drehen, 1 M. li., 1 M. re. verschr., 1 M. li., 2 M. nach li. drehen, 1 M. li. **6. Reihe:** 1 M. re., [1 M. li. verschr., 2 M. re.] 2x, 1 M. li. verschr., 1 M. re. **7. Reihe:** 2 M. nach re. drehen, 1 M. li., 1 M. re. verschr., 1 M. li., 2 M. nach li. drehen. **8. Reihe:** 1 M. li. verschr., 2 M. re., 3 M. li. verschr., 2 M. re., 1 M. li. verschr. **9. Reihe:** Ab 1. Reihe wdh.

Verzweigter Zopf I

Über 10 M. auf einem glatt links gestrickten Hintergrund gearbeitet.
1. Reihe (Vorders.): 3 M. li., 4 M. vorn kreuzen, 3 M. li. **2. Reihe:** 3 M. re., 4 M. li., 3 M. re. **3. Reihe:** 2 M. li., 3 M. hinten kreuzen, 3 M. vorn kreuzen, 2 M. li. **4. Reihe:** 2 M. re., 6 M. li., 2 M. re. **5. Reihe:** 1 M. li., 3 M. hinten kreuzen, 2 M. re., 3 M. vorn kreuzen, 1 M. li. **6. Reihe:** 1 M. re., 8 M. li., 1 M. re. **7. Reihe:** 3 M. hinten kreuzen, 4 M. li., 3 M. vorn kreuzen. **8. Reihe:** Li. str. **9. Reihe:** Ab 1. Reihe wdh.
Bei dem obigen Zopfmuster dreht sich der Zopf nach links. Um einen nach rechts gedrehten Zopf zu erhalten, müssen in der 1. Reihe 4 M. hinten anstatt vorn gekreuzt werden.

Verzweigter Zopf II

Über 10 M. auf einem glatt links gestrickten Hintergrund gearbeitet.
1. Reihe (Vorders.): 3 M. li., 4 M. hinten kreuzen, 3 M. li. **2. Reihe:** 3 M. re., 4 M. li., 3 M. re. **3. Reihe:** 2 M. li., 3 M. hinten drehen, 3 M. vorn drehen, 2 M. li. **4. Reihe:** [2 M. re., 2 M. li.] 2x, 2 M. re. **5. Reihe:** 1 M. li., 3 M. hinten drehen, 2 M. li., 3 M. vorn drehen, 1 M. li. **6. Reihe:** 1 M. re., 2 M. li., 4 M. re., 2 M. li., 1 M. re. **7. Reihe:** 3 M. hinten drehen, 4 M. li., 3 M. vorn drehen. **8. Reihe:** 2 M. li., 6 M. re., 2 M. li. **9. Reihe:** Ab 1. Reihe wdh.
Bei dem obigen Zopfmuster dreht sich der Zopf nach rechts. Um einen nach links gedrehten Zopf zu erhalten, müssen in der 1. Reihe 4 M. vorn anstatt hinten gekreuzt werden.

Verschlungenes Zopfmuster

Über 27 M. gearbeitet.
1. Reihe (Vorders.): 5 M. re., 1 M. li., 6 M. re., 3 M. li., 6 M. re., 1 M. li., 5 M. re. **2. Reihe:** 5 M. li., 1 M. re., 6 M. li., 3 M. re., 6 M. li., 1 M. re., 5 M. li. **3. Reihe:** 5 M. re., 1 M. li., 6 M. hinten kreuzen, 3 M. li., 6 M. vorn kreuzen, 1 M. li., 5 M. re. **4. Reihe:** Wie 2. Reihe. Die 1. — 4. Reihe 1x wdh., dann die 1. und 2. Reihe 1x wdh. **11. Reihe:** 12 M. vorn kreuzen, 3 M. li., 12 M. hinten kreuzen. **12. Reihe:** 6 M. li., 1 M. re., 5 M. li., 3 M. re., 5 M. li., 1 M. re., 6 M. li. **13. Reihe:** 6 M. re., 1 M. li., 5 M. re., 3 M. li., 5 M. re., 1 M. li., 6 M. re. **14. Reihe:** Wie 12. Reihe. **15. Reihe:** 6 M. vorn kreuzen, 1 M. li., 5 M. re., 3 M. li., 5 M. re., 1 M. li., 6 M. hinten kreuzen. **16. Reihe:** Wie 12. Reihe. Die 13. — 16. Reihe 3x wdh., dann die 13. und 14. Reihe 1x wdh. **31. Reihe:** 12 M. hinten kreuzen, 3 M. li., 12 M. vorn kreuzen. **32. Reihe:** Wie 2. Reihe. **33. - 36. Reihe:** Wie 1. — 4. Reihe. Die 33. — 36. Reihe 1x wdh. **41. Reihe:** Ab 1. Reihe wdh.

Randborten

Perlmusterborte

Der Länge nach über 17 M. gearbeitet.
Anmerkung: Die Maschen nur nach der 12. Reihe zählen.
1. Reihe (Vorders.): 2 M. re., 1 U., 3 M. re., 1 U., 2 M. re. zus.str., [1 M. li., 1 M. re.] 5x.
2. Reihe: 1 U., 2 M. re. zus.str., [1 M. re., 1 M. li.] 3x, 1 M. re., 2 M. re. zus.str., 1 U., 5 M. re., 1 U., 2 M. re. **3. Reihe:** 2 M. re., 1 U., 1 M. re., 2 M. re. zus.str., 1 U., 1 M. re., 1 U., 2 M. re. zus.str., 1 M. re., 1 U., 2 M. re. zus.str., [1 M. li., 1 M. re.] 4x. **4. Reihe:** 1 U., 2 M. re. zus.str., [1 M. re., 1 M. li.] 2x, 1 M. re., [2 M. re. zus.str., 1 U., 1 M. re.] 2x, 1 U., 2 M. re. zus.str., 1 M. re., 1 U., 2 M. re. **5. Reihe:** 2 M. re., 1 U., 1 M. re., 2 M. re. zus.str., 1 U., 5 M. re., 1 U., 2 M. re. zus.str., [1 M. li., 1 M. re.] 3x. **6. Reihe:** 1 U., 2 M. re. zus.str., 1 M. re., 1 M. li., 1 M. re., [2 M. re. zus.str., 1 U., 1 M. re.] 2x, 6 M. re., 1 U., 2 M. re. zus.str., 1 M. re., 1 U., 2 M. re. **7. Reihe:** [2 M. re. zus.str., 1 U.] 2x, 2 M. re. zus.str., 3 M. re., [2 M. re. zus.str., 1 U., 1 M. re.] 2x, [1 M. li., 1 M. re.] 3x. **8. Reihe:** 1 U., 2 M. re. zus.str., [1 M. re., 1 M. li.] 3x, 2 M. re. zus.str., 1 M. re., 1 M. re., [1 M. re., 2 M. re., 1 U.] 2x, 1 M. re., 2 M. re. **9. Reihe:** [2 M. re. zus.str., 1 U.] 2x, 3 M. re. zus.str., 1 U., 1 M. re., 2 M. re. zus.str., 1 U., [1 M. re., 1 M. li.] 4x, 1 M. re. **10. Reihe:** 1 U., 2 M. re. zus.str., [1 M. re., 1 M. li.] 4x, 1 U., 2 M. re. zus.str., 3 M. re., 2 M. re. zus.str., 2 M. re., 1 U., 2 M. re. zus.str. **11. Reihe:** 2 M. re. zus.str., 1 U., 1 M. re., 1 U., 2 M. re. zus.str., 1 M. re., 2 M. re. zus.str., 1 U., [1 M. re., 1 M. li.] 5x, 1 M. re. **12. Reihe:** 1 U., 2 M. re. zus.str., [1 M. re., 1 M. li.] 5x, 1 U., 3 M. re., 1 U., 1 M. re., 2 M. re. zus.str. **13. Reihe:** Ab 1. Reihe wdh.

Wellenborte

Der Länge nach über 13 M. gearbeitet.
Anmerkung: Die Maschen nur nach der 1., 4., 5. und 14. Reihe zählen.
1. und alle ungeraden Reihen (Rücks.): 2 M. re., danach li. str. Enden mit 2 M. re.
2. Reihe: 1 M. abh., 3 M. re., 1 U., 5 M. re., 1 U., 2 M. re. zus.str., 1 U., 2 M. re.
4. Reihe: 1 M. abh., 4 M. re., 3 M. re. übz. zus.str., 2 M. re., [1 U., 2 M. re. zus.str.] 2x, 1 M. re.
6. Reihe: 1 M. abh., 3 M. re., 2 M. re. übz. zus.str., 2 M. re., [1 U., 2 M. re. zus.str.] 2x, 1 M. re.
8. Reihe: 1 M. abh., 2 M. re., 2 M. re. übz. zus.str., 2 M. re., [1 U., 2 M. re. zus.str.] 2x, 1 M. re.
10. Reihe: 1 M. abh., 1 M. re., 2 M. re. übz. zus.str., 2 M. re., [1 U., 2 M. re. zus.str.] 2x, 1 M. re.
12. Reihe: 1 M. re., 2 M. re. übz. zus.str., 2 M. re., 1 U., 1 M. re., 1 U., 2 M. re. zus.str., 1 U., 2 M. re.
14. Reihe: 1 M. abh., [3 M. re., 1 U.] 2x, 2 M. re. zus.str., 1 U., 2 M. re.
15. Reihe: Ab 1. Reihe wdh.

Muschelborte

M.zahl teilbar durch 13 + 2 M.
1. Reihe (Vorders.): 3 M. re., *2 M. re. übz. zus.str., 2 M. abh., 3 M. re. und die 2 abgeh. M. darüberziehen, 2 M. re. zus.str., 4 M. re., ab * wdh. Enden mit 2 M. re. übz. zus.str., 2 M. abh., 3 M. re. zus.str. und die 2 abgeh. M. darüberziehen, 2 M. re. zus.str., 3 M. re.
2. Reihe: 4 M. li., *1 U., 1 M. li., 1 U., 6 M. li., ab * wdh. Enden mit 1 U., 1 M. li., 1 U., 4 M. li. **3. Reihe:** 1 M. re., 1 U., *2 M. re., 2 M. re. zus.str., 1 M. re., 2 M. re. zus.str., 2 M. re., 1 U., ab * wdh. Enden mit 1 M. re. **4. Reihe:** 2 M. li., *1 U., 2 M. li., 1 U., 3 M. li., 1 U., 2 M. li., 1 U., 1 M. li., ab * wdh. Enden mit 1 M. li. **5. Reihe:** 2 M. re., 1 U., *1 U., 2 M. re. übz. zus.str., 1 M. re., 3 M. re. übz. zus.str., 1 M. re., 2 M. re. zus.str., [1 U., 1 M. re.] 3x, ab * wdh. Enden mit 1 U., 1 M. re., 3 M. re. übz. zus.str., 1 M. re., 2 M. re. zus.str., 1 U., 1 M. re., 1 U., 2 M. re. **6. Reihe:** Li. str. **7. Reihe:** 5 M. re., *1 M. abh., 2 M. re. zus.str. und die 2 abgeh. M. darüberziehen, 1 U., 7 M. re., ab * wdh. Enden mit 1 M. abh., 3 M. re. zus.str. und die 2 abgeh. M. darüberziehen, 1 U., 5 M. re. 4 Reihen kraus re. str. (jede Reihe re.).

Muschelborte mit Schrägrippen

Der Länge nach über 8 M. gearbeitet.
1. Grundreihe (Vorders.): 6 M. re., 1 U. re. und 1 M. re. verschr. in die nächste M. str., 1 U., 1 M. li. abh. (9 Maschen).
2. Grundreihe: 1 M. re. verschr., 1 M. re., [1 U., 2 M. re. übz. zus.str., 1 M. re.] 2x, 1 U., 1 M. li. abh. (9 Maschen).
1. Reihe: 1 M. re. verschr., danach re. str. Enden mit 1 M. re. und 1 M. re. verschr. in die letzte M. str., wenden und 2 M. anschlagen. (12 Maschen). **2. Reihe:** 1 M. re., 1 M. re. und 1 M. re. verschr. in die nächste M. str., 2 M. re., [1 U., 2 M. re. übz. zus.str., 1 M. re.] 2x, 1 U., 1 M. li. abh. (14 Maschen). **3. Reihe:** 1 M. re. verschr., danach re. str. Enden mit 1 M. re. und 1 M. re. verschr. in die vorletzte M. str., 1 U., 1 M. li. abh. (15 Maschen). **4. Reihe:** 1 M. re. verschr., 1 M. re. und 1 M. re. verschr. in die nächste M. str., 2 M. re., [1 U., 2 M. re. übz. zus.str., 1 M. re.] 3x, 1 M. re., 1 U., 1 M. li. abh. (16 Maschen). **5. Reihe:** 1 M. re. verschr., danach re. str. Enden mit 2 M. re. zus.str. (15 Maschen). **6. Reihe:** 1 M. li. abh., 1 M. re. und die abgeh. M. darüberziehen, 2 M. übz. zus.str., 4 M. re., [1 U., 2 M. re. übz. zus.str., 1 M. re.] 2x, 1 U., 1 M. li. abh. (13 Maschen). **7. Reihe:** 1 M. re. verschr., danach re. str. Enden mit 2 M. re. zus.str. (12 Maschen). **8. Reihe:** 3 M. abketten (1 M. auf der re. Nadel), 2 M. re., 1 U., 2 M. re. übz. zus.str., 1 M. re., 1 U., 2 M. re. übz. zus.str., 1 U., 1 M. li. abh. (9 Maschen). **9. Reihe:** Ab 1. Reihe wdh.

Fächerborte

Der Länge nach über 14 M. gearbeitet.
Anmerkung: Die M. nur nach der 19. und 20. Reihe zählen.
1. Reihe (Rücks.): 2 M. re., 1 U., 2 M. re. zus.str., 5 M. re., 1 U., 2 M. re. zus.str., 1 U., 3 M. re. **2. und alle geraden Reihen:** 1 M. re., 1 U., 2 M. re. zus.str., danach bis zum Ende re. str. **3. Reihe:** 2 M. re., 1 U., 2 M. re. zus.str., 4 M. re., [1 U., 2 M. re. zus.str.] 2x, 1 U., 3 M. re. **5. Reihe:** 2 M. re., 1 U., 2 M. re. zus.str., 3 M. re., [1 U., 2 M. re. zus.str.] 3x, 1 U., 3 M. re. **7. Reihe:** 2 M. re., 1 U., 2 M. re. zus.str., 2 M. re., [1 U., 2 M. re. zus.str.] 4x, 1 U., 3 M. re. **9. Reihe:** 2 M. re., 1 U., 2 M. re. zus.str., 1 M. re., [1 U., 2 M. re. zus.str.] 5x, 1 U., 3 M. re. **11. Reihe:** 2 M. re., 1 U., 2 M. re. zus.str., 1 M. re., 2 M. re. zus.str., [1 U., 2 M. re. zus.str.] 5x, 2 M. re. **13. Reihe:** 2 M. re., 1 U., 2 M. re. zus.str., 2 M. re., 2 M. re. zus.str., [1 U., 2 M. re. zus.str.] 4x, 2 M. re. **15. Reihe:** 2 M. re., 1 U., 2 M. re. zus.str., 3 M. re., 2 M. re. zus.str., [1 U., 2 M. re. zus.str.] 3x, 2 M. re. **17. Reihe:** 2 M. re., 1 U., 2 M. re. zus.str., 4 M. re., 2 M. re. zus.str., [1 U., 2 M. re. zus.str.] 2x, 2 M. re. **19. Reihe:** 2 M. re., 1 U., 2 M. re. zus.str., 5 M. re., 2 M. re. zus.str., 1 U., 2 M. re. zus.str. **20. Reihe:** 1 M. re., 1 U., 2 M. re. zus.str., danach bis zum Ende re. str. **21. Reihe:** Ab 1. Reihe wdh.

Randborten

Doppelte Rhombenborte

Der Länge nach über 9 M. gearbeitet.
Anmerkung: Die M. nur nach der 1. und 12. Reihe zählen.
1. und alle ungeraden Reihen (Vorders.): Re. str. **2. Reihe:** 3 M. re., 2 M. re. zus.str., 1 U., 2 M. re. zus.str., [1 U., 1 M. re.] 2x. **4. Reihe:** 2 M. re., [2 M. re. zus.str., 1 U.] 2x, 3 M. re., 1 U., 1 M. re. **6. Reihe:** 1 M. re., [2 M. re. zus.str., 1 U.] 2x, 5 M. re., 1 U., 1 M. re. **8. Reihe:** 3 M. re., [1 U., 2 M. re. zus.str.] 2x, 1 M. re., 2 M. re. zus.str., 1 U., 2 M. re. zus.str. **10. Reihe:** 4 M. re., 1 U., 2 M. re. zus.str., 1 U., 2 M. re. zus.str. **12. Reihe:** 5 M. re., 1 U., 3 M. re. zus.str., 1 U., 2 M. re. zus.str. **13. Reihe:** Ab 1. Reihe wdh.

Blätterborte

Der Länge nach über 8 M. gearbeitet.
Anmerkung: Die M. nur nach der 18. Reihe zählen.
1. Reihe (Vorders.): 5 M. re., 1 U., 1 M. re., 1 U., 2 M. re. **2. Reihe:** 6 M. li., 1 M. re. und 1 M. re. verschr. in die nächste M. str., 3 M. re. **3. Reihe:** 4 M. re., 1 M. li., 1 M. re., 1 U., 1 M. re., 1 U., 3 M. re. **4. Reihe:** 8 M. li., 1 M. re. und 1 M. re. verschr. in die nächste M. str., 4 M. re. **5. Reihe:** 4 M. re., 2 M. li., 3 M. re., 1 U., 1 M. re., 1 U., 4 M. re. **6. Reihe:** 10 M. li., 1 M. re. und 1 M. re. verschr. in die nächste M. str., 5 M. re. **7. Reihe:** 4 M. re., 3 M. li., 4 M. re., 1 U., 1 M. re., 1 U., 5 M. re. **8. Reihe:** 12 M. li., 1 M. re. und 1 M. re. verschr. in die nächste M. str., 6 M. re. **9. Reihe:** 4 M. re., 4 M. li., den Faden nach hinten legen, 2 M. re. übz. zus.str., 7 M. re., 2 M. re. zus.str., 1 M. re. **10. Reihe:** 10 M. li., 1 M. re. und 1 M. re. verschr. in die nächste M. str., 7 M. re. **11. Reihe:** 4 M. re., 5 M. li., den Faden nach hinten legen, 2 M. re. übz. zus.str., 5 M. re., 2 M. re. zus.str., 1 M. re. **12. Reihe:** 8 M. li., 1 M. re. und 1 M. re. verschr. in die nächste M. str., 2 M. re., 1 M. re., 5 M. re. **13. Reihe:** 4 M. re., 1 M. li., 1 M. re., 4 M. li., den Faden nach hinten legen, 2 M. re. übz. zus.str., 3 M. re., 2 M. re. zus.str., 1 M. re. **14. Reihe:** 6 M. li., 1 M. re. und 1 M. re. verschr. in die nächste M. str., 3 M. re., 1 M. li., 5 M. re. **15. Reihe:** 4 M. re., 1 M. li., 1 M. re., 5 M. li., den Faden nach hinten legen, 2 M. re. übz. zus.str., 1 M. re., 2 M. re.

zus.str., 1 M. re. **16. Reihe:** 4 M. li., 1 M. re. und 1 M. re. verschr. in die nächste M. str., 4 M. re., 1 M. li., 5 M. re. **17. Reihe:** 4 M. re., 1 M. li., 1 M. re., 6 M. li., den Faden nach hinten legen, 3 M. re. übz. zus.str. **19. Reihe:** 2 M. li. zus.str., 5 M. abketten, dabei die beiden zus.gestr. M. als erste dieser M. verwenden (1 M. auf der re. Nadel), 1 M. re., 1 M. li., 5 M. re. **19. Reihe:** Ab 1. Reihe wdh.

Linksmaschenborte

Der Länge nach über 10 M. gearbeitet.
Anmerkung: Die M. nur nach der 8. Reihe zählen.
1. Reihe (Vorders.): 3 M. re., [1 U., 2 M. re. zus.str.] 2x, 2 U., 2 M. re. zus.str., 1 M. re. **2. Reihe:** 3 M. re., 1 M. li., 2 M. re., [1 U., 2 M. re. zus.str.] 2x, 1 M. re. **3. Reihe:** 3 M. re., [1 U., 2 M. re. zus.str.] 2x, 1 M. re., 2 U., 2 M. re. zus.str., 1 M. re. **4. Reihe:** 3 M. re., 1 M. li., 3 M. re., [1 U., 2 M. re. zus.str.] 2x, 1 M. re. **5. Reihe:** 3 M. re., [1 U., 2 M. re. zus.str.] 2x, 2 M. re., 2 U., 2 M. re. zus.str., 1 M. re. **6. Reihe:** 3 M. re., 1 M. li., 4 M. re., [1 U., 2 M. re. zus.str.] 2x, 1 M. re. **7. Reihe:** 3 M. re., [1 U., 2 M. re. zus.str.] 2x, 6 M. re. **8. Reihe:** 3 M. abk., 4 M. re. (nicht einschl. der M., die sich nach dem Abk. auf der Nadel befindet), [1 U., 2 M. re. zus.str.] 2x, 1 M. re. **9. Reihe:** Ab 1. Reihe wdh.

Lochmusterborte

Der Länge nach über 7 M. gearbeitet.
Anmerkung: Die M. nur nach der 4. Reihe zählen.
1. Reihe (Vorders.): 1 M. re., 2 M. re. zus.str., 2 U., 2 M. re. zus.str., 2 U., 2 M. re.
2. Reihe: 3 M. re., [1 M. li., 2 M. re.] 2x.
3. Reihe: 1 M. re., 2 M. re. zus.str., 2 U., 2 M. re. zus.str., 4 M. re.
4. Reihe: 2 M. abk., 3 M. re. (nicht einschl. der M., die sich nach dem Abk. auf der Nadel befindet), 1 M. re., 2 M. re. **5. Reihe:** Ab 1. Reihe wdh.

Rhombenborte

Der Länge nach über 12 M. gearbeitet.
Anmerkung: Die M. nur nach der 1. und 12. Reihe zählen.
1. und alle ungeraden Reihen (Vorders.): 1 M. re., 1 U., 2 M. li. zus.str., dann bis zum Ende re. str. **2. Reihe:** 2 M. re., 1 U., 3 M. re., 1 U., 2 M. re. übz. zus.str., 2 M. re., 1 U., 2 M. li. zus.str., 1 M. re. **4. Reihe:** 2 M. re., 1 U., 5 M. re., 1 U., 2 M. re. übz. zus.str., 1 U., 2 M. li. zus.str., 1 M. re. **6. Reihe:** 2 M. re., 1 U., 3 M. re., 1 U., 2 M. re. übz. zus.str., 2 M. re., 1 U., 2 M. re. übz. zus.str., 1 U., 2 M. li. zus.str., 1 M. re. **8. Reihe:** 1 M. re., 2 M. re. übz. zus.str., 3 M. re., 2 M. re., 1 U., 2 M. li. zus.str., 1 M. re. **10. Reihe:** 1 M. re., 2 M. re. zus.str., 1 U., 2 M. re. übz. zus.str., 1 M. re., 2 M. re. übz. zus.str., 3 M. re., 1 U., 1 M. re. **12. Reihe:** 1 M. re., 2 M. re., 1 U., 3 M. re. übz. zus.str., 1 U., 4 M. re., 1 U., 2 M. li. zus.str., 1 M. re. **13. Reihe:** Ab 1. Reihe wdh.

Spitzenborte

Über 10 M. gearbeitet.
Anmerkung: Die M. nur nach der 8. Reihe zählen.
1. Reihe (Vorders.): 1 M. abh., 2 M. re., 1 U., 2 M. re. zus.str., *2 U., 2 M. re. zus.str., ab * 1x wdh., 1 M. re. **2. Reihe:** 3 M. re., [1 M. li., 2 M. re.] 2x, 1 U., 2 M. re. zus.str., 1 M. re. **3. Reihe:** 1 M. abh., 2 M. re., 1 U., 2 M. re. zus.str., 2 M. re., *2 U., 2 M. re. zus.str., ab * 1x wdh., 1 M. re. **4. Reihe:** 3 M. re., 1 M. li., 2 M. re., 1 M. li., 4 M. re., 1 U., 2 M. re. zus.str., 1 M. re. **5. Reihe:** 1 M. abh., 2 M. re., 1 U., 2 M. re. zus.str., 4 M. re., *2 U., 2 M. re. zus.str., ab * 1x wdh., 1 M. re. **6. Reihe:** 3 M. re., 1 M. li., 6 M. re., 1 U., 2 M. re. zus.str., 1 M. re. **7. Reihe:** 1 M. abh., 2 M. re., 1 U., 2 M. re. zus.str., 11 M. re. **8. Reihe:** 6 M. abk., 6 M. re. (nicht einschl. der M., die sich nach dem Abk. auf der Nadel befindet), 1 U., 2 M. re. zus.str., 1 M. re. **9. Reihe:** Ab 1. Reihe wdh.